中国艺术研究院
基本科研业务费项目

中国艺术研究院学术文库
主　编　王文章　周庆富

祝东力　著

# 美学与历史

北京时代华文书局

图书在版编目（CIP）数据

美学与历史 / 祝东力著 . -- 北京：北京时代华文书局, 2025.6
（中国艺术研究院学术文库 / 王文章，周庆富主编）
ISBN 978-7-5699-5192-9

Ⅰ.①美… Ⅱ.①祝… Ⅲ.①美学史－研究 Ⅳ.① B83-09

中国国家版本馆 CIP 数据核字 (2024) 第 063559 号

MEIXUE YU LISHI

出 版 人：陈　涛
责任编辑：徐敏峰
装帧设计：周伟伟
责任印制：刘　银　訾　敬

出版发行：北京时代华文书局 http://www.bjsdsj.com.cn
　　　　　北京市东城区安定门外大街 138 号皇城国际大厦 A 座 8 层
　　　　　邮编：100011　电话：010-64263661　64261528

印　　刷：三河市嘉科万达彩色印刷有限公司
开　　本：710 mm×1000 mm　1/16　　成品尺寸：170 mm×240 mm
印　　张：19.5　　　　　　　　　　　字　　数：285 千字
版　　次：2025 年 6 月第 1 版　　　　印　　次：2025 年 6 月第 1 次印刷
定　　价：90.00 元

版权所有，侵权必究
本书如有印刷、装订等质量问题，本社负责调换，电话：010-64267955。

# "中国艺术研究院学术文库"
# 编辑委员会

主　编　王文章　周庆富

副主编　喻　静　李树峰　王能宪

委　员　王　馗　牛克成　田　林　孙伟科
　　　　李宏锋　李修建　吴文科　邱春林
　　　　宋宝珍　陈　曦　杭春晓　罗　微
　　　　赵卫防　卿　青　鲁太光
　　　　（按姓氏笔画排序）


## 编辑部

主　任　陈　曦

副主任　戴　健　曹贞华

成　员　马　岩　刘兆霈　汪　骁　张毛毛
　　　　胡芮宁　（按姓氏笔画排序）

# "中国艺术研究院学术文库"再版序

周庆富

由中国艺术研究院策划、北京时代华文书局出版的大型系列丛书"中国艺术研究院学术文库",历经十余载,陆续出版近150种,逾5000万字,自面世以来取得了很好的社会反响。这套丛书以全景集成之姿,系统呈现了中国艺术研究院新一代学者在文化强国征程中,承继前海学术传统,赓续前辈学术遗产的共同追求,也展现了学者们鲜明的研究个性和独特的学术风格,勾勒出我国当代文化艺术从理论研究到实践探索的发展脉络,对推进中国艺术学学科体系、学术体系、话语体系建设具有重要的史料价值和学术价值。

北京时代华文书局意将整套丛书再版,并对装帧、版式等进行重新设计,让这一系列规模庞大、内容广博的研究成果持续发挥它应有的作用,这无疑是一件好事!衷心祝愿"中国艺术研究院学术文库"再版成功!中国艺术研究院的学者们也将继续以饱满的学术热情,将个人专长与国家需要紧密结合,不断为新时代文化艺术繁荣发展,为文化强国建设贡献智慧和力量。

2024年12月20日

# 总 序

王文章

以宏阔的视野和多元的思考方式,通过学术探求,超越当代社会功利,承续传统人文精神,努力寻求新时代的文化价值和精神理想,是文化学者义不容辞的责任。多年以来,中国艺术研究院的学者们,正是以"推陈出新"学术使命的担当为己任,关注文化艺术发展实践,求真求实,尽可能地从揭示不同艺术门类的本体规律出发做深入的研究。正因此,中国艺术研究院学者们的学术成果,才具有了独特的价值。

中国艺术研究院在曲折的发展历程中,经历聚散沉浮,但秉持学术自省、求真求实和理论创新的纯粹学术精神,是其一以贯之的主体性追求。一代又一代的学者扎根中国艺术研究院这片学术沃土,以学术为立身之本,奉献出了《中国戏曲通史》《中国戏曲通论》《中国古代音乐史稿》《中国美术史》《中国舞蹈发展史》《中国话剧通史》《中国电影发展史》《中国建筑艺术史》《美学概论》等新中国奠基性的艺术史论著作。及至近年来的《中国民间美术全集》《中国当代电影发展史》《中国近代戏曲史》《中国少数民族戏曲剧种发展史》《中国音乐文物大系》《中华艺术通史》《中国先进文化论》《非物质文化遗产概论》《西部人文资源研究丛书》等一大批学术专著,都在学界产生了重要影响。近十多年来,中国艺术研究院的学者出版学术专著在千种以上,并发表了大量的学术论文。处于大变革时代的中国艺术研究院的学者们以自己的创造智慧，在时代的发展中，为我国当代的文化建设和学术发展做出了当之无愧的贡献。

为检阅、展示中国艺术研究院学者们研究成果的概貌，我院特编选出版"中国艺术研究院学术文库"丛书。入选作者均为我院在职的副研究员、研究员。虽然他们只是我院包括离退休学者和青年学者在内众多的研究人员中的一部分，也只是每人一本专著或自选集入编，但从整体上看，丛书基本可以从学术精神上体现中国艺术研究院作为一个学术群体的自觉人文追求和学术探索的锐气，也体现了不同学者的独立研究个性和理论品格。他们的研究内容包括戏曲、音乐、美术、舞蹈、话剧、影视、摄影、建筑艺术、红学、艺术设计、非物质文化遗产和文学等，几乎涵盖了文化艺术的所有门类，学者们或以新的观念与方法，对各门类艺术史论做了新的揭示与概括，或着眼现实，从不同的角度表达了对当前文化艺术发展趋向的敏锐观察与深刻洞见。丛书通过对我院近年来学术成果的检阅性、集中性展示，可以强烈感受到我院新时期以来的学术创新和学术探索，并看到我国艺术学理论前沿的许多重要成果，同时也可以代表性地勾勒出新世纪以来我国文化艺术发展及其理论研究的时代轨迹。

中国艺术研究院作为我国唯一的一所集艺术研究、艺术创作、艺术教育为一体的国家级综合性艺术学术机构，始终以学术精进为己任，以推动我国文化艺术和学术繁荣为职责。进入新世纪以来，中国艺术研究院改变了单一的艺术研究体制，逐步形成了艺术研究、艺术创作、艺术教育三足鼎立的发展格局，全院同志共同努力，力求把中国艺术研究院办成国内一流、世界知名的艺术研究中心、艺术教育中心和国际艺术交流中心。在这样的发展格局中，我院的学术研究始终保持着生机勃勃的活力，基础性的艺术史论研究和对策性、实用性研究并行不悖。我们看到，在一大批个人的优秀研究成果不断涌现的同时，我院正陆续出版的"中国艺术学大系""中国艺术学博导文库·中国艺术研究院卷"，正在编撰中的"中华文化观念通诠""昆曲艺术大典""中国京剧大典"等一系列集体研究成果，不仅展现出我院作为国家级艺术研究机构的学术自觉，也充分体现出我院领军国内艺术学地位的应有学术贡献。这套"中国艺术研究院学术文库"和拟编选的本套文库离退休著名学者著述部分,正是我院多年艺术学科建设和学术积累的一个集中性展示。

多年来,中国艺术研究院的几代学者积淀起一种自身的学术传统,那就是勇于理论创新,秉持学术自省和理论联系实际的一以贯之的纯粹学术精神。对此,我们既可以从我院老一辈著名学者如张庚、王朝闻、郭汉城、杨荫浏、冯其庸等先生的学术生涯中深切感受,也可以从我院更多的中青年学者中看到这一点。令人十分欣喜的一个现象是我院的学者们从不故步自封,不断着眼于当代文化艺术发展的新问题,不断及时把握相关艺术领域发现的新史料、新文献,不断吸收借鉴学术演进的新观念、新方法,从而不断推出既带有学术群体共性,又体现学者在不同学术领域和不同研究方向上深度理论开掘的独特性。

在构建艺术研究、艺术创作和艺术教育三足鼎立的发展格局基础上,中国艺术研究院的艺术家们,在中国画、油画、书法、篆刻、雕塑、陶艺、版画及当代艺术的创作和文学创作各个方面,都以体现深厚传统和时代特征的创造性,在广阔的题材领域取得了丰硕的成果,这些成果在反映社会生活的深度和广度及艺术探索的独创性等方面,都站在时代前沿的位置而起到对当代文学艺术创作的引领作用。无疑,我院在文学艺术创作领域的活跃,以及近十多年来在非物质文化遗产保护实践方面的开创性,都为我院的学术研究提供了更鲜活的对象和更开阔的视域。而在我院的艺术教育方面,作为被国务院学位委员会批准的全国首家艺术学一级学科单位,十多年来艺术教育长足发展,各专业在校学生已达近千人。教学不仅注重传授知识,注重培养学生认识问题和解决问题的能力,同时更注重治学境界的养成及人文和思想道德的涵养。研究生院教学相长的良好气氛,也进一步促进了我院学术研究思想的活跃。艺术创作、艺术教育与学术研究并行,三者在交融中互为促进,不断向新的高度登攀。

在新的发展时期,中国艺术研究院将不断完善发展的思路和目标,继续培养和汇聚中国一流的学者、艺术家队伍,不断深化改革,实施无漏洞管理和效益管理，努力做到全面协调可持续发展，坚持以人为本，坚持知识创新、学术创新和理论创新，尊重学者、艺术家的学术创新、艺术创新精神，充分调动、发挥他们的聪明才智，在艺术研究领域拿出更多科学的、具有独创性的、充满鲜活生命力和深刻概括力的研究成果；在艺术创作领域推出更多具有思想震撼力和艺术感染力、具有时代标志性和代表性的精品力作；同时，培养更多德才兼备的优秀青年人才，真正把中国艺术研究院办成全国一流、世界知名的艺术研究中心、艺术教育中心和国际艺术交流中心，为中华民族伟大复兴的中国梦的实现和促进我国艺术与学术的发展做出新的贡献。

2014年8月26日

# 目 录

自序 / 1
论艺术作品的层次 / 1
康德与美学史 / 17
新时期以来的美学与知识分子 / 41
穿越文艺 抵达哲学 / 174

反传统主义与现代化
　　——以中国革命为中心 / 180
三个中国 两次转型 / 259

生态文明与意识形态创新 / 267
社会结构与话语权之争 / 277
应该怎样理解日本？
　　——文化、民族性与战略问题 / 284
两个周期内的中国
　　——90年代初以来经济社会与思想简评 / 290

# 自 序

我最初的专业兴趣是古典文学，特别是王摩诘诗的简远意境，似乎很对胃口。那是刚上大学不久。后来因为"美学热"影响，很快成了理论爱好者，由美学到哲学，在1990年以前曾先后追慕、模仿过青年马克思、新儒家和解构主义的思想和方法，包括文体。青年马克思，是20世纪80年代新启蒙运动早期的兴趣点，作为一种人道主义哲学，是新启蒙用来颠覆阶级理论的工具；新儒家是一种文化保守主义，其目标是整合和超越现代启蒙；解构主义作为无政府主义观念的哲学表达，是把启蒙推向极端而濒于瓦解的理论形态。

八九十年代之交，时代巨变，注意力转向社会历史方面，前后涉猎不同学科，以求得对现实的认知。反过来，这也便于从更综合的视角来审视文艺。文艺作为一种表象或症候，反映和隐喻的总是现实生活。收入本书的两部书稿和八篇文章，大体分为两大部分，一探讨艺术和美学，一探讨社会历史。这两大部分，既体现了研究兴趣的转移，也大体对应着文艺及其背后的社会内涵。

第一组中的《论艺术作品的层次》是大学毕业论文，写于1984年春，曾受到胡经之老师的鼓励；《康德与美学史》写于1990年底到1991年初，是之前几年学习西方美学史、哲学史的一篇总结；《新时期以来的美学与知识分子》是一部书稿，写于1995-1996年，试图从社会政治的角度理解20世纪80年代的美学学科和知识分子；《穿越文艺 抵达哲学》反省自己的"文艺生涯"，写于2014年。第二组中的《反传统主义与现代化——以中国革命为中心》也是书稿，写于1999年，是对近代以来中国历史进程的一点阐释；《三个中国 两次转型》原是一部书稿的绪论，写于2004年。第三组中的《生态文明与意识形态创新》写于2011年，从文明的角度探讨了生态社会主义的前景；《社会结构与话语权之争》和《应该怎样理解日本？——文化、民族性与战略问题》均写于2012年，前一篇研究舆论领域的领导权，后一篇是对日本问题的观察和感想；《两个周期内的中国——90年代初以来经济社会与思想简评》写于2014年，剪影式地勾勒了近20年中国社会和思想领域的概貌。本书的标题"美学与历史"，取自恩格斯关于文艺批评的表述。

这些年，还陆续写了一些长短文，已收入《文明走到十字路口》（华中科技大学出版社2013年版）。回想以往，一直还没写出什么像样的著作，真正的研究和写作感觉还没开始。

最后，本书的编辑出版，要特别感谢中国艺术研究院和北京时代华文书局。

2015年2月3日

# 论艺术作品的层次

艺术作品是一种具有多种层次结构的有机整体。要了解这个整体，就必须了解它的多种层次及其相互关系。

从"层次"这一角度来考察艺术，结构主义美学和现象学美学等都做过有益的尝试，然而其结果却并不能令人满意。结构主义美学在艺术作品的表层结构下探索着其深层结构，但这种先验普遍的理性结构却与人的美感经验相去较远，因此有人说，结构主义美学的这种"结构"与作品的艺术价值无关，因为无论艺术作品的艺术价值怎样，它们都可以具有同样的"结构"。茵伽顿的现象学美学在渐次深入的层次的道路上捕捉到具体独特的艺术形象，然而却失去了从层次出发思考艺术所应达到的哲学深度。因此，怎样从马克思主义美学、哲学的基本原理出发来正确地阐明艺术作品的层次，就正有待于我们的思考和努力。

## 一

欣赏艺术，我们首先接触到的是感官所能直接感知的艺术作品的外部特性，如绘画的色线形，音乐的具有一定物质组织结构的乐音，等等。这种为感官所能直接感知的艺术作品的外部特性，可以看作艺术作品的第一层次，即感官媒介。有人（如哈特曼）把艺术分为视觉艺术、听觉艺术等，就是根据艺术的这种对不同感官的作用。

艺术是人类意识形态的一种，属于精神文明的范畴。任何艺术的存在都依赖于一定的物质材料，物质材料是艺术存在的最终物质实体，而感官媒介与这种物质材料是同一的。某些西方学者（如杜威）把物化形态的艺术与经验形态的艺术割裂开来，把前者（物化形态的艺术）还原为一种物理现象，认为离开欣赏者经验的绘画只是颜料、画布，音乐只是音响，雕刻只是金属和木石泥土，等等。这种看法是不明智的。因为任何艺术作品都存在于一定人类的文化系统之中，是有机整体中的局部，物质材料（感官媒介）本身并不能说明自己的性质和意义，要说明其性质和意义必须从它所赖以存在的文化系统的整体出发。在一定的文化系统中，艺术作品的超物理的意义是相对恒定的。正如离开了一定的语言系统，言语只是毫无意义的音节。离开一定文化系统（如对于动物而言）艺术作品当然就只具有物理意义了。因此在这个意义上，把艺术看作符号是恰当的。

但即使是艺术符号论的代表人物苏珊·朗格也多次承认，把艺术当作符号不过是一种借喻。因为符号中的能指（如语音）与所指（如语义）的关系的建立是完全任意和偶然的，例如同是地面形成的高耸部分，汉语叫"山"，英语叫mountain，德语叫der Berg。同时，能指完全是所指的手段、工具，一经获得所指，能指就可以被忽略，即所谓"得鱼忘筌，得兔忘蹄，得意妄言"。

在这一点上，艺术的感官媒介与符号又完全不同。美学家们历来十分重视艺术感官媒介的审美价值，如桑塔亚那把美分为物质的美、形式的美和表现的美三种，艺术的物质的美和形式的美基本上相当于艺术的感官媒介。帕克也强调艺术的感官媒介不仅仅是"达到交际和认识目的的透明工具"[1]，感官媒介本身就具有"感情色调"，并要求在艺术创作中"形式的感情色调"必须同"内容的感情色调完全一致"。"在绘画中，它要求色彩和线条的感情色调同所描绘的感情色调一致，在诗歌中，它要求韵律和节奏的情绪特质同所表现的事件和情绪合拍"[2]。他甚至认为"媒介的感官魅力能够使人忘却现实世界，得到暂时的解脱"[3]。

---

[1] [美]H.帕克：《美学原理》，张今译，商务印书馆1965年版，第23页。

[2] 同上，第88页。

[3] 同上，第39页。

结构主义、完形心理学都强调人类理性、知觉有一种作用于外界现象的先验结构。完形心理学认为知觉过程不是被动的静观，而是知觉整理、组织外界现象的动态过程。当外界现象的形式符合知觉的形式时，这种整理过程是顺利的，因而产生快感。反之，则产生痛感。当外物的形式与人类知觉、情感的形式达到"同构对应"或"异质同构"时，形式就能表现人的情感。因此，横线与稳定，曲线与飘逸，"白杨多悲风，萧萧愁杀人"，"结就客愁云片段，唤回乡梦雨霏微"，都是一种同构对应。所以，一定感官媒介与一定美感的联系是必然的，并且这种"同构对应"最终规定了移情、联想的方向。

应该指出，语言艺术（文学）欣赏的出发点并不是语音或文字，而是精神性的表象（语义）。语调或文字的分布形式（如诗行的排列）虽也能表达一定情绪，但这远不能与其他艺术物质材料的审美价值相提并论。在这里，感官形式的愉悦因素退居到很次要的地位。感官愉悦对各门艺术的要求是不同的，因此，文学这种思想的艺术可以表现为其他种类艺术（如音乐、绘画等）所不宜表现的丑和怪诞。感官的力量总是十分有限的，理性的强毅则能够面对苦难。但文学欣赏仍可以在一定程度上对表象和想象中的事物的物质特性有所"感受"，获得某种寒暖、轻重的"质感"。

感官媒介（物质材料）唤醒、激发着审美的人的审美意识，这时，感官媒介在这种审美关系的文化系统（包括心物二因素）之中，就获得了超物理的审美意义，在这种文化系统之中，这种意义是相对恒定的。比如，一幅画本来只是涂上了颜料的画布，但它与审美的人却组成了一种整体系统，这种由画与人，或者美与美感组成的系统就是审美关系。因此，在这个系统内部，一幅画已不只是颜料、画布，而是一个"空间幻象"，这里是夕光、稻田、拾穗的农妇、远处的马车和田野。……因此，在一定文化系统之中，感官媒介指示、标志着艺术的其他较深层次。

## 二

生动的人物、事件、环境的再现、模拟和具体的感受、情绪、观念的表现、抒发，可看作艺术作品的第二层次。

通常可把艺术分为再现型（如造型艺术、戏剧、小说等）和表现型（如音乐、舞蹈、抒情诗等）两种。前者（再现型艺术）如实地再现、模拟社会生活中的人物、事件和环境，而后者（表现型艺术）则直接地表现、抒发艺术家的感受、情绪和观念。再现是西方艺术的传统，即便是它的表现型艺术如音乐，也往往要通过听觉和视觉的同构对应来比拟现实，如交响音画等。表现则是中国艺术的特征，纵使是绘画那样的再现型艺术，也最终发展为"聊写胸中逸气"的文人画了。就艺术创造的主观动机而言，艺术都是艺术家审美感受、审美理想的直接或间接的抒发和表现，"情动于中而形于言，言之不足故嗟叹之，嗟叹之不足故永歌之，永歌之不足，不知手之舞之，足之蹈之也"。而就艺术创造的客观效果而言，艺术又无不是社会生活不同程度的反映和模拟，"治世之音安以乐，其政和；乱世之音怨以怒，其政乖；亡国之音哀以思，其民困"。因此再现与表现不是对立的，而是统一的。再现，归根到底是为了表现，是由于表现。

米勒的《晚钟》，画的是黄昏时分正在田野劳动的一对年轻的农家夫妇，在远方小教堂飘来的钟声里虔诚祈祷的情景，表达了画家对质朴宁静的乡村生活的感受和眷恋。柴可夫斯基《忧郁的小夜曲》则直接表现了徘徊又徘徊之中内心的哀愁和渴望。王维的辋川绝句描绘了辋川山水的清远和诗人闲淡的情怀。雷马克的《西线无战事》描述的则又是一个年轻的德国士兵在第一次世界大战中的种种遭遇。……艺术作品的这个层次领域十分广阔，从纷繁复杂的社会生活的每一角落，到气象万千的自然景象，到人们内心深刻的思想、丰富的经验、瞬间的感受、童年的记忆，都无不是艺术家描写、吟哦的对象，"世间一切皆诗……一切物，一切事，一切意，无非诗者。"①石涛"搜尽奇峰打草稿"，《红楼梦》被认为是中国封建社会末世的百科全书，巴尔扎克笔下的人物有一千四百多名，列夫·托尔斯泰更被人们称为"俄国革命的镜子"，而音乐那具有神秘魅力的旋律和声更传达了那不可言传的微妙细腻的种种情思。因此人们说，甚至一部艺术作品就是一个丰富多彩的世界。

---

① 张戒：《岁寒堂诗话》。

## 三

艺术的层次到这里似乎已被穷尽,常说的艺术形式和思想内容就已经简要地把艺术归结为纵深的两个层次了。然而美学家们总不甘心,克莱式·贝尔和洛杰·佛等主张艺术有一种特殊的审美特性,它不是艺术作品的理智、情感、情节、故事等再现内容,再现这个方面只是"钓饵",以诱发人们去接近作品。具有永恒性的是由线条、色彩的关系组合而成的"有意味的形式",对这一方面的感受和想象比那些再现内容要远为持久。苏珊·朗格沿着这一形式论的方向提出艺术作品都具有一种"生命的形式"、"生命的意味"或"表现性形式",它为一切艺术作品所具有,而不能由推理性概念所表达,是不可知的。"'表现性'(在其确定的意义上说来)是所有种类的艺术的共同特征。"① 这种表现性具有"能动性、不可侵犯性、统一性、有机性、节奏性和不断成长性"②的种种抽象特征被认为是艺术作品中的"恒量"、"恒定因素"。帕克也认为艺术作品都有一种"深邃意义",它是"藏在具体的观念和形象的后面的更具有普遍性的意义。"③ 他们所说的这种"有意味的形式"、"生命的意味"、"深邃意义"显然不是一般意义上的审美对象,而毋宁是其中某种更为深层、更具有普遍性的部分。而艺术的永恒魅力也时时在促使我们去设想艺术中有一种更为深层的意蕴,"此中有真意,欲辨已忘言","又如食橄榄,真味久愈在"。这不是有限的一人一事,不是转瞬即逝的情思,而是一种更为普遍、持久的深层意蕴。

"江碧鸟愈白,山青花欲燃。今春看又过,何日是归年。"④ 这不仅仅是对江山花鸟的感受、描绘,不仅仅是"言春过可忧","身在他乡,归去无期"这些具体有限的景和情(第二层次),而是趋向、接近、包含着更深一层、更具有普遍性的意味,这就是一种悠远深长的人生感。如果按照上述程序分析我们对

---

① [美]苏珊·朗格:《艺术问题》,中国社会科学出版社1983年版,第13页。
② 同上,第50页。
③ [美]H.帕克:《美学原理》,张今译,商务印书馆1965年版,第47页。
④ 杜甫:《绝句》。

雨果《九三年》那样作品的美感经验的话，我们就会得到一种同样可称为艺术作品的深层意蕴的恢宏浩大的历史感。这种作为艺术作品的第三层次或深层意蕴的人生感和历史感，是对于作为整体而非片段的人生和由无数人生汇集而成的历史的感慨、领悟、歌吟。人生，是个体的生命过程；历史，是族类的生命过程。而个体与族类的统一即是完整意义上的人类。这不是对一人一事一物具体有限的喜怒哀乐，而是在这具体有限的生活和意识之后、之外，是一种远为概括，趋向无限的对整个人生和历史的感慨、领悟、歌吟，是对整体人生和整体历史的深层情绪反映。它沉淀、融合、消化在一般的美感心理过程中，是思想后面的思想，是情感后面的情感。如果借用生理心理学的术语，我们可以说这是一种"扩散"了的思想和情感。艺术作品是美感的物化形态，因此它的层次也同样来源于美感本身的三个层次，即对审美对象物质特性的感受，对具体社会内容的认知、评价以及对整体人生和历史的咏叹。美感的三个层次与艺术作品的三个层次相互对应。二者虽然互为引发和塑造，但美感毕竟是艺术创造的心理根源。

在横向的方面，美感心理是认识活动（感知、想象、思维等）和意向活动（兴趣、情感、意志等）多种心理功能的交融统一。在纵深的方面，美感心理即是上述的三个层次。因此人生感和历史感是美感的组成部分，是美感的深层部分。它不能离开前两个层次，否则美感这一整体系统就会瓦解，而孤立出来的人生感和历史感也不复有审美意义，毋宁是一种哲学意识。

杜甫诗云："丛菊两开他日泪，孤舟一系故国心"，"天边老人归未得，日暮东临大江哭。"秦观词写道："自在飞花轻似梦，无边丝雨细如愁。宝帘闲挂小银钩。"任何优秀的艺术作品都完满地传达了这种深层意蕴（人生感和历史感），或浩茫如海，或渺若游丝。

## 四

美是综合的价值，是认识与实践、历史与人、真与善、规律与目的的完满统一。艺术作为人类审美意识的物化形态，是美的集中表现。马克思说，审美是人"在他所创造的世界中直观自身"①。这种直观的对象不是片段、有限、单一的，而是整体、无限、综合的。这种"直观自身"是通过具体对象对整体人生和整体历史的审美把握，它必然趋向于人（个体与族类）的整个过程（人生和历史）。而人的整个过程正是人的本质（自由）展开、实现的过程。在这个最深的层次上，艺术与哲学取得联系。意识，作为哲学，是对人类自身的反思；作为艺术，是人类对自身的欣赏。因此有人说，艺术是实现了的哲学。

康德曾提出几个著名的哲学问题，即："我能认识什么（认识论）？我能做什么（伦理学）？我能期望什么（目的论）？"但他最终把这些都归结到"人是什么"的问题上。他的这些问题在近代启发了许多人的哲学思考。古往今来的哲学思想浩如烟海，但究其实质，都可以把它们划分为自然哲学、宗教哲学和人的哲学三部分。从古希腊的斯多葛派到黑格尔的许多哲学家都把人的哲学视为哲学中最高的部分。自然哲学是人的哲学的前在形态，宗教哲学是人的哲学的异化形态，人的哲学是前二者的核心与归宿。这种渐次深入的哲学的三个层次庶几可以概括人类的全部哲学思考。而人的本质、存在、命运和归宿这些人的哲学的基本问题，也正是艺术的第三层次以审美形式所深刻把握的内容。

诗人与哲人往往被同样的问题苦恼着。贝多芬的音乐所以凌铄古今，绝不仅仅是由于他集古典乐派与浪漫乐派于一身，更重要的是他那深邃而浩大的思想和信仰。贝多芬一生以柏拉图、康德为精神导师。翻开他的书信集、日记、谈话簿和创作笔记，有几个基本词汇总是一再映入人们的眼帘，这就是"人类"、"命运"，"世界"、"道德"、"上帝"（而这正好是康德哲学的课题）。有人说，贝多芬所写的每三个音符，都可被看作是分别对宗教、人类、爱情的思考和渴望。罗曼·罗兰说，贝多芬的崇拜者在称颂他的天才时，所想到的第一个词既非学术，亦非艺术，而是"信仰"。贝多芬的《合唱交响乐》在苦难、挣扎和沉思之后，终于在第四乐章中塑造了亿万人民团结欢乐的形象，使人体味到浩大的历史感。这里的"合唱"，如果翻译成与贝多芬同时代的黑格尔哲学的术

---

① 马克思：《1844年经济学—哲学手稿》，人民出版社1979年版，第51页。

语,就是正题和反题之后综合统一的合题。"精神的本质在于扬弃这种自然素朴的状态,因为精神生活之所以异于自然生活,特别是异于禽兽的生活,即在其不停留在它的自在存在的阶段,而力求达到自为存在。但这种分裂境地,也同样须加以扬弃,而精神总是要通过自力以返回它原来的统一。这样赢得的统一乃是精神的统一。"[①]这是黑格尔在抽象的语言形式下对人类历程的概括和预言。贝多芬说:"音乐是比一切智慧,一切哲学更高的启示。"审美意识内含着哲学思辨,它使诗人成为天然的思想家。

## 五

据说佛教徒通过苦修能够在一粒蚕豆中见出一个国家,这当然是一种宗教传奇。然而以此来比拟艺术是恰当的。不论是宏大的历史画卷、大型的交响乐、多幕剧,还是优美宁静的小夜曲、寥寥数笔的山水、半句苍凉的古诗,总之,任何完整的艺术欣赏都是从一个起点(第一、二层次)走向人的整体存在和过程,即走向作为整体的人生和历史,这也就是从局部走向整体,从有限走向无限,从刹那走向永恒。"嘉会难再遇,三载为千秋。临河濯长缨,念子怅悠悠。远望悲风至,对酒不能酬。"真是"一句一情,一情一转",在这一唱三叹的深厚韵味中内含着对整体人生的无限感慨。整体的人生和历史作为思维概括的结果,本是理论的对象。然而在这寥寥数语之中我们却接触到整部人生和历史,这就是马克思所说的"感觉通过自己的实践直接变成了理论家"。[②]

有人总想把艺术还原为一人一事一物,白居易说:"一吟悲一事",王船山也说:"一诗止于一时一事"[③]这是不正确的。中国美学常常强调"文已尽而意

---

[①] [德]黑格尔:《小逻辑》§24,贺麟译,商务印书馆1980年版。
[②] 马克思:《1844年经济学—哲学手稿》,第78页。
[③] 《姜斋诗话》。

有余"①"句中有余味，篇中有余意"②"言有尽而意无穷"③的艺术效果，如果诗"止于一时一事"，要想产生这种一唱三叹的韵味是不可能的。"言在耳目之内，情寄八荒之表。"④"赋诗必此诗，定知非诗人"⑤，这也就是"意在言外"。"意在言外"有人说是蕴藉含蓄，有人说是整体的意义存在于局部（"言"）的相互关系之中。其实，我们也不妨把这种"言外"之"意"，看作是第一、二层次（"言"）之后微远的人生感和历史感。

古希腊的毕达哥拉斯学派用数学来研究美和艺术，他们把美和艺术的本质归结为抽象的数学关系。这构成西方美学一个强大的传统。从托马斯·阿奎那、达·芬奇、米开朗琪罗到赫尔巴特、齐美尔曼到鲍桑葵以及上文提到的贝尔、佛莱和朗格，都是想在抽象的结构形式中去寻找艺术的灵魂。鲍桑葵说："正如科学的必然性透入并且扩延到事实领域一样，我想，同样地，抽象图案的表现性，依靠为想象服务的经验也透进自然与人的领域"⑥作为新黑格尔主义者，他把抽象图案之对于艺术的意义等同于科学规律之对于自然的意义。然而，中国美学的思路却与此截然相反。钟嵘说：

> 嘉会寄诗以亲，离群托诗以怨。至于楚臣去境，汉妾辞宫；或骨横朔野，或魂逐飞蓬，或负戈外戍，杀气雄边；塞客衣单，孀闺泪尽；或士有解佩出朝，一去忘返；女有扬蛾入宠，再盼倾国。凡斯种种，感荡心灵，非陈诗何以展其义，非长歌何以骋其情？⑦

---

① 钟嵘：《诗品序》。
② 《白石诗说》。
③ 《沧浪诗话》。
④ 《诗品》。
⑤ 苏轼诗。
⑥ 鲍桑葵：《美学三讲》，周煦良译，上海译文出版社1983年版，第24—25页。
⑦ 《诗品序》。

把艺术的根源归结为能够激起人们种种情思的人的生活，即人生以及由无数人生汇集而成的历史。韩愈说："文章之作，恒发于羁旅草野。"[①]陆游论诗诗云："汝果欲学诗，工夫在诗外。"[②]"君诗妙处吾能识，正在山程水驿中。"[③]严羽也说："唐人好诗，多是征戍、迁谪、行旅、离别之作，往往能感动激发人意。"[④]都一致认为艺术的真髓正根源于人生的历程。

因此，所谓诗人，就是能够从每一生活现象（包括社会和自然）中领悟到其所蕴含的人生和历史的深层意味的人们，或者说，是对这种蕴含在生活现象中的深层意味特别敏感的人们。譬如秋风，在人类生活中已不是一种冷漠的自然现象，它作为岁月消逝的标志最易于引起诗人们的诗思，他们唱道："秋风萧萧愁杀人。出亦愁，入亦愁。坐中何人，谁不怀忧？令我白头。""回风动地起，秋草萋已绿。四时更变化，岁暮一何速。""江上日多雨，萧萧荆楚秋。高风下木叶，永夜揽貂裘。""萧萧梧叶送寒声，江上秋风动客情。"李璟词也写道："菡萏香消碧叶残，西风愁起绿波间。"王国维《人间词话》评道："大有众芳芜秽，美人迟暮之感。"这是深得诗人之旨的评语。

不同艺术作品的种种深层意蕴有着不同的情感倾向，或凄冷荒寒："方舟溯大江，日暮愁我心。"或闲淡而空漠："时倚檐前树，远望原上村。"或充满生活的暖意："径暖草如积，山晴花更繁。"它取决于艺术家的人生观和历史观（世界观中的深层部分），可以称为艺术作品中的"哲学意识"。但这种深层意蕴又不是真正意义上的哲学意识。哲学意识即使比之科学意识包含有更多的直觉、情感、意志的成分，但其直接对象毕竟是抽象普遍的规律、目的和本质。而审美意识尽管蕴含着与哲学深层部分密切相关（但不等同）的人生感和历史感，但这毕竟是积淀在感性中的理性，消融在有限中的无限。我们既要看到二者的联

---

① 《荆谭唱和诗序》。
② 《示子遹》。
③ 《题萧彦毓诗卷后》。
④ 《沧浪诗话》。

系，又不能忽视二者的区别。

艺术的深层意蕴对艺术的第一、二层次有着无可置疑的决定作用。对整体人生和历史的情感态度制约着绘画的色彩、布局、用笔、体裁、题材等的选择，其他如文学、音乐、戏剧等无不如此。中国古代山水画家受道释思想影响，在严峻的现实之外，在田园山水之中寻找精神的寄托。他们对人生和历史在孤高淡泊之中固执着一种苍凉空漠的情感态度。因此在他们的笔下，"渡头只宜寂寂，人行须是疏疏"。"野水参差落涨痕"，"寂寞沙头一簇船"。在画面的布局上，也往往是残山剩水，据守一角，留出大片空白，使人体味到一种邈远而苍凉的人生感和历史感。而山水画北宗祖师李思训的"庙堂气"几乎一直为后代画家所鄙弃。在诗词中夕阳、暮春、晚秋也就自然成为层见叠出的内容了。反过来说，特定的第一、二层次也表现着特定的深层意蕴。

## 六

人生感和历史感的区别是有意义的。虽然二者总是难解难分，但不同作品往往有着不同的偏重。以个人、家庭等个人生活经历为题材的篇什，往往从中唤起一种微远的人生感。而以国家、民族等重大社会事件为题材的作品，又往往以浩大的历史感的触发为其特征，"千古兴亡多少事"，"闲将冷眼阅沧桑"。在美学风貌上，前者往往是优美的，后者往往是崇高的。历史题材多为宏观的历史兴亡，过于微末的人事，由于对历史进程影响甚小，人们一般对之已不感兴趣。当代题材宜写微观的现实生活，而对时代进程在历史中意义的整体把握往往还有待于以后。

正如不同感官媒介对于艺术的价值不是相等的，不同生活现象对于艺术的意义也有所不同。桑塔亚那说："爱情使我们成为诗人，死亡的临近可以使我们成为哲学家。"其实死亡又何尝不被称为艺术的永恒题材呢。故乡、童年、爱情、死亡等是个体过程（人生）的关键点，民族和王朝的崛起、衰亡及其重大事变等是族类过程（历史）的关键点，因此它们最易成为艺术的内容。"国家不幸诗家幸，话到沧桑句便工。"

历史主题与人生主题在艺术中的演变与在哲学（深层部分）中的发展是有联系的。古典哲学（从古希腊到黑格尔）偏重于对人类总体的考察，可以说是一种广义的历史哲学。现代哲学（如存在主义）着眼于对人类个体的探索，可以说是一种广义的人生哲学。艺术中的演变正如别林斯基所说："古代世界是外部的、客观的世界，在它里面，社会就是一切，人什么都不是。这说明了为什么希腊悲剧中的登场人物只能是神、人神、皇帝和英雄——社会、民族的代表而不是个别人的缘故。""基督教世界（按：指近代）是内部的、精神的、主观的世界，人的个性在那里面是高贵的，就因为他是人的缘故；因此，在莎士比亚的悲剧里，李尔王的小丑自有其地位，正像李尔王自有其地位一样"。①

　　黑格尔根据理念的自身发展，根据理念不断摆脱、超越外在物质的过程，把艺术历史地划分为象征艺术、古典艺术和浪漫艺术。在象征艺术中，理念还是朦胧的、潜在的，理念被外在物质所淹没。古典艺术"达到了最高度的优美"，这里，理念与感性形式获得了完满的统一。而在浪漫艺术中，理念又破坏了与形式的和谐而超越了外在物质形式。黑格尔的这些论述在现象描述的意义上与历史事实基本相符。从艺术史来看，人生感和历史感的追求显得愈来愈自觉。到了现代，艺术作品的深层意蕴大有突破、摆脱第一、二层次的趋向，为了表现特定的人生感和历史感，艺术家们不惜破坏感官媒介必要的愉悦性，并以荒诞的人事代替生活的如实再现（如西方现代主义艺术）。

## 七

　　如果回顾美学史上对艺术的这种深层意蕴的探索，我们也许会失望的。因为美学史上对艺术第三层次的深入研究极少，就更谈不上有什么现成的结论了，只有少数美学家有所论及。

---

① ［俄］别林斯基：《智慧的痛苦》，《别林斯基选集》第2卷，满涛译，上海译文出版社1981年版，第87、93页。

柏拉图也许开了某些端倪。《理想国》指责艺术是真理的"影子的影子"，与真理"隔了三层"，因为客观事物是"理式"的摹本，艺术又是客观事物的摹本，因此"他的作品对于真理没有多大价值。"①然而，即使是"影子的影子"，即使是与真理"隔了三层"，但如果艺术能够折射出某些本体界"理式"的光辉的话，也就可以被看作是含有某种深层意味了。

德国古典哲学家们对艺术都有着深湛的理解，而美学几乎无例外地成为他们庞大哲学体系中十分重要的有机组成部分。康德把审美判断力作为沟通现象界与本体界、自然因果与精神自由的桥梁之一。在这个广阔的背景下，艺术便获得了一种深刻巨大的意义。他认为艺术在有限的形象中展示无限的理念内容，理念不是一般的知性概念、范畴，而是灵魂（一切精神现象的最高统一体）、世界（一切自然现象的最高统一体）和上帝（灵魂与世界的统一）。这些理念在认识论中是只能设想而不可认识的，是信仰的对象。而艺术却能够表现这种人类认识所不能达到的本体界。谢林的同一哲学也认为艺术能够表现哲学的最高范畴——"绝对同一体"，"艺术作品唯独向我反映出其他任何产物都反映不出来的东西，即那种……绝对同一体"②并且据此指出艺术与哲学的内在联系。黑格尔也认为艺术表现巨大深刻的"理念"或"绝对精神"。"美是理念感性的显现"，"艺术的使命在于用感性的艺术形象的形式去显示真实，去表现上文所说的那种和解了的矛盾。"③所谓"和解了的矛盾"即是指理念辩证发展的结果——人与自然的统一。他并且指出艺术与宗教、哲学有着同一的内容；而"这三个领域的分别只能从它们使对象，即绝对，呈现于意识的形式上见出"。④这些论述，虽然背景宏大，见解深刻，然而却并没有准确具体地把握到艺术的审美的深层意蕴。因而显得大而不当，宽泛空洞。在这一点上，孔德把

---

① 《柏拉图文艺对话集》，朱光潜译，人民文学出版社1959年版，第87页。
② [德]谢林：《先验唯心论体系》，梁志学译，商务印书馆1977年版，第274页。
③ [德]黑格尔：《美学》第一卷，朱光潜译，商务印书馆1979年版，第65页。
④ 同上，第126页。

它们斥为"形而上学"是有道理的。

　　丹纳曾感叹说，有些显赫一时的作品只能持续几年，甚至更为短促，"它们过时了，而我们还觉得奇怪，当年自己怎么会欣赏这一类无聊的东西"。①他认为艺术作品最表层反映的"是持续三、四年的一些生活习惯和思想感情……下面是一层略为坚固的一些特征，可以持续二十年、三十年……"而一直向深处挖掘就可以依次得到"一个完全的历史时期，例如中世纪、文艺复兴、古典时期，"得到一个"民族的特性"、"种族的特性"②。显然，丹纳这种把艺术理解为历史文献的客观主义道路在艺术层次的探索中是行不通的。

　　与西方美学相比较，经验、综合、直观的中国古典美学对艺术深层意蕴的理解也许要更为恰当，更符合于美感的经验事实。

　　钟嵘对诗歌的要求是"使味之者无极，闻之者动心"③这里的"无极"，正是指韵味的微远深长。司空图认为理解"诗之难"的关键是"辨于味"。他以饮食喻诗说："若醯，非不酸也，止于酸而已；若鹾，非不咸也，止于咸而已。华之人以之充饥而遽辍者，知其咸酸之外，醇美者有所乏耳。"④强调在具体有限的"酸咸"之外，应有一种渊深的意味。强调"远而不尽"，强调"韵外之致"、"味外之旨"、"象外之象"、"景外之景"。这些言论为苏轼所赞赏和阐扬，"钟王之迹，萧散简远，妙在笔画之外"，"梅止于酸，盐止于咸，饮食不可无盐梅，而其美常在咸酸之外"，认为"美在酸咸之外，可以一唱三叹也"⑤。晚清的王国维更把这种"味"与中国古典艺术的基本范畴——意境联系起来，说："不于意境上用力，故觉无言外之味，弦外之响，终不能与于第一流之作者也。"⑥

　　严羽沿着钟嵘、司空图、苏轼等人的思路追寻着这种飘忽不定的诗"味"。

---

① [法]丹纳：《艺术哲学》第三编，傅雷译，人民文学出版社1963年版。
② 同上，第351—256页。
③ 《诗品序》。
④ 《与李生论诗书》。
⑤ 《书黄子思诗集后》。
⑥ 《人间词话》。

他的《沧浪诗话》历代毁誉不一，而其中辩难不休的是被严羽自己称为"警世绝俗"、"至当归一"、以禅喻诗的《诗辩》。关于严羽的以禅喻诗，刘克庄说："诗家以少陵为祖，其说曰，语不惊人死不休；禅家以达摩为祖，其说曰，不立文字。诗之不可为禅，犹禅之不可为诗也。"[①]王士禛却赞道："严沧浪论诗，拈'妙悟'二字……皆发前人未发之秘。"[②]严羽也说："以禅喻诗，莫此亲切。"[③]以禅喻诗，是理解《诗辩》的关键所在，它可以从纵深的三个层次来阐明。

首先，是严羽对佛教禅宗（南宗）一套现成概念、术语和方法的比拟、借用。如所谓"学者须从最上乘，具正法眼，悟第一义"[④]等。严羽前后以禅喻诗的许多人都止于这第一层，如苏轼、吴可、韩驹、屠隆等。其次，禅宗自称"教外别传，不立文字"，反对外在地沉湎经卷义理的学院作风，在修持方法上，主张"直指人心，见性成佛"的顿悟。严羽因此说："孟襄阳学力下韩退之甚远，而其诗独出手其上者，一味妙悟也。"[⑤]并反对苏黄的"以文字、才学、议论为诗"，他以禅宗摆脱章句之累、直澈心源的"顿悟"来说明作为诗之"当行"、"本色"的审美特性。这里的"一味妙悟"也就是皎然的"但见情性，不睹文字"[⑥]，司空图的"不着一字，尽得风流"[⑦]，张戒的"诗人之意"[⑧]，也正是严羽所说诗的"诗有别材，非关书也；诗有别趣，非关理也！""不涉理路，不落言筌。"[⑨]这一层次与第一层次的区别是严羽在此把握到了艺术的审美特性。

佛教论证现象世界（色）的虚幻不真，是为了说明法性本体（佛）的实

---

① 《题何秀才诗禅方丈》。
② 转引自叶嘉莹：《迦陵论词丛稿》，中华书局1984年版。
③ 《答吴景仙书》。
④ 《诗辩》。
⑤ 《诗辩》。
⑥ 《诗式》。
⑦ 《二十四诗品》。
⑧ 《岁寒堂诗话》。
⑨ 《诗辩》。

有，而其根本目的，不是在禅林之内在经案木鱼环绕之下的思辨的游戏，而是为了解脱人生的苦海。因此究其根源，乃是一种人的哲学。"悟"正是一种对整体人生和历史的深邃而神秘的理性直观。落红本是无情物，但八指头陀敬安[①]却因偶然看到在篱间盛开的白桃花为风雨所摧落而湛然有所领悟，从此遁入空门。以情感、意志、思维等多种心理功能组成的宗教意识与审美意识，无论在心理形式上，还是在精神内容上都是相通的。大批导源于宗教或受宗教强烈影响的艺术构成中外艺术史的一个重要组成部分，它们甚至能够成为数百年内艺术的主流（如欧洲中世纪艺术）。

  禅与诗的这种内在联系，在严羽并未明确意识到，他毋宁是将第二层与第三层混为一谈。但他所着重强调的"禅道惟在妙悟，诗道亦在妙悟"，"空中之音、相中之色、水中之月，镜中之象，言有尽而意无穷"，"一唱三叹"等等，仍然给人以第三层次的启示。

  当然，无论是柏拉图、康德、黑格尔，还是司空图、严羽都早已成为历史，重复古人与苛求古人是同样错误的，更何况他们有着许多唯心主义、神秘主义的糟粕呢。只有马克思主义才能为我们解决艺术层次问题提供一个正确的理论前提。

  人们常以为艺术是感性的，其实，艺术包含着最抽象的意蕴。艺术的这种抽象性决定了它的普遍性和永恒性。仅此一点也可以使我们看到"层次"这一概念确有可能为我们思考艺术提供一个新的角度，"横看成岭侧成峰，远近高低各不同"，新的角度意味着新的知识。从这个角度出发，有可能使我们得以解答某些至今仍然悬而未解的问题，从而丰富我们艺术本体论的研究。

  艺术是万古常新的，这在欣赏是如此，在研究，同样如此。

（原载《文艺美学》第一辑，内蒙古人民出版社1985年版）

---

[①] 敬安（1851—1912），清末高僧，能诗。曾燃二指供佛，因别号八指头陀。

## 康德与美学史

郭沫若在他早期的一部短篇小说《Loebenicht的塔》(1924) 中描写道：1787年初夏，写作《实践理性批判》的康德在思路上陷入困境，感到"他的思想总是不能统一"。但是，这天，当他凭依南窗，眺望到Loebenicht教堂的尖塔时，康德突然被Loebenicht塔的美感动了。郭沫若写道："撤去了内外藩篱的美，无关心的美，美的洪流超荡了时空的境界；康德教授敬虔地立在窗前，连他自己的身心都融化在白光里面了。"于是他便萌生了写作《判断力批判》的构想。①

在《判断力批判》书中，康德总结并综合了以休谟、柏克等人为代表的英国经验派美学和以鲍姆嘉滕等人为代表的欧陆唯理派美学思想，确立了德国古典美学的基础。黑格尔说，康德构成了美学的真正出发点。不仅如此，如本文将要阐明的，更重要的是，康德美学从"美的分析"到"崇高的分析"，从纯粹美到依存美，从趣味到天才等一系列范畴之间的转换过渡，作为"理念"显现、上升、高涨和满溢的过程，预示了从康德经黑格尔、叔本华直到尼采的德国古典美学史的完整行程，并在这个意义上预示了经典美学的崩解。康德诸种范畴之间的演进以抽象的形式缩影了一部美学史。

上述一切可以从黑格尔的解释说起。

---

① 康德并未讲美感超越时空形式，郭似将康德与受康德巨大影响的后代理论 (比如叔本华) 混为一谈了。如叔本华认为美感的主观条件"是认识从意志的奴役之下解放出来，忘记作为个体人的自我并且意识也上升为纯粹的，无意志的，超乎时间的，在一切相对关系之外的认识主体。"(《作为意志与表象的世界》，石冲白译，商务印书馆1982年版，第278页。译文有改动)

## 一、黑格尔的误释

1787年12月,康德致信给他的门徒和宣讲者、耶拿大学哲学教授K.L.莱因霍德,说:"我现在正从事趣味的批判,我已经发现了与以往那些不同的先天原理。因为心智有三种功能:认识功能、愉快与不愉快的情感功能,以及欲求功能。"①所谓"趣味的批判"是康德对美学的习惯称谓。这表明,他此时已走出了思路上的困境,确立了美学的基本原则,正在为他的批判哲学添写最后一笔。应该说,上引郭沫若小说的描写是有历史依据的。

又过了三年,在《纯粹理性批判》(1781,1787年二版)和《实践理性批判》(1788)之后,康德终于出版了预期中的《判断力批判》(1790,1793年二版),并在初版序言中写道:"我以此结束我的全部批判工作。"②毫无疑问,《判断力批判》标志着批判哲学的完成。

然而,在康德的整个批判哲学体系内,这个第三批判究竟起着什么作用,居于何种地位呢?这个问题是理解康德美学的关键,其重大意义只有随着本文的展开才能逐步呈现。

对这个问题,黑格尔给出了一种强有力的解释。

众所周知,在康德那里,知性为自然立法,向感性现象提供概念构架,这是认识论的主要内容;理性为超感性的自由立法,向实践活动提供道德理念,这是伦理学的基本论题。在知性与理性之间现在有了判断力,

---

① 《康德哲学通信(1759—1799)》,A.Zweig编,1986年英文版,第127页。

② 《判断力批判》,Werner S.Pluhar译,1987年英文版,第7页。参见宗白华译本,商务印书馆1987年版,第6页。在《实践理性批判》交付出版商后,康德也曾说:"我现在将立刻转向'趣味的批判',我将以此完成我的批判工作……"(1787年9月致L.H.Jacob,见《康德哲学通信(1759—1799)》,第125页。)

> 正如在认识能力与欲求能力之间有着快感和非快感那样；在这个能力（指情感能力）里必然存在着由各个自然概念的领域到自由概念的领域的过渡。①

黑格尔在援引了康德的这段话后，紧接着说："现在有两种产物：艺术作品和有机自然的作品都昭示给我们自然概念和自由概念的统一。"②有趣的是，未加任何说明，黑格尔就把康德所说的"过渡"（德文Ubergang）改写成了"统一"（Einheit）。这是一个意味深长的改动。

黑格尔的"统一"自有其渊源。他认为，近代精神产生了一种深刻的对立，"更具体地说，这种对立在自然界中就是各有特性的抽象规律与杂多个别现象之间的对立，在心灵界中就是人的心灵性与感性的对立，灵与肉的冲突；为职责而职责的要求，即冷静的道德意志的命令，与个人的利害打算、情欲、感官倾向和冲动，以及一般个人癖性之间的对立；内心的自由与外在自然界的必然性之间的尖锐矛盾；也就是本身空洞的死的概念和具体的活生生的现实之间的矛盾，即认识和主观思维与客观存在和客观经验之间的矛盾。"黑格尔总结说："生活和意志之间的这种分裂替近代文化和近代知解力带来了一个要求，就是这种矛盾必须解决。"③在他看来，唯有哲学超然于一般文化之上。因此，如果一般文化都遭遇到了这种矛盾，哲学便有责任指出：矛盾的任何一方面，只要还是抽象的片面的，就还不能算真实，但是矛盾两方面本身就已含有解决矛盾的力量；只是在双方面的和解与调停里才有真实，这种调停并不只是一种假定或要求，而是一种既已自在自为地实现，并且永远在实现的过程中。④

---

① 转引自黑格尔：《哲学史讲演录》第四卷，贺麟等译，商务印书馆1978年版，第296页。重点号为引者所加。此段与康德原文有出入，毋宁是黑格尔的转述。原文见《判断力批判》，第17–18页（中译本第16页）。
② [德]黑格尔：《哲学史讲演录》第四卷，贺麟等译，商务印书馆1978年版，第296页。重点号后加。
③ [德]黑格尔：《美学》第一卷，朱光潜译，商务印书馆1981年版，第66–67页。
④ 同上，第67页。

黑格尔说，康德关于美说出了第一句合理的话。①在《美学》中，黑格尔专设一节"康德美学"，他说："康德哲学不仅早就感觉到这种统一观点的需要，而且对这观点有明确的认识，把它阐明了出来。"②并指出："我们在康德的这些论点里所发现的就是：通常被认为在意识中是彼此分明独立的东西其实有一种不可分裂性。美消除了这种分裂，因为在美里普遍的与特殊的，目的与手段，概念与对象，都是完全互相融贯的。"③《哲学史讲演录》也说："在《判断力批判》里，我们就看见普遍与特殊的直接统一；因为美恰好是这种无概念的直接统一。"④黑格尔认为，康德把这种"统一"放在主体里面，因而只是一种主观的、有限的立场。这种审美的统一在思想层级上处于较低的位置，因为它还不是由概念和纯粹思维把握了的统一。

综上所述，在黑格尔看来，《判断力批判》是《纯粹理性批判》与《实践理性批判》所分别揭示的自然领域与道德领域、现象界与本体界、有限与无限、真与善等对立项的统一，它不只是批判哲学表述上的完成，而且也是批判哲学理论行程上的终点。"美"是统一的具体体现，它是调和了正题（自然、现象界、有限、真）与反题（道德、本体界、无限、善）之后的合题。只不过康德仍把这种"统一"看作是纯粹主观的，"本身还不是自在自为的真实"。⑤因而处在哲学史上的较低阶段，有待于进入"最高阶段"，即黑格尔所做的新的综合。

---

① [德]黑格尔：《哲学史讲演录》第四卷，第299页。
② [德]黑格尔：《美学》第一卷，第70页。
③ 同上，第75页。
④ [德]黑格尔：《哲学史讲演录》第四卷，第299页。
⑤ [德]黑格尔：《美学》第一卷，第76页。

黑格尔关于《判断力批判》整体意义的解说对后世影响深远。①但是，正如上文所说，这种解说却建立在一个未加说明而又至关重要的改动之上，即，把康德在第三批判中反复申说的"Ubergang"（过渡）转述为"Einheit"（统一）。将"Ubergang"转述为"Einheit"，这种同一性的解释抹去了"Ubergang"所体现的差异、变化和多样性的含义。为了真正理解康德第三批判的"过渡"性质及其对美学史的意义，我们必须重新考察康德美学在整个批判哲学中所拥有的地位和功能。

## 二、"物自体"的行程

"物自体"学说是贯穿康德认识论——乃至整个批判哲学的核心线索，是把握康德的一条总纲。康德指出，纯粹知性为自然立法，赋予自然以先验的概念形式，因此先验自我是知识的先决条件。康德以此颠覆了传统哲学及常识的立场，完成了所谓"哥白尼式的革命"②。在这场思想的革命中，"物自体"由于不可知而被逐出了人类认识能力的合法范围之外；然而，整个批判哲学却又恰恰围绕着这个不可知的神秘的"物自体"而展开。

在认识论，"物自体"具有逐级递进的三层含义，即：

1.作为感性经验的来源；2.作为知性认识的界限；以及3.作为理性的理念。

---

① 英国新黑格尔主义者B.鲍桑葵沿袭了黑格尔的解释："康德在这里准备把一个崇高的地位赋予审美判断……这个崇高的地位就是充当这两个世界的会合点，充当理性在感官世界中的代表和感官在理性世界中的代表。"（《美学史》，张今译，商务印书馆1985年版，第339页）中国学者李泽厚更是发挥得淋漓尽致："自然与自由两领域的沟通和统一，却在《判断力批判》一书之中。""美是真、善的对立统一，即自然规律与社会实践、客观必然与主观目的的对立统一。"（《批判哲学的批判——康德述评》，人民出版社1984年修订版，第366、415页）

② "迄今为止，人们一直以为我们的一切知识必须符合于对象。但是，由于这一主张，凭借概念先天地关于对象有所建立以扩大我们关于对象的知识的全部尝试便归于失败了……于是我们应该沿着哥白尼最初的思路而进行。"（《纯粹理性批判》，Bxvi，参见蓝公武译本，商务印书馆1982年版，第12页）

"物自体"的这三层含义刚好对应着康德认识论的三大部分，即感性论、知性论和理性论——这当然是就康德认识论的实质内容而言，而非拘泥于《纯粹理性批判》的刻板的所谓"建筑术"。

　　康德认为，一切知识都始于感性经验。借助空间和时间这两种先天的感性直观形式，人类获得感性经验，而直观的对象就是现象。康德说，"物自体""作为现象的基础"刺激着人的感官①，为先天直观形式提供具体内容，从而成为感性经验的外部来源。他说："既然我们有理由把感官对象仅仅看作是现象，那么我们就也由之而承认了作为这些现象之基础的物自体，虽然我们不知道物自体是怎么回事，而只知道它的现象，也就是我们的感官被这个不知道的什么东西所感染的方式。"②"物自体"作用于人的感官，成为现象。而"物自体"本身则作为本体独立自在，不能被认知。这样便引出了"物自体"的第二层含义。

　　"物自体"刺激感官，产生表象；知性则凭借概念作用于诸多表象，或联结之，或离析之，以形成知识。正如康德所说："没有感性则对象无法给予我们，没有知性则对象不能被思维。"③我们凭借先天的概念（即康德的十二范畴）进行思维，这些范畴构成了知识的先决条件。康德反复强调，知性范畴只能应用于现象界，而不能应用于"物自体"，"物自体"是不可知的，它标志着人类认识的限度。用康德的话来说就是："纯粹知性概念决不能有先验的使用，而永远只能有经验的使用，并且纯粹知性原理只能在可能经验的普遍条件下应用于感官对象，决不能应用于一般的物而不与我们所能由之加以直观的方式无关。"④

　　然而，人的认识又总是不可避免地企图超越认知的局限，去把握"物自

---

① 《纯粹理性批判》，A29＝B66（中译本第66页）。
② 《未来形而上学导论》，庞景仁译，商务印书馆1982年版，第86页。译文有改动。康德有时代替"物自体"而使用"对象"一词（尤其在《纯粹理性批判》），不可与作为认识对象的"现象"相混。
③ 《纯粹理性批判》，A51＝B75（中译本第71页）。
④ 《纯粹理性批判》，A246＝B303（中译本第213页）。

体"本身。于是便产生了"物自体"在认识论领域的第三层含义。

康德说:"我们的全部知识开始于感官,从那里前进到知性,而终止于理性。"①但是,人的本性却不餍足于知性认识的狭窄范围,不餍足于有条件的、相对的"部分",而企求达到无条件的、绝对的、最完全的"整体",即"物自体"本身。所谓"理性为其本性的倾向所驱使,超出其经验的使用领域,在纯粹的使用中仅凭借理念冒险进抵一切知识的最终界限,除了在独立自存的系统的大全中完成其进程外,绝不满足。"②

然而,依照康德,理性由于超越了经验范围,因此不能形成知识,只能形成没有任何经验内容的空洞的理性概念,即"理念",如灵魂、自由、上帝。由于脱离感性经验,理性必然陷入自相矛盾,产生"先验幻相",尤其会产生无法解决的各种"二律背反"。在理性的超经验的使用中,康德的认识论走到了自身的终点。

"物自体"的第三层含义引出了批判哲学的重大转向。"物自体"作为理念超出了经验领域,它不是认识的对象,却可以是信仰的对象。意志自由、灵魂不朽、上帝存在,这些认识领域里的空洞理念却可以成为道德实践的基础。由此,批判哲学从认识论转入伦理学。康德说:理性预感到了自己的具有极大价值的对象——

> 但当它遵循纯粹思辨的途径以接近这些对象时,它们便隐匿不见了。或许它在唯一的另一条仍旧对之敞开的途径上可以期望较好的结果,这就是实践的使用。③

这样,甚至在理性超越一切经验界限的全部雄心勃勃的尝试失败之

---

① 《纯粹理性批判》,A298=B355(中译本第245页)。
② 同上,A797=B825(中译本第545页)。在康德的认识论中,先验自我亦不可知,因而属于"物自体"范畴。实际上,这是一般"物自体"在认知主体身上的体现。这就是康德的"二元论"立场所在。
③ 同上,A796=B824(中译本第545页)。

后，就实践的立场而言，仍足以让我们满足。①

《纯粹理性批判》要限制理性，防止它逾越可能经验的界限，因而是否定性的；相反，在康德的《实践理性批判》中，理性则是肯定性，康德说："因为如果纯粹理性事实上是实践性的，它就将在行动中表明其实在性及其概念的实在性，而所有企图证明其不可能的辩难都将归于徒劳。"②纯粹理性在思辨领域和实践领域有着截然不同的命运，这两大领域的区分即实践领域的开辟，使得康德认识论中濒临绝境的理念（"物自体"的第三层含义），在伦理学中又获得了崭新的也是最终的含义。康德说：

> 这样，批判哲学之谜便得到了说明：我们必须抛弃在思辨中超感性使用的客观实在性，但可以在纯粹实践理性的对象方面承认这种实在性。③

康德认为，道德法则意味着自由，自由意志是道德实践的先决条件。此外，为了使道德成为可能，通过自由理念，"上帝及灵魂不朽的理念也获得了客观实在性与合法性以及主观的必然性（作为纯粹理性的需要）。"④于是，被逐出人类认识领域的"物自体"，作为理念在道德王国找到了家园。

康德对"物自体"概念的规定和使用显得相当任意和武断。实际上，可以说正是由于"物自体"处在人类认识能力之外，它才获得了丰富的内涵和多样的功能。从现象的基础到知识的界限，从知识界限到理性理念，从认识论到伦理学，"物自体"经过各种含义的转换终于完成了自身的行程。

---

① 《纯粹理性批判》，A828＝B856（中译本第563－564页）。
② 《实践理性批判》，L.W.Beck译，1956年英文版，第3页。参看关文运译本，商务印书馆1960年版，第1页。康德也由此说明了前两部批判书名的来由，见同页。
③ 同上，第5页（中译本第3页）。
④ 同上，第4页（中译本第2页）。

## 三、过渡的美学

《纯粹理性批判》除去主要讲认识论问题外，在结尾的"先验方法论"部分，已经论述了从认识论领域到伦理学领域，理性在内涵及功能上的转换，提出了伦理学的基本观点，并且勾画了在批判哲学之后并以批判哲学为先导的所谓"形而上学"。[①]因此，《纯粹理性批判》带有总论性质。

值得注意的是，《纯粹理性批判》已经使用了"Asthetik"一词。但是，在这里，康德仅将"Asthetik"用作低级认识论，以讨论先天直观形式，如他所说："一切先天的感性原理之学，我称之为先验感性论（Transzendental Asthetik）。必须有此种学问构成先验要素论的第一部分，以区别于论究纯粹思辨原理名为先验逻辑的部分。"[②]除此之外，《纯粹理性批判》基本未涉及作为"趣味批判"的美学——只有一处例外，即"先验感性论"开篇的一个脚注。

但有趣的是，正是在这个脚注里，康德反对鲍姆嘉滕将"Asthetik"一词用于"趣味批判"，认为鲍氏美学是"夭折的尝试"，并声称将保留"Asthetik"作为前述"感性论"的用法。[③]同时，在作为总论的《纯粹理性批判》中，康德根本没有论及《判断力批判》"导论"所大加渲染的所谓认识论与伦理学、自然与自由……之间的鸿沟。鸿沟既不存在，也就不需要作为过渡桥梁的美学了。

本文认为，从康德思想的形成过程看，毫无疑问，《判断力批判》所建立的

---

[①] "纯粹理性的哲学，或为预备的，即着眼于一切纯粹先天知识以研究理性的功能，名为批判；或为纯粹理性的体系，即在体系中展示来自纯粹理性的哲学知识大全（不论真伪），名为形而上学。"见《纯粹理性批判》，A841＝B869（中译本第570–571页）。

[②] 同上，A21＝B35–36（中译本第48页）。

[③] 同上，A21–23＝B35–37（中译本第48页）。

美学具有后来补写的、附加的性质。①

实际上，在1790年出版的《判断力批判》"导论"中，康德已经改写了《纯粹理性批判》"先验方法论"中的第三章"纯粹理性之建筑术"，首次明确了美学的职能。他说：

> 在感性的自然概念的领域与超感性的自由概念的领域之间，一个巨大的鸿沟固定下来了。以致通过理性的理论使用从感性过渡到超感性是不可能的，仿佛它们是两个世界。前一世界对后一世界没有影响；但后一世界却应该对前一世界发生影响，即，自由概念应该在感性世界中实现其法则所规定的目的。因此，必须能够这样思考自然：它的形式的合规律性至少对于依照自由法则应在自然中予以实现的目的的可能性，是协调一致的。②

康德认为，知性为认识能力立法，提供自然的概念和原理，形成科学知识；理性为欲求立法，提供自由的概念和原理，产生道德实践。"这样，愉快的情感位于认识能力和欲求能力之间，正如判断力居于知性和理性之间一样。……判断力将带来从纯粹认识能力，即从自然概念的领域向自由概念领域的过渡，正如在其逻辑使用中，它使从知性到理性的过渡成为可能一样。③

依照康德，判断力分为决定的判断力和反思的判断力。前者（决定的判断力）是将特殊归纳到普遍之下的能力，在这里，普遍（如法则、原理、规律）

---

① 1787年12月康德写信给K.L.莱因霍德说，他的体系的首尾一贯使他十分自信，"而且，在有时看不到研究某一课题的正确途径时，为了寻求先前没有想到的答案，我发现只需回顾一番知识要素的一般图景以及与之相关的心智功能的一般图景即可。"关于趣味原理，康德接着说："虽然我曾认为不能找出这些原理，但对上述人类心智功能进行分析的体系使我发现了它们……"见《康德哲学通信》，第127–128页。总之，正是康德哲学的整体性质（所谓"一般图景"）使曾经受到怀疑的美学最终得以确立。

② 《判断力批判》，第14–15页（中译本第13页）。康德原为《判断力批判》写了一个篇幅更长的导论，后未采用。这篇导论（后世称"第一导论"）直到1914年才由E.Cassirer编辑出版。本文仅根据通行的，也是康德生前同意出版的导论。

③ 《判断力批判》，第17–18页（中译本第16页）。

是既定的，问题仅在于将之应用于特殊的事例。这是《纯粹理性批判》在知性论（概念）与理性论（推理）之间所讲的判断（"原理分析论"部分）。后者（反思的判断力）则从既定的特殊出发去寻找普遍。这种判断力又分为审美的判断力和目的论的判断力，二者分别构成了《判断力批判》的两大部分——美学与目的论。

在批判哲学体系内，美学与目的论是从知性（认识论）过渡到理性（伦理学）的两个阶段或途径。康德把判断力比作"桥梁"，意思是：判断力不同于知性范畴（为自然立法）和理性理念（为自由立法），它没有自己的领域，[①]它的作用仅在于联接自然与自由领域。

但是，同知性和理性一样，判断力也有自己的先天原理，即所谓"自然形式的合目的性"。[②] 自然形式的合目的性指的是：一个对象的形式使想象力和知性（理解）协和一致，从而唤起主观的愉快情感，这样的对象对于反思的判断力便是合目的的，并因此被称为美。自然在形式上符合人的目的——这样，在自然世界（现象）实现人的道德目的（本体）便具备了可能性，这种在今天看来牵强附会的说法却正是康德美学的动机所在。由于判断力沟通自然领域与自由领域所依据的是自然形式的合目的性原理，自然美获得了优先考虑。这一点成为康德美学区别于他人的特征。

这样，通过判断力的中介作用，感性界（现象）便"过渡"到了超感性界（本体）。康德下面的一段话至关重要：

> 知性先天地向自然立法，这证明了我们所认识的自然只是现象，知性因此同时指出自然的一个超感性的基体，但在这里，这个基体却是全然未确证

---

① Gilles Deleuze: "情感能力没有任何领域（既非现象，又非物自体）。"见《康德的批判哲学》，1984年英文版，第48页。

② 参看Werner Pluhar对"合目的性"（Zweckma Bigkeit）概念的辨析，见Moltke S. Gram编：《阐释康德》，1982年英文版，第85-99页。

的。判断力通过借以断定自然的先验原理——按照自然可能的特殊规律——揭示了自然的超感性基体（在我们之内一如在我们之外）依靠心智能力是可确定的。但理性通过其先天的实践法则使这个基体变为已确定的。这样，判断力就使从自然概念领域到自由概念领域的过渡成为可能。①

所谓"超感性的基体"即"本体"或"物自体"。这个"物自体"从认识论经由美学和目的论到伦理学，从认识论中的限制性含义，经过美学（及目的论），再到伦理学中的肯定性含义，已经构成了一个完整的行程。其中，美学仅仅是一个从前者到后者的过渡环节。整部康德美学便是对这一"过渡"的具体展示。

## 四、从美到崇高

康德美学的职能是使认识论"过渡"到伦理学，同时，康德美学本身也是由一系列"过渡"组成的，其中最重要的便是从美到崇高的过渡。

《判断力批判》首先提出"美的分析"。康德说："由于趣味判断仍与知性相关"，因而可以从量、质、关系、模态四项范畴的角度来考察趣味判断。②但是，与以往的顺序不同，康德在美学中先质后量，"我首先探讨质的契机，因为关于美的审美判断首先与此相关。"③这是一种含糊的说法。

如上所述，康德认为："心智的全部机能或能力可以归结为三种——它们不能再被追溯到一个共同的基础了——即：认识能力，愉快与不愉快的情感能力，以及欲求能力。"④其逻辑形式分别为知性（认识论）、判断力（美学和目的

---

① 《判断力批判》，第37页（中译本第35页）。
② 同上，第43页（中译本第35页）。
③ 同上，第43页（中译本第39页）。
④ 同上，第16页（中译本第15页）。

论）和理性（伦理学）。从"质"的方面看，"趣味是凭借全然非功利的快感或不快感来判断对象的能力或表象它的方式，这样的快感对象称作美。"①以下的"量"、"关系"、"模态"的要点分别是：

"量"："美是无需概念而普遍给人以快感的。"②

"关系"："美是对象的合目的性的形式，当它被感知时并未想到任何目的。"③

"模态"："美是无需概念而被认为必然给人快感的对象。"④

在这四种契机当中，"质"的契机是对审美愉快（快感）的非功利性的专门分析，紧扣判断力的心智能力（即愉快与不愉快的情感能力）的性质，并且其他几个契机的论述也以"质"为根据，甚至是"质"的逻辑引申。如：关于"量"，康德说："这个关于美的说明可从关于美是非功利的快感对象的上述说明中推论出来。……由于趣味判断意识到没有任何功利，所以必然要求普遍有效……"⑤关于"关系"，康德说："只要一个目的被视为快感的根据，它就总带有功利，作为依据以决定有关愉快对象的判断。"⑥因此审美对象只是合目的性的形式，而没有确定的目的。至于"模态"，则实际是"量"的另一种表述。因此，"质"的契机可说是契机的契机，是"美的分析"的关键。⑦

正是通过对审美非功利的分析，康德才首次将美与快适（自然）和善（道

---

① 《判断力批判》，第53页（中译本第47页）。在《判断力批判》，快感（德文Wohlgefallen）与愉快（Lust）同义。

② 同上，第64页（中译本第57页）。

③ 同上，第84页（中译本第74页）。

④ 同上，第90页（中译本第79页）。

⑤ 同上，第53－54页（中译本第48页）。

⑥ 同上，第66页（中译本第58页）。

⑦ 李泽厚认为，"质"的契机提出的实际上是"人与自然这个根本问题，即作为主客体对峙的人与自然、作为主体自身内部的人（理性）与自然（感性）的统一"。由于问题本身具有如此重要的意义，因而"使康德不寻常地打破了自己立下的常规，把"质"提到了首位。见《批判哲学的批判》，第374页。这可说是上文所述黑格尔式误释的具体化。

德）严格区分开来，突出了康德美学的中心思想，即美作为自然（快适）向道德（善）过渡的中介环节。审美愉快与对象的实际存在无关，仅涉及对象的形式，所以是非功利的。与此相反，快适是感官享受，善则是理性凭借概念给人以快感，它们都与对象的实际存在相关，因而是功利性的。快适也适用于无理性的动物，它代表人的自然方面；善则适用于理性的存在者，它标志着人的道德方面。康德说："在这三者当中只有对于美的欣赏是非功利的和自由的，因为既没有感官的利害感，也没有理性的利害感来强迫我们赞许。"①

但是，在康德之前，经验派的柏克将美与快乐混为一谈，把审美快感看作是一种生理状态，这样便只是个人私自的感觉，从而取消了审美判断的普遍有效性。与此相反，唯理论的鲍姆嘉滕则将美归结为感性认识的完善，康德认为这将依赖于善的概念，他说："前一种趣味批判是经验主义的，后一种是理性主义的。依照前者，我们的快感对象将无法区别于快适；依照后者，如果判断依靠确定的概念，快感对象将无法区别于善。"②因而，这不仅是三种性质相异的快感，而且分别代表着三种美学立场。通过这种区分，康德扬弃了经验派和唯理派美学。

这样，根据"美的分析"从质、量、关系、模态四个方面所进行的界定，真正符合标准的美的范例便是"花，自由的图案，无谓地彼此缠绕而称作簇叶饰的纹线"③，即所谓纯粹美。

在《判断力批判》中，引人注目的是从"美的分析"到"崇高的分析"的过渡。康德把"崇高的分析"仅仅看作是"美的分析"的附录，但实际上，崇高理论却正是使康德美学的结构趋于完整并获得重大美学史意义的部分。

美是自然对象合目的性的形式，它使想象力与知性协调一致，产生愉快的情感。正如黑格尔所说，美使思想从自然里得到欢欣。与此相反，崇高则是自

---

① 《判断力批判》，第52页（中译本第46页）。此段孤立来看十分有利于上述黑格尔的解释。
② 同上，第220页（中译本第194页）。
③ 同上，第49页（中译本第44页）。

然对象的反目的性的无形式，崇高以其超越一般形式美的无限巨大（数学的崇高）或威力（力学的崇高），挫败了直观的想象力（代表感性），因为后者只能把握有限的事物。但是，理性却要求将崇高对象作为整体加以掌握，以超越这些自然事物的无限巨大和威力。康德说："想象力竭力进向无限，理性则要求作为现实理性的绝对整体。这样，我们对感性世界中事物的量的估量能力不适合这个理念。但这种不适合却在我们内心唤醒了一种感觉：我们内心拥有一种超感性的力量。"①由此他得出结论说："崇高不在自然事物里，而必须在我们的理念中寻找。"②只是经由一种康德所谓的"暗换作用"，主体内心的崇高才被赋予了自然对象，从而使理念获得形象的体现。由于崇高体现在自然对象身上，因此它仍属于审美范畴——只是到了伦理学，理念才摆脱自然对象，最终回到主体自身。

通过贬抑感性（人作为自然存在），理性（人作为道德主体）得以高扬。崇高的对象抗拒想象力（感性）的运用，是不合目的的，因此崇高首先带来的是痛感；但感性的受挫却唤醒了理性的使命感，因而崇高最终又是合目的的并产生快感。康德说："对崇高的快感更多是崇敬和敬重，而非积极的愉快，因而应当称做消极的愉快。"③快感中夹杂着痛感，崇高感正接近《实践理性批判》所论述的道德情感。④崇高是走向道德的重要一步。

康德说："与愉快的情感相关的对象必须或者归于快适，或者美，或者崇高，或者（绝对的）善。"⑤接下来，康德牵强附会地把这四种愉快对象分别纳入

---

① 《判断力批判》，第106页（中译本第89页）。Gilles Deleuze："正是理性将想象力推至极限，迫使它承认，一旦与理念相比，其力量便化为乌有了。"见《康德的批判哲学》，第51页。

② 同上，第105页（中译本第89页）。

③ 同上，第98页（中译本第84页）。

④ "敬重远非一种愉快的情感……有些许痛感掺杂其中，这样，一旦我们抛弃自负心而使那敬重心发生实践的影响，我们就能够无餍足地沉思道德法则的庄严壮丽，并且我们的心灵愈是看到这个神圣法则高出于自己及其脆弱天性之上，就愈相信自己也同样高出尘表。"见《实践理性批判》第80页（中译本批79页）。

⑤ 《判断力批判》，第126页（中译本第107页）。

量（快适）、质（美）、关系（崇高）和模态（善）这四项知性范畴中，使它们构成一个渐进的序列。这同样是为了表明从自然（快适）向道德（善）的过渡（美和崇高），表明理念不断上升、发展最后摆脱感性束缚的行程。其中，"在美涉及的是感性的主观基础，当这基础有助于静观的知性之时；在崇高涉及的是有助于道德情感的主观基础，即拒斥感性但同时在同一主体内心服务于实践理性的目的。"①从美到崇高的转换是使自然与道德之间得以过渡的两大步骤和环节。

美使想象力与知性（理解）协调，可类比于认识论；崇高使想象力（感性）与理性对立，则趋向于伦理学。康德说："关于自然美，我们必须在我们之外寻找依据，关于崇高则依据仅在我们内心和把崇高赋予自然表象的思想方式中。"②美使我们沉浸于自然，崇高则通过挫败想象力把握无限的努力，从而唤醒我们超感性的理性力量。这象征了理论理性超越现象界，企图把握无限的绝对整体而遭遇挫折（产生"二律背反"），结果引出实践理性的过程。康德前两大批判之间关系的要旨是从外在自然回到内心道德，而所谓美向崇高的过渡正是这一哲学转折的美学形态。

因此，从美到崇高不仅是自然与道德之间过渡的两步，而且本身已象征了从自然回到道德的过程。从美到崇高的过渡作为自然与道德之间的中介环节，其作用是双重的。

《判断力批判》除美到崇高这一主要过渡外，还有从纯粹美到依存美，从自然美到艺术美，从趣味（欣赏）到天才（创造）的一系列过渡。从批判哲学内部看，这些过渡都是从自然到自由（道德）的中介环节，是这一中介的不同形态。从思想史上看，这些审美范畴之间的转换则体现了从感性形式到理性内容的演进，是内容不断突破形式，精神日益超越物质，主观逐渐战

---

① 《判断力批判》，第127页（中译本第108页）。
② 同上，第100页（中译本第85页）。

胜客观的过程。①"过渡"是一个不断差异的过程,它对应于康德之后的美学史。

## 五、从康德到尼采

如上所述,在康德,美学远非自然与道德之间对立冲突的最终和解,它仅仅是从认识论到伦理学的过渡环节,并且这种过渡也只具有所谓"主观的有效性"。从写作过程和理论功能上看,美学都带有附加的、补充的性质。至于自然与道德的最终统一,作为康德伦理学的"设定",则只能在"上帝之国"才能实现,这种"设定"即所谓"自然王国与道德王国的全然和谐作为至善的可能性条件"。②这就远不是仅具有主观有效性的美学所能胜任的了。

然而,尽管黑格尔误释了康德,但这位思辨哲学大师把补充的、辅助性的康德美学阐释为认识论与伦理学的统一,把过渡环节、手段和过程阐释为最终归宿、目的和终点,并且这种阐释在《判断力批判》的个别论断中又不无根据——这种阐释令人联想到当代西方解构主义的阅读策略,只是黑格尔对自己的"误读",对自己的阐释与康德的原意不相符合这一情况却始料不及。

此外,除去这一"不相符合"的事实外,另有一种"彼此吻合"的状况也许同样出乎黑格尔的意料。

如果抛开枝节从大处着眼,那么,康德哲学从认识论经美学和目的论到伦理学不断转换,这正是一个理念("物自体")从消极含义到积极含义,不断

---

① 康德美学的所谓前(形式主义)后(表现论)不一致为许多人所论及。对此的解释众说纷纭,或认为二者分别适用于自然美和艺术美(如D.W.Gotshalk),或认为表现论是形式主义理论的具体应用(如Paul Guyer),或认为二者只是同一个理论当中在论证上的两个步骤(如Donald Crawford),或认为前者立论失败,便继之以后者(如R.K.Elliot)。参看Kenneth F. Rogerson:《康德的美学》,1986年英文版。大多是从"同一性"的理论立场淡化和抹杀康德美学的过渡(差异)性质,更未能与康德之后的美学史相联系。

② 《实践理性批判》,第151页(中译本第148页)。"至善"即德与福的统一。

上升发展最后摆脱感性束缚回到自身的过程。这预示了黑格尔庞大的绝对唯心主义体系。如人们指出的，黑格尔实际上将康德先验自我的能动性质赋予了一般"物自体"（抛弃了康德的"二元论"），从而引出了绝对精神的正、反、合行程：逻辑学、自然哲学、精神哲学，即绝对精神的自在（逻辑学）、自我异化（自然哲学）以及恢复到自身（精神哲学）的过程。两种哲学在更具体的构造方面也大致彼此对应。如："先验逻辑"①构成了《纯粹理性批判》和主体部分（A 50 = B 74 至 A 704 = B 732，中译本第 70 – 492 页），相当于黑格尔的《逻辑学》。事实上，《逻辑学》研究纯粹理念即范畴体系，正是对康德十二范畴表的发展。作为中介环节的《判断力批判》主要讨论自然现象，即自然中的美和崇高以及生命有机体，可对应于黑格尔的《自然哲学》。《实践理性批判》摒弃感性，确立了道德主体，预告了黑格尔以人类主体精神为对象的《精神哲学》，这是理念返回自身的最高阶段。

黑格尔的精神哲学包括主观精神（人类学、现象学、心理学），客观精神（法权、道德、伦理）以及绝对精神（艺术、宗教、哲学）三个阶段。美学是对绝对精神阶段的第一个环节——艺术——的研究。值得注意的是，康德不仅预示了黑格尔的哲学，而且经过席勒、谢林，也引出了黑格尔的美学。黑格尔认为"美是理念的感性显现"，他把自己的美学称作"艺术哲学"或"美的艺术哲学"，以艺术美为主要对象。因为在他看来，自然美是一种有缺陷的美，只是艺术美的准备阶段。根据理念在不同发展阶段上精神内容与物质形式的彼此消长的关系，艺术美又分为象征型艺术、古典型艺术和浪漫型艺术。在象征型艺术中，物质形式压倒精神内容；在古典型艺术中，精神与物质达到了完美的平衡；在浪漫型艺术中，精神又超越了物质。依照这个原则，艺术门类按顺序划分为建筑（象征型），雕刻（古典型），绘画、音乐和诗（浪漫型），而诗的最高

---

① 它本身的实质内容又分为"概念分析论"（讲知性范畴）、"原理分析论"（讲决定的判断力）和"先验辩证论"（讲理性）三部分，在结构上对应于传统形式逻辑的概念、判断、推理。"先验逻辑"既参照又超越了形式逻辑。

形态则是戏剧（史诗与抒情诗的统一）。

一般认为，黑格尔美学作为艺术哲学或艺术史的哲学，与探究人类心智先天能力（愉快与不愉快的情感）的康德美学是大相径庭、迥异其趣的。然而，事实上，从象征型艺术经古典型艺术到浪漫型艺术，从建筑经雕刻到绘画、音乐和诗，这些艺术范畴和门类的演进，在体现了黑格尔式绝对理念的行程的同时，也恰好是康德从美到崇高、从纯粹美到依存美、从自然美到艺术美、从趣味到天才的一系列过渡的另一种表现形态。康德美学范畴之间的转换在黑格尔那里演变为各种艺术类型的发展，这是一个从抽象形态到具体形态的演变过程。

尤为重要的是，康德美学范畴之间的过渡在黑格尔手中获得了极大丰富，衍生为从象征型（建筑）经古典型（雕刻）到浪漫型艺术（绘画、音乐和诗）的逻辑展开过程——这恰好应和了美学史的行程。

在康德，崇高虽然具有更为突出的理性（道德）内涵，但美仍是其重心所在。在篇幅的安排上，"崇高的分析"仅有七节（第23节至29节），而"美的分析"则占了二十二节（第1节至22节）。并且，康德甚至把"崇高的分析"仅仅看作"美的分析"的附录。同时，从影响来看，"美的分析"也比康德美学的其余部分远为显著，因此康德常被视为形式主义和唯美主义的理论先驱。如上所述，由于美学在批判哲学内部的特定职能，自然美获得了优先的考虑。而且，真正符合康德关于趣味判断四个契机的界定的也基本上是自然美。这是一种理念内容处于萌芽状态的美。实际上，自然美构成了康德的美的范例，艺术在其学说中反而受到轻视。[①]因此，比之黑格尔，康德的艺术哲学便显得相当粗浅了。

在黑格尔，浪漫型艺术（绘画、音乐和诗）处于更高的发展阶段，然而，真正体现黑格尔关于美的定义的却是古典型艺术（雕刻）。在古典型艺术中，理念与形象达到了完满的协调，"从此可知，只有古典型艺术才初次提供出完美理

---

① "审美判断依照康德的概念……更适合于自然对象，而不是艺术作品。""康德的分析中最有兴味的部分是针对自然对象的……"见Ted Cohen和Paul Guyer编：《论康德美学》，1982年英文版，第6页。

想的艺术创造与观照，才使这完美理想成为实现了的事实。"①到了浪漫型艺术，理念与形象的完美平衡重又被打破，从而在较高的阶段上回到了象征型艺术所尚未克服的理念与形象的冲突和对立状态。黑格尔的美的范例是雕刻。

叔本华曾写了一部篇幅很长的《康德哲学批判》，附录于其代表作《作为意志和表象的世界》之后。与仅仅留意于康德"美的分析"的黑格尔（《美学》和《哲学史讲演录》均如此）相反，叔本华极力推赞康德的崇高理论，认为"这和美的学说相比，有着不可伦比的良好成绩"；②在他自己的哲学中，叔本华将康德的"物自体"直接等同于普遍的意志，把现象称作表象，理念则居于这二者之间。叔本华指出，理念是意志的直接客体化，表象则是理念的复制品，"于是，个别的、按根据律而显现的事物就只是物自体（即意志）的一种间接的客体化，在事物和物自体之间还有理念在。"③叔本华认为，审美使人暂时摆脱了盲目的意志冲动，"在这样的观审中，反掌之间个别事物已成为其种类的理念，而在直观中的个体则已成为认识的纯粹主体"。④艺术的唯一源泉就是这种对理念的不带意志的纯粹认识，艺术的目标则是传达这种认识。遵循这个原则，叔本华考察了从建筑经雕刻、绘画直到戏剧的艺术门类的序列，这一序列同样反映了理念从低到高的等级。然而，叔本华认为，音乐却独立于这个序列之外。所有其他种类的艺术都是对理念（意志的直接客体化）的观照，都是间接地体现意志。与此相反，音乐则超越了理念，音乐"不是意志恰如其分的客体性的写照，而直接是意志自身的写照。所以对世界上一切形而下的来说，音乐表现着那形而上的；对一切现象来说，音乐表现着物自体。"⑤音乐是叔本华美学

---

① 《美学》第一卷，第97页。朱光潜："典型的古典型艺术是希腊雕刻。这种艺术恰恰符合黑格尔的美的定义，所以他把古典艺术看作最完美的艺术。"见《西方美学史》下卷，人民文学出版社1981年版，第493页。
② 《作为意志与表象的世界》，第722页。译文有改动，下同。
③ 同上，第245页。
④ 同上，第250页。
⑤ 同上，第363—364页。尼采在《悲剧的诞生》第16节概述了这段话并认为由于这个美学中最重要的见解，"才开始有严格意义上的美学"。参见周国平译本，三联书店1986年版，第67页。

最为推重的艺术门类。

尼采始终对康德美学持激烈的批判态度。他说:"自康德以来,所有关于艺术、美、知识、智慧的谈论都被'非功利'这个概念给损害和玷污了。"[1]尼采结束了一个时代,从美学史来看亦复如此。通过追溯希腊悲剧的起源,尼采将这一点表现得淋漓尽致。他认为,日神阿波罗代表美的外观,体现为造型艺术;酒神狄奥尼索斯则代表打破形式,归向本体的冲动,并体现为音乐艺术。悲剧歌队用歌声(酒神艺术)招致了种种幻象(日神艺术),酒神精神与日神精神结合,悲剧便诞生了。悲剧是尼采美学立论的基石。[2]尼采说:"我们必须把希腊悲剧理解为不断把自己贯注到日神的形象世界中去的酒神歌队。"[3]在狄奥尼索斯与阿波罗的关系中,酒神占据压倒的优势——所谓"悲剧神话必须理解为酒神智慧通过日神艺术的媒介而得以形象化。悲剧神话引导现象世界到其界限,使其自我否定,并使其寻求重新逃归唯一真正的实在的怀抱。"[4]这样,悲剧"分享了日神艺术领域那种对外观和静观的充分快乐,同时它又否定这种快乐,而从可见的外观世界的毁灭中得到更高的满足。"[5]这正是一幅酒神精神淹没日神幻象的图景。

值得注意的是,悲剧在尼采的著述中已超出了作为艺术门类的传统含义,因此,他经常谈论所谓"悲剧认识"、"悲剧智慧"、"悲剧世界观",并自称"第一个悲剧哲学家"。尼采说:"艺术是生命的伟大兴奋剂,怎么能把它理解为无

---

[1] 《艺术与艺术家》,《尼采全集》第17卷,1926年德文版,第304页。Gilles Deleuze说,尼采艺术观的基本原则之一是:"艺术是'非功利'活动的反面,它……并不'悬置'欲望、本能或意志。相反,艺术'刺激着强力意志',是'某种使意志兴奋的东西'。"见《尼采与哲学》,1983年英文版,第102页。

[2] 尼采专家Richard Shacht说:"在《悲剧的诞生》里……悲剧被提高到所有其他艺术形式之上。在后来的著述中,他继续赋予悲剧以特殊的地位。"见《尼采》,1985年英文版,第513页。

[3] 《悲剧的诞生》第8节(中译本第32页)。

[4] 同上,第22节(中译本第96页)。

[5] 同上,第24节(中译本第104页)。"无论何处,只要酒神得以盛行,日神便终止和毁灭了。"《悲剧的诞生》,第4节(中译本第16页)。

目的，无目标的，理解为为艺术而艺术呢？"①他正是以一种"悲剧世界观"站在生命的立场上重估一切价值，并倾向于以一种宽泛化的艺术和审美来涵盖甚至取代所有传统的经验－文化形式，而不是将审美与非审美区别开来。例如他说："我的本能，作为生命的一种防卫本能，起来反对道德，为自己创造了生命的一种根本相反的学说和根本相反的价值，一种纯粹审美的、反基督教的学说和价值……我名之为酒神精神。"②的确，尼采所要建立的正是一种"超人"（Ubermensch）的新道德观。因此，当他大谈"作为艺术的强力意志"时，他的艺术概念便已经超越传统的审美范畴，而在形式上趋近于康德的"纯粹意志"（伦理学）了。高涨的泛滥的酒神精神冲毁了单纯和清晰的日神式的传统审美理想。这实际上仍是尼采《悲剧的诞生》中的那个原始过程。

在尼采那里，这一过程以另一种更激进的形式再现了康德从美到崇高的过渡，同时也象征了德国古典美学从康德到尼采的行程。悲剧性的崇高取代了美的形式，古典美学在尼采那里走到了终点。

在美学史上，不同的艺术门类在不同的美学家那里分别获得了特殊的重要性。如果暂时抛开较为次要的美学家不论，那么，在康德、黑格尔、叔本华、尼采这四位美学史上里程碑式的人物那里，自然美（康德）、雕刻（黑格尔）、音乐（叔本华）、悲剧（尼采）分别成为美的范例。这一编年史上顺序大致对应着黑格尔所论述的从自然美到艺术美，从象征型（建筑）经由古典型（雕刻）到浪漫型艺术（绘画、音乐和诗）的逻辑行程并通过黑格尔最终折射着康德审美范畴之间的过渡。美学史上的这一行程同样是内容日益突破形式，是理念内容在物质形式中逐渐显现、上升、高涨和满溢，是审美对象这一范畴形成和趋于瓦解的过程。事实上，在"美的分析"中，康德从质、量、关系、模态四个方面来严格界定审美，而在此之后则愈来愈强调审美与非审美因素的联系，强调美与快适（所谓"经验的旨趣"）、美与道德（所谓"智性的旨趣"）的结

---

① 《偶像的黄昏》："一个不合时宜者的漫游"，第24节（《悲剧的诞生》中译本，第325页）。
② 《自我批判的尝试》，第5节（《悲剧的诞生》中译本，第277页）。

合，直至最后提出"美是道德的象征"，审美的边界越来越模糊。尼采的宽泛化的审美概念和用法刚好响应了康德的这后一方面。与康德在"美的分析"中对审美的严格界定相比较，尼采几乎是一种反界定。因此，从康德到尼采，美学发展的历史同时也是美学自我消解的历史，是反美学史。康德从美到崇高的过渡以及其他一系列过渡，以抽象的方式预告了这一过程，在这个意义上，康德涵盖了一部美学史的行程。

一个引人注目的现象是，随着美学史的展开，美学的位置在不同的哲学体系内部呈现出不断上升的趋势，并且这一趋势同样对应于康德哲学的行程。例如，鲍姆嘉滕认为"美学的目的是感性认识本身的完善（完善感性认识）"。① 作为低级认识论，美学填补了作为高级认识论（研究理性认识）的逻辑学所遗留的空缺。在鲍姆嘉滕，美学的位置相当于康德认识论的第一部分，即讨论纯粹直观形式的"先验感性论"。接下来，康德美学作为从认识论到伦理学的过渡环节，则位于认识论之后，目的论和伦理学之前。到了黑格尔，美学成为精神哲学（如上所述，对应于康德的伦理学）的最高阶段即绝对精神阶段的第一个环节，处于宗教和哲学之下。叔本华哲学依照逐级上升的顺序包括认识论→自然哲学→美学→伦理学四部分。美学居于自然哲学之上，伦理学之下。到了尼采，古典哲学的庞大体系解体了。

尼采是一位反体系的哲学家，他始终坚信"艺术是生命的最高使命"②，艺术体现了尼采所认可的终极价值，而"作为艺术的强力意志"也正好趋向于康德伦理学的"纯粹意志"。这样，从鲍姆嘉滕到尼采，美学在哲学内部恰好经历了一个自下而上的完整行程。美学这个不断上升的行程是上述从自然美（康德）经雕刻（黑格尔）、音乐（叔本华）到悲剧（尼采）的美学史过程的另一种形态，其实质仍然是艺术（审美）的内容、精神、理念等方面日益被突出和强

---

① 鲍姆嘉滕：《美学》，简明等译，文化艺术出版社1987年版，第18页。
② 《悲剧的诞生》序（中译本第2页）。尼采在晚年的笔记（《强力意志》）里逐字援引了这些话。见《悲剧的诞生》中译本，第387页。

调，从而使美学的地位也相应上升和提高。

　　上文曾指出，黑格尔把作为认识论与伦理学之间过渡环节的康德美学解释为自然与道德之间矛盾对立的最终统一，从而误释了康德。但在某种意义上，美学史的发展却逐渐支持了黑格尔的这个解释：即审美从认识与伦理之间的过渡环节（康德），经过上升发展（黑格尔、叔本华）而获得了最高价值（尼采）。

　　在康德之前，鲍姆嘉滕创立了美学。从此，美学在德国哲学内部固定地充当着一个不确定的角色。从康德到尼采，古典美学走完了全程。与前两个世纪比较，到了尼采之后的20世纪，美学便已退出日益为分析方法、实存体验和解构立场所统治的西方思想舞台。即使有后期海德格尔、法兰克福学派以及米盖尔·杜夫海纳，总的颓势也无法挽回了。事实上，从西方文艺史来看，从中世纪艺术的惊赞和忏悔到现代艺术的焦虑和反讽，在其间，近代艺术的确经历了一个审美的历史过渡。

（原载台湾《哲学杂志》第14期，1995年11月）

# 新时期以来的美学与知识分子

前言 / 43

引论　理论前提 / 45

  （一）书面文化的涵义 / 45

  （二）知识分子的两种可能 / 50

  （三）超越的美感 / 53

  （四）意识形态与解释学 / 57

一、文学知识分子 / 60

  （一）"地下"写作 / 60

  （二）普遍的体裁 / 68

  （三）书面文化的分裂 / 72

二、新时期的人性 / 75

  （一）阶级斗争学说 / 75

  （二）革命与世俗生活 / 77

  （三）人道主义哲学 / 78

  （四）两个主题 / 84

三、 美学热 / 90
　　（一）aesthetica / 90
　　（二）学术准备 / 93
　　（三）鼎盛的局面 / 97
　　（四）阐释 / 101
　　（五）两种倾向 / 105
　　（六）方法问题 / 110

四、 失衡的语境 / 114
　　（一）小说的分裂 / 114
　　（二）三种理论、一个人物 / 119
　　（三）文化大讨论 / 126
　　（四）一个时代的终结 / 130

五、 衰落 / 136
　　（一）一个征兆 / 136
　　（二）从意识形态到科学 / 141
　　（三）美学史 / 144

六、 散文时代 / 148
　　（一）边缘化 / 148
　　（二）散文、人文精神与国学 / 152
　　（三）人民形象 / 158
　　（四）审美文化 / 161
　　（五）美学话语转型 / 165
　　（六）一种推测 / 168

结束语　过渡时期的现象：人、知识分子与美学 / 170

## 前　言

从1979年起，国内的报纸杂志开始大量刊发有关美学的文章，数量逐年递增：1979年是60余篇，1980年增至120余篇，1981年仅上半年已约90篇。据不完全统计，到1985年，各种美学论文已累计千余篇，著作数十种，形成了历时数年、引人瞩目的"美学热"。

新时期初期的这场"美学热"（1979—1985）是当代知识界、文艺界乃至一般读书界的一个重要事件。关于"美学热"，以往的评述文字往往局限于单纯的学术史立场，遗漏了这一思潮与其发动者和参与者——知识分子——之间的密切关联。本书认为，"美学热"绝非仅仅是一场单纯的"学术繁荣"，事实上，它是"文革"之后，知识分子的一段内心历程的表征。在当时，美学学科远远超出了自身，而负载着一系列深刻的社会意识形态含义。可以说，正是这些含义推动、支撑着"美学热"，并在稍后又决定了它的沉寂。因此在新时期初叶，美学成为一种"能指"，成为一种知识分子的话语。

在中国当代史上，"文化大革命"作为一场剧变，包含双重意义：一方面，它使20世纪中国知识分子的左翼传统抵达巅峰；另一方面，又使该传统跌入深渊，越出自身的合理范围，遭遇重大挫折，并由此催生出另一种自由主义的传统。"文革"结束后，伤痕－反思文学感叹和痛斥了先前的反人性历史，使具有自由主义价值倾向的文学知识分子步入历史的前台。与此同时，持守同样立场的人道主义哲学则指向两个方向：一方面是对现实和历史中的异化现象的揭露和批判，从而直接与伤痕－反思文学声息相通；另一方面则是对普遍人性的论证和展望。人道主义哲学的这后一方面,在逻辑上和事实上导致了哲学的分支学科——美学的蓬勃兴起。在"文革"时代的社会政治理想破灭之后,作为一种替代物,美学以"自然的人化"为核心概念层层展开,为"人性复归"的历史远景提供了一个切近的经验的范例,从而代表了知识分子在新时期初叶的一种终极理想。

1985年以后,一方面,以小说为代表的纯文学日益转向形式、语言、技巧的实验探索,迅速专业化并退出公众的视野;另一方面,报告文学则异军突起,继承并强化了新时期初期小说指涉现实的功能。新潮小说与报告文学从形式与内容两方面,打破了先前的平衡。同时,在文艺理论领域,性格组合论强调了人性的"恶"的方面,消解了前一阶段文学和美学的人道主义基础。主体性理论突出了知识分子的主体自我意识和批判精神,使知识阶层稳步地转型为新的"领导阶级"(知识精英)。新方法论思潮表露了知识分子变革现状的急功近利的浮躁心理。遍及知识界的文化大讨论则通过抨击中国传统文化,为现实的政治批判和西方社会思想甚至制度的引入,准备了舆论基础。到80年代后期,随着知识分子的日益政治化和激进化,审美的乌托邦被逐渐搁置,一种以西方模式为社会发展目标的思潮充溢泛滥。至此,美学终于完成了新时期初叶为新的人性理想提供具体范例——这一意识形态使命。美学回归于专业学科,并因此趋于沉寂。在这一过程中,美学领域的侧重点经历了从美的哲学(80年代初期)到方法论(中期),再到美学史(后期)的三个阶段。

到90年代初,市场经济和大众文化成席卷之势,知识分子退守边缘。他们脱离原先的社会角色,转向平淡的散文和考据式的纯学术研究。在大众审美文化的浪潮下,经典的审美心理被严重消解,"审美"泛化为一种感性的文化:一种感性的生活方式、娱乐方式、消费方式。传统美学失去了原先的社会和心理基础,成为一种过时的僵硬的理论范式。美学界开始倡导话语转型,纯美学被倾向于放弃,一种切近当代文化现实的、片段的、经验性的审美文化批评悄然兴起。同时,新的转机也在酝酿之中。可以预期,在世纪之交,中国古典美学(作为所谓"亚洲价值"的思想史资源之一)将得到挖掘和阐扬。

根据上述情况,本书将以新时期的美学历史(从"美学热"到90年代审美文化批评）为对象，在兼顾其学术得失的同时，重点探究导致"美学热"的兴盛与衰落的社会意识形态含义，并始终将这种研究，放置到当代知识分子文艺及思想的语境中，放置到知识分子境况的变迁之中来进行。

因此，本文将安排如下：

引论将以书面文化的涵义为基础，对以后各部分反复涉及的三个概念——知识分子、美感和意识形态，做一简要的概括说明，阐明三者的内在联系，以便为以下各部分的历史性讨论提供一个理论前提。第1、2两部分分别叙述新时期初叶的文学和哲学语境。第3部分是全书核心，在描述"美学热"鼎盛时期的现象后，重点探究作为其基础的意识形态含义及其相应的方法论特征。第4部分简评80年代中、后期知识分子的文艺和思想状况。第5部分议述美学转入沉寂的情况，概括新时期十年美学发展的三阶段。第6部分在勾勒了90年代前叶的社会文化背景之后，评议美学学科的最新发展，并对未来的可能趋向做一推测。结束语总括全文，阐明人、知识分子和美学的历史过渡性质。

## 引论　理论前提

### （一）书面文化的涵义

70年代末以后的新时期十年，堪称中国当代史上的一个知识分子时代。在这十年，知识分子阶层曾发挥了空前绝后的影响，从学术文化到社会政治舞台，搬演出一幕幕历史活剧。这期间，有开创、有实绩，也有错误、迷乱和重重歧途。大凡知识分子的自我反省常常发生在一个喧哗的知识分子时代终结之后。此时，理性代替激情，正反两方面的历史经验渐趋完整，它们的涵义也日渐澄清。因此，以下尝试提出的尽管是一种一般性的知识分子理论，但这种理论的每一个结论，都无不同时也是历史经验的凝缩与提炼。

在现代西方，知识分子理论曾采取两种彼此区别的方法，即现象学方法和知识社会学方法。现象学方法是一种"内在的"方法，它以个体知识分子的自我意识为出发点，着眼于他们特定的思想和行为方式。例如让－保罗·萨特的著名界定:"知识分子就是那种关心自身之外事务的人。"①知识社会学采用一种"外在的"方法,关注点是整个知识分子阶层在社会结构中的特定位置。例如卡尔·曼海姆认为,在社会各阶层中,唯有知识分子"不隶属于任何阶级",因此,唯有他们能够自由地选择自己的观点立场,努力追求一种非褊狭的、整体的视野。曼海姆称之为"自由漂浮的知识分子",认为他们能够"在漆黑长夜里充当守更人(watch-men)的角色"。②

尽管采取不同的方法,但萨特和曼海姆的理论都确立了一种崇高的、理想化了的知识分子概念。这种经典的知识分子概念在后现代主义的思想环境中,理所当然地被指认为"神话",并受到摒弃。例如,在法国当代哲学家米歇尔·福柯和让-弗朗索瓦·利奥塔尔及其在中国的附和者们那里,便是如此。然而,实际上,任何"神话"作为人类特殊的观念形态和叙述形式,都有它们特定的真实依据,都有它们据以产生的特定的现实基础。因此,对于我们来说,重要的便不是指认"神话"并加以摒弃,而是澄清和阐明那些支撑着"神话"的真实依据,是区分"神话"的虚幻部分与真实部分。唯有这样,我们才能理解"神话"诞生的机制,理性地对待"神话",使"神话"还原为真实的认知,并正当地、合理地发挥作用。

关于知识分子的理论探讨,可暂且以马克斯·韦伯的界定为依据。在一本生前未公开出版的笔记中,韦伯写道:"我们以'知识分子'(intellectuals)表示这样一群人,他们由于自身的特性而掌握着某些据认为是'文化价值'的成果;因而,他们便获取了对某一'文化共同体'的领导权。"③实际上,韦伯的界定勾勒了知识分子的两种职能,即掌握文化,以及领导某一文化群体。

我们可以这样说,知识分子最低限度的职能是掌握、传承和创制文化,更

---

① 让-保罗·萨特:《为知识分子申辩》(*Plaidoyer pour l'intellectuel*, 1972),转引自B.Robbins编:*Intellectuals: Aesthetic, Politics, and Academics*, 1990,第xv页。
② 卡尔·曼海姆:《意识形态与乌托邦》(*Ideology and Utopia*, 1940),第143页。
③ 《马克斯·韦伯社会学文选》(*From Max Weber: Essays in sociology*, 1947),第176页。

准确地说，是掌握、传承和创制"书面文化"，即：通过写作而固定下来的各种"文本"，以及与它们血肉相连的特定的"经验－行为方式"。"文本"指一定长度的文字乃至一般的符号作品，我们可以举出诸如圣经、黑格尔的《小逻辑》、荷尔德林的诗、海德格尔的《存在与时间》等等；所谓特定的"经验－行为方式"，可以举出写作、抽象思维和美感经验等等。其中，抽象思维和美感经验通过写作活动而凝定为各种文本，例如上述哲学著作和文学作品。"文本"是书面文化中唯一稳定和客观化的部分；与之相反，书面文化中的"经验－行为"则是主观的和瞬息变化的，难以为人们直接把捉和剖析。因此，"文本"构成了书面文化的内核和骨骼，成为理解书面文化的基础。

掌握书面文化是知识分子的最低职能，也是他们的最基本的职能——由此派生出知识分子的其他职能。因此，书面文化，尤其是"文本"，掩藏着知识分子本质的秘密，成为理解他们的本质的一把钥匙。

与书面文化形成对峙的是普通的日常口语。

典型的日常口语的特点是：它们的意义直接依赖于当下的特定语境（具体环境、交谈者双方的共识，等等）。当日常交谈发生的时候，在场的不仅有交谈者，而且，当下语境也积极地直接参与口语意义的构成。口语的意义是由实际说出的部分（言语）和未说出但却被暗含、参照和指涉的部分（语境）共同构成的。

俄苏理论家米哈伊尔·巴赫金认为，日常口语经常用极其简短的语句表达十分丰富的内涵。他举了下面的例子：有两个人坐在房间中默然无语，后来一个人说："这样！"而另一个没有回声。的确，无论事后怎样研究并确定这个简短语句的语音、语法和语义特征，我们仍然无法领会它所传达的全部意义。巴赫金写道："那么，我们缺少的是什么？我们缺少'词句之外的语境'，这个语境使'这样'对于听者具有特定的意义。"①他接着描述说，令人厌倦的漫长冬天就要过

---

① 转引自克拉克和霍奎斯特著：《米哈伊尔·巴赫金》，语冰译，中国人民大学出版社1992年版，第249页。

去,春天将临。然而,窗外又是茫茫大雪,两人面对冬末的落雪深感懊丧——

> 这种"都看到"(窗外的雪片),"都知道"(季节)以及"共同的评价"(厌倦冬天,盼望春天)正是言谈所直接依赖的,所有这些都包容在言谈实际的、活生生的含义中,是言谈的支柱。但所有这些都没有获得词句的说明或表达。雪片在窗外,时令在日历上,评价在说话人的心里,不过,这些仍暗含在"这样"一词当中。①

我们知道,语言符号由能指(物质媒介)和所指(观念性的含义)组成。语言的含义具有明确的指涉功能。例如,"雪片"这两个音节或文字(物质媒介)在一定的语言体系(汉语)内有其特定的含义,这种含义指涉着一种实际存在物,即真实世界中的雪片。语言的指涉功能使语言与周围世界发生千丝万缕的、生动的联系,使语言成为"及物的"。

日常口语的特点在于,它的被指涉物经常是在场的,构成当下语境的重要组成部分。口语经常与交谈者们的手势、姿态、行为交织在一起,它的含义与它的被指涉物常常具有直接的、活生生的联系。例如,在"关上门!"或"请把盐递过来!"这样典型的日常口语中,语言的含义与眼前的被指涉物融为一体,依附在、呈现在被指涉物身上。

可以说,口语与当下语境编织在一起,一旦将交谈抽离出语境,它的意义就难以理解。因此,尽管口头语言是具体的、生动活泼的,但它们仍然包含着不可摆脱的局限。这种局限就在于:口语被限制在每一个单一的特定语境中,它们不具备普遍的可理解性。一种语境中产生的意义难以被其他语境中的人们所分享,因此,在这个意义上,口语是一种"特殊的"话语。

与之相反,书面文化则在最大程度上摆脱了特殊语境的约束和局限。

当日常交谈发生的时候,说者与听者直接交流,交谈者们拥有共同的、活

---

① [美]克拉克、霍奎斯特:《米哈伊尔·巴赫金》,第250页。重点号原有。

生生的语境。相反，在书面文化中，写作与阅读则是两种截然分离的活动。写作进行的时候，"读者"是不在场的；在阅读一部文本的过程中，"作者"则是一个缺席的存在者，他隐遁在文本的字里行间。写作与阅读分别处在不同的、彼此难以直接沟通的特定情境之中。无论是写作还是阅读时的特定情境——例如是夜晚抑或白昼，在私人书房还是在公共图书馆，只要这些情境不被诉诸文字，成为文本内容的一部分，那么，它们对于"文本"意义的构成来说，就都是偶然的和外在的因素。口语式的当下语境，对于写作和阅读来说都是没有意义的。因此，正如保罗·利科指出的："无论从心理的还是社会的观点看，文本都必须使自身'脱离语境'（decontextualise），只有这样，它才能在新的情境中'重获语境'（recontextualise）——即，由阅读行为予以完成。"①

文本摆脱了当下情境，因此，它便不再拥有直接的被指涉物。对于文本来说，被指涉物永不在场，它是"遥远的"存在物，或者已经消逝，或者尚未到场。与口头语言相比，文本的含义与被指涉物之间永远保持着一种间接的、距离化的、想象性的关系。

文本的意义独立于单一的特定语境，因此，它便能够适应更大范围的、各种不同的语境，能够为更大范围的、各种不同语境中的读者所理解和分享，能够对各种不同的历史时代和文化环境发挥持续的、广泛的影响。口语的意义从属于单一语境，与它相反，文本的意义则是普遍的，是"自由漂浮的"。它超越了各个彼此独立的语境，在它们之间自由穿行。文本所暗含、参照和指涉的不是当下语境，而是更一般的、具有超越性的对象、意义、价值，以及其他的文本。总之，文本使人们倾向于上升到一个更具有普遍性的意义层级。

因此，归根结底，书面文化与口语文化的根本差异，不在于传达媒介的纯形式区别（是文字还是声音），而在于它们的意义与当下情境的疏密关系。这样，某些文字例如便条、留言、日常信件等等，仍然属于口语文化的范畴；相反，某些以口头形式为媒介的语言活动，如演讲、朗诵、学术交谈等等，以及

---

① 保罗·利科：《解释学与人文科学》（*Hermeneutics and the human sciences,* 1981），第139页。

非语言的艺术（如雕刻、绘画、音乐），便仍然充分地具备书面文化的本质。

### （二）知识分子的两种可能

应当指出，书面文化不是口语的自然延伸，而是它的必不可少的补充、替代和超越。与日常口语相比，书面文化在内容上包含有远为广阔和多样的视野、经验、知识和价值。书面文化是一个巨大的符号体系，在其中，文本的含义与其被指涉物之间彼此分离，文本意指着、追寻着、呼唤着不在场的被指涉物。文本的这种特征构成了书面文化固有的超越性。因此，如果说，口语暗含、参照、指涉着现实的、具体的和凡俗的实际生活层面，那么，书面文化则蕴含有大量乌托邦和理想主义的因子。书面文化与现实、与世俗事务在各方面的距离，使它易于对后者形成一种间距化的、批判性的立场。

因此，掌握书面文化的知识分子，相对而言，更易于超越个人的特殊情境，更易于超越个人自身的事务、需求、利益，而追求和持守一种更具有普遍性的价值、目标和立场，并对现实保持一种反省的、批判性的态度。因此，追寻真理和正义，承担社会良心角色，便成为知识分子最高限度的职能。在中国古代，当知识分子阶层刚刚兴起之际（春秋战国），它的超越性及最高职能便受到高度确认和推崇。例如孔子说："士志于道，而耻恶衣恶食者，未足与议也。"（《论语·里仁》）又说："君子谋道不谋食……君子忧道不忧贫。"（《论语·卫灵公》）最高限度职能（社会良心角色）依托于最低限度职能（掌握书面文化）。前者是后者的延伸和升华，是职能的职能。由于知识分子倾向于超越自身并关注普遍的社会政治问题，因此，借用符号学的术语来说，知识分子就相当于一种社会性的"能指"，他们与社会现实之间就相当于一种积极的、活跃的"能指"与其"所指"的关系。

以普遍性的观念反观社会现实，对之加以批判和改造，这是依托于书面文化的知识分子的一种可能性。与这种可能性并列，知识分子还具有另一种可能性。

如上所述，书面文化包含一整套普遍的意义和价值，它自成一体，并不直接依赖于口语文化和具体语境，而拥有相对的独立性和超然立场。在书面文化中，"能指"的作用并不仅仅局限于指向和表达"所指"，它作为符号常常拥有自身相对独立的意义和价值——对于文艺作品中的符号来说尤其如此。作为一种社会性的"能指",知识分子同样充分具备这一特征。因此,他们常常具有另一种可能性和另一种倾向,即驻留在、沉湎在自己的自成一体的形象、观念和生活方式的系统之中,与社会现实保持相当的距离。

知识分子的上述两种可能性,在中国古代哲学中曾以"兼济天下"和"独善其身"的形式得到简要的概括。一方面是启蒙主义、是干预生活、是社会代言人,另一方面是唯美倾向、是形式主义、是纯学术,一边是社会舞台,一边是象牙塔。知识分子各种不同的价值取向和生活道路大致都可以归并为书面文化的这两种可能。应当指出,上述第二种可能性——即知识分子与社会现实保持距离并据守在自身的价值系统中,对于理解他们与美感经验的内在关联,具有重要的意义。

从80年代后期到90年代初叶,知识分子的社会角色和身份上曾发生重大转变。他们从有关社会、传统、政治的宏大叙事转向随笔式的散文写作(注重个人感受)和纯学术研究(注重材料和考据)。这种众说纷纭的转向,究其实质,仍可以看作是知识分子上述两种可能性之间的过渡和调整。

以上,我们从书面文化的立场尝试提出了一种知识分子理论。书面文化既是知识分子精神生产的目的,更是他们从事这种生产的手段。从书面文化的特性出发探究知识分子的本质,可以使这种研究获得一种既内在又切实的基础,在方法上或许也优越于其他理论。实际上,在西方现代知识分子理论中,让－保罗·萨特和卡尔·曼海姆从不同角度对知识分子的著名分析及其理想化的知识分子概念,都可以在书面文化的基础上得到更透彻、更合理,也更恰如其分的说明。例如,知识分子关心自身之外事务(萨特)及其超然的社会地位(曼海姆),便正是对书面文化本身超越性的某种表述。

因此,掌握书面文化(最低职能)以及依托于书面文化的知识分子的社会良心角色(最高职能),可以说,正是构成其"神话"的基本依据,正是"知识分子神话"被还原之后所能得到的真实的"剩余物"。应当指出,知识分子的最高职能(社会良心角色)在通常情况下仅仅是一种可能性。他们一般仅限于掌握、传承和创制书面文化(最低职能),其最高职能常常仅处于潜在的状态。

只有在特定的历史时代来临的时候，知识分子才会登上历史舞台。他们介入现实，引导舆论，成为声名远播的社会代言人，甚至最终获取了对某一"文化共同体"的领导权。往往也只有在这样的时代，上述基本依据才会超出自身的限度——它们膨胀、变形并衍生为一套"神话"，即关于知识分子的意识形态。

书面文化不仅是解释"知识分子神话"构成机制的最终依据，而且也为阐明知识分子的内在问题和局限，提供了必要的线索。这些问题或局限是"神话"所遗漏的成分，但恰恰是它们最终酿成了知识分子的种种错误和歧途。这些问题和局限可以从书面文化与知识分子两个方面来理解。

一方面，如上所述，书面文化独立于当下语境的特性，使知识分子倾向于超越个人自身的现实情境，超越个人的事务、需求、利益，而追求和持守某种普遍的价值、立场和目标。但是，书面文化在赋予知识分子上述品格的同时，也使他们常常流于一种空洞的、抽象的普遍性。这种无效的普遍性使他们在超越现实情境的同时，往往在同等程度上缺乏现实的具体针对性，使他们远离生活的大地，悬浮于观念的虚空，倾向于从一种空泛的、教条式的原则和信念出发，误读现实，偏离真正的问题性。他们往往是语言的巨人和行动的侏儒，习惯于按图索骥，纸上谈兵，所提出的理论和策略常常难以付诸实行。因此，知识分子经常陷入普遍原理与具体实践、一般与特殊、方法与问题、西方与中国等的矛盾分裂的困境之中而难以解脱。

另一方面，更为复杂的是，知识分子常常将本阶层的和个人的偏见、欲求和利益，不自觉地投射到他们所提出和追求的崇高的具有普适性的社会目标和理想中，从而使纯粹的普遍性当中掺入了特殊阶层或个人的无意识杂质。实际上，严格地说，"知识分子"只是掌握书面文化的人们的一般社会身份。因此，归根结底，"知识分子"并不是由活生生的血肉之躯及其思想意识所构成的特殊"实体"，而是——且仅仅是一种普遍的社会"功能"。因此，下述说法尽管显得古怪，但却是符合实际的："知识分子"不是让-保罗·萨特本人，而只是萨特所承担的一种社会性"功能"。因此，尽管某些人群由于某些条件而有能力执行"知识分子"的"功能"，但他们仍然无法完全等同于这种"功能"。如果将这种"功能"从这些个人身上剥离开来，我们就会发现，在其一般的社会身份之下，常常掩盖着个人的无意识的私利和欲求。同时，即使是作为一个社会阶层，他们也常常有其自身的集团偏见和特殊利益。

抽象的理性（书面文化片面的普遍性）与隐蔽的无意识（特定阶层及其个人的欲望），是知识分子在两个不同方面经常面临的问题。这些问题使知识分子在做出历史性贡献的同时，也常常犯下致命的错误。在新时期知识分子境况的历史发展中，这两方面问题都曾有比较充分的表露。有时，它们还彼此缠绕重叠在一起，致使情况更趋严重。

因此，面临自身的这两方面问题，知识分子应时时保持一种理性的自省态度。在这里，顺便提出一种新的知识分子概念："辩证的"知识分子。

"辩证法"一词起源于古希腊哲学，原指"以问答求知识的方法"（罗素）。考虑到这一词源，我们可以将"辩证法"重新界定为：对"他者"立场的理解和综合（对立统一原理）。因而，所谓"辩证的"知识分子就是指这样的人们：他们能够自觉地创造性地理解和综合其他阶层的立场观念，他们既掌握书面文化，又与现实保持深刻的接触。从而能超越自身的单一视点，对事物、对自身获得一种比较全面的认知。这样，我们就可以理解，为什么那些对历史有大贡献的人常常是跨越了知识分子阶层的人物：他们既充分地具备知识分子的质素和品格，同时又深刻地拥有其他阶层的经验和视野，因而能够摆脱知识分子的固有局限，达到一种高层次的综合。

**（三）超越的美感**

美感经验是书面文化的情感部分。作为书面文化的一种经验形式，美感经验区别于日常经验，并通过这种区别而界定自身。

日常经验是一种最常见、最普通和最基本的经验类型。它作为口语文化的经验形式，就是我们——例如——在日常劳作或进行口语交谈时的经验。这是一种原初的、前反思的、基础性的经验。日常经验以"知觉"（直观的整体性的认识）为基本形式和框架，同时又蕴含着一定程度的其他心理因素（如感觉、想象、情感、思维、意志等等）。日常经验是尚未分化的一切经验的母体，是其他经验类型（如理性认知、美感心理）的前提和基础，通过强化日常经验中的某一或某些心理因素，可以由此派生出其他经验类型。①

日常经验的特征在于：在日常环境中，它总是倾向于把所遭遇到的事物，纳入到特定的伦常日用的体系内来看待，它对某个对象的意识，总是与有关当下的伦常日用体系的意识交织在一起。因此，这种经验具有口语文化的基本性质，即对特定的"上下文"或"语境"的依赖。

例如，当操用一把斧子的时候，日常经验便会直观地将它与被"劈砍"的对象（比如放在地上的树墩）联系起来，并且会同样直观地对"树墩被劈成木柴"将是为了下一个目的（比如投进炉灶，点燃炉火），形成一种或明确或含混的意识。这样，斧子、树墩、炉火……就通过"劈柴生火"的日常行为而暂时形成了一个"系列"。这个系列便是一个最简单不过的伦常日用的体系，或者说是它的一个片段。日常经验总是在这样的体系内面对、看待、使用对象，使对象与伦常日用的"上下文"即"语境"打成一片，而不是将它们从日常生活的情境中抽离出来，成为孤立绝缘的存在物。

日常经验总是倾向于从对象的"功能"的角度来看待其"实体"，侧重于把握对象的实用方面，而对于对象的实体部分则常常熟视无睹。例如，当使用斧子的时候，在日常知觉中所侧重的往往是斧子的"劈砍"功能，而不会过多地留意于斧子本身的具体形状、色泽、质感等属于"实体"方面的特征。日常经验以实用为运作的准则和目的，一般只对对象形成一种含混的整体性的知觉，甚至可能对经常打交道的物件熟视无睹，而决不会逾越实用的限度去凝神观照物件本身。

随着操作过程的展开，伦常日用的体系作为一个整体将始终被含混地知觉到。它始终"在场"，并现实地发挥作用，具体规定着日常情境中特定的手段与目的、原因与结果、此物与彼物……之间的关系。因此，日常对象（比如斧子、木柴、炉火等）总是被编织在这些特定的具体关系的网络之中，被编织在

---

① 关于"日常经验"的实质内容，晚期胡塞尔、海德格尔和梅洛－庞蒂等现象学家曾以"生活世界"、"存在在世界中"和"知觉"等范畴为形式做过深入探讨。

日常体系的"上下文"之中，并从这一"上下文"中获得它们的意义和价值（斧子用来劈柴，木柴用来燃火，等等）。这些意义和价值是"特殊的"。

在伦常日用的体系内，每个物件都有其具体功能和实用目的。日常经验沉埋在一连串实际的劳作和事务中，沉埋在匆忙的实用性中，局限于各种物件的个别的、特殊的意义和价值，实现着伦常日用范围内的具体目的，从不企望超越这一具体、特殊的领域，去寻求和注视对象超越性的普遍意义和价值。

这是一个日常生活的世界，它不仅在时间上和逻辑上先于科学的世界（科学所发现和界定的世界），而且也先于审美的世界（美感所观照和沉醉的世界）。

美感经验是从日常体系的瓦解中诞生的：如果某个对象由于自身感性形式方面的特征，而从伦常日用的体系中解放出来，使人情不自禁地凝神谛视对象本身，它的优美的形象、色彩、质感……这时，美感经验便开始诞生了。

当美感经验发生时，主宰着对象的伦常日用的体系全部中止作用，它们退居边缘，被"括入括号"，成为某种若有若无的淡远"背景"。这时，对象摆脱日常体系的约束，不再仅仅作为该体系中的一个环节，它"凸显"出来，以自身的感性形象直接呈现。在文艺领域，那些围绕作品而设立的一整套制度化的机构、器具和手段，例如美术馆、舞台、画框、脸谱等等，其基本职能之一也正是中止日常体系的作用，使日常经验暂停，从而为美感经验的发生开辟空间。

对日常体系的超越，决定着美感经验的发生，决定着日常对象向审美对象的转变。这一过程在主观心理方面的内容便是：日常经验的整体性的含混知觉被扬弃，它一方面让位于细致的感觉。色彩、质感、细部……这些对于日常实用目的来说微不足道的、在日常知觉中常常被忽视和遮蔽的方面，首次由审美的感觉所发现、凝视和谛听。它们构成了对象的新的内涵，促使日常对象转变为审美对象。另一方面，感觉激发了想象力。想象力超越当下环境的有限性，使对象与各种不在场的事物、意象、观念等联结起来，进入另一种体系。如果说"感觉"的解放是促使日常对象向审美对象转变的开端，那么，"想象力"的迸发则意味着这种转变已基本完成。

当美感经验发生的时候，所有日常的特殊意义和价值都随着伦常日用体系的退场而被搁置起来。以感觉对象为中心，想象力暂时构拟了一个"审美世界"，这是一个形象和情感的世界，是一个隽永的、令人神往的、具有普遍性的深度世界。它"悬浮"在日常环境之上，暂时摆脱了尘世的喧嚣，它将粗笨钝重的实用的物质性提升、净化为优美纯净的意象，使人吟咏、赞美、沉醉，使人得到陶冶和升华，并趋近于普遍性的价值。

上文指出，书面文化赋予了知识分子一系列素质和品格。由于掌握书面文化并远离直接的物质生产领域，因此，知识分子更易于超越个人自身的事务、需求和利益，更易于超越周围实用的、狭窄的日常生活环境，更易于超越直接的、特殊的意义层面，而从非实用非功利的方面出发，去寻求、注视和咏叹对象隽永的、令人神往的、具有普遍性的形象、意义和价值，这就是审美意象的世界。因此，任何事物一旦作为美感经验的对象，它们就成为知识分子超越日常环境、进入普遍性世界的一种途径，成为知识分子告别沉闷粗重的物质实用性，转向在内心精神生活中的一种依托。因此，尽管"美感"作为一种经验方式并未被知识阶层所垄断，但是，它与知识分子之间仍然存有一种无法割离的亲缘关系。

知识分子与美感经验的特殊关系，常常体现着知识阶层的前述另一种可能性：他们常常远避严峻的社会现实，守护自身的习尚、趣味和价值观念，沉浸在审美的世界中，从事于文学艺术的创造和品鉴，并借以寄托身世和怀抱，隐晦地表达他们的社会要求或抗议。

知识分子与美感经验之间的特殊关系，不仅是整部文艺史（创作、评鉴和流传）的前提，而且也赋予它的理论形态——美学——以特殊的价值和意义。因为，从事美学研究不仅是知识分子众多的专门职业之一，不仅是他们知识体系中的一个分支（它在这一点与物理学、医学和伦理学是完全一致的）；而且，如上所述，由于美学研究的对象和领域——"美感"——本身便是知识分子内心生活和价值取向的重要一环，因此，美学在知识分子的知识−价值体系的天平上便获得了额外的分量，与他们结成了双重的联系，具备特殊身份（它在这一点又根本区别于其他学科）。美学在知识分子的知识价值系统中的这种极其特殊的地位，是我们理解它在70年代末以来的戏剧性变迁的重要前提。

上文曾简略地讨论了知识分子的内在局限和问题。经过转化并以更加复杂的形式，知识分子的上述困境也体现在美感经验的问题上。例如，一方面，美感经验所具有的超越日常环境、进入普遍性的意象世界的特征，实际上往往只是知识阶层特定的趣味、教养和生活方式的反映，因而是一种十分有限的主观的普遍性。在其他阶层——相对而言——立足于现实大地的同时，知识分子常常沉溺在审美的幻象和乌托邦中，从而与社会现实保持一种虚幻的、想象性的关系，易于被各种意识形态所左右。

另一方面，尽管美感主要是一种为知识分子所专擅的经验方式，但却常常被他们提升到不适当的高度，赋予过高的价值。美感经验被认为不但能给人带来愉悦的快感，而且能增益人的道德；它不但使人陶醉于事物的外观，而且能使人直观到事物的本质。美感经验被认为能够综合和统一诸如真与善、感性与理性、规律与目的等各种彼此相反的价值，因而被认为是普遍人性的最完美的体现。

然而，实际上，与日复一日的、恒定的日常经验相比，美感经验有着特殊的脆弱性。它的发生和持续不仅需要客观方面的条件，例如审美对象的存在以及适当的环境等等，而且，美感经验的发生和持续还必须有一系列主观性的前提。因此，美感经验以及建立在它之上的美学的存在和变迁，都将与知识分子阶层的思想及生存境况有着紧密的关联。

（四）意识形态与解释学

"意识形态"概念起源于18世纪末叶的法国。特拉西（Destutt de Tracy）是受孔狄拉克学说影响的哲学家，他第一次使用了"ideologie"一词，意思是"观念学"，作为哲学的一个分支。稍后，拿破仑赋予了这个词以另一种含义。他把那些包括特拉西在内的、抵牾其政治雄心的知识分子，轻蔑地称作"ideologues"（"意识形态家"）。在这里，"意识形态"首次获得了贬抑的含义，它特指抽象空泛、不切实际。①

这两种含义在某种程度上都被现代社会科学沿袭下来。一种是描述性的意识形态含义，它表示社会生活的一个层面，即政治、法律、道德、哲学、艺术和宗教等各种形式的社会意识，它们建立在社会经济基础之上，同时又与之相区别。另一种含义是批判性的，这种含义可以追溯到马克思、恩格斯合著的《德意志意识形态》以及经典作家一些书信中的论述。在当代，路易·阿尔都塞阐述了这种含义的意识形态，并将它与"科学"相对立。

阿尔都塞说："意识形态是具有独特逻辑和结构的表象（形象、神话、观念或概念）体系……作为表象体系的意识形态所以不同于科学，是因为在意识形态中，实践的和社会的职能压倒了理论（或认识）的职能。"①意识形态以主体（阶层、集团）的社会利益为中心而形成并发挥作用，这种"利益中心"的倾向干扰了人们对世界的客观认识，使认识发生扭曲，无法直接把握人与现实环境的真实关系。因此，"在意识形态中，真实关系不可避免地被包括到想象关系中去，这种关系更多地表现为一种意志……甚至一种希望或一种留恋，而不是对现实的描绘。"②

值得注意的是，知识分子是一个先天的意识形态阶层。从书面文化的立场看，知识阶层与世界的关系注定要被一种巨大的符号体系（书面文化）所中介，他们一般不是直接地，而总是通过这个中介，才能参与到世界中去。这使得他们在超越日常语境的同时，又往往偏离具体的问题和事物的真相，并常常将阶层的利益通过书面文化的中介，投射到对象身上。因此，知识阶层与现实世界的关系总是更多地包含"想象的"因素。前述知识分子的两方面局限也多与这种意识形态性质相关。

但是，意识形态的想象性质一般并不被人们所察觉，这是意识形态发挥作

---

① 参看曼海姆：《意识形态与乌托邦》（*Ideology and Utopia*），第63－64页。
① [法]路易·阿尔都塞：《保卫马克思》，顾良译，商务印书馆1984年，第201页。译文有改动。
② 同上，第203页。

用的基本前提。因为，一旦一种意识形态的想象性被确认，这种意识形态就将被放弃，人们将转而寻求一种据认为更客观、更科学的认识体系。因此，意识形态常常自动地被排抑于无意识的层面，只有通过自觉的、理性的分析工作，才能被认知。对于书面文化的文本来说，亦复如此。

我们知道，文本一般包含两个迥然不同的意义层面。首先，是作者以明晰的自我意识的语言，直接表达出来的意义。这一层面的意义处于作者自我意识的掌握之下，是作者意图的外化，它直接诉诸我们的兴趣和理解，常常作为文本唯一的意义而被接受。因此，文学作品以引人入胜的描写吸引并打动我们，理论著作以周密翔实的论证使我们心悦诚服——在这种时候，我们实际上都处在文本的上述意义层面上。在这里，作为读者的我们，在最大程度上受到作者意图的控制。

然而，实际上，在这一"作者意图"的表面之下，文本还常常隐藏有一个间接的意义层面。这层意义未经文本语言明确表达，甚至处在作者意识的范围之外，它与文本明白说出的意义相反，是一种额外的、被遗忘的、沉默的意义。它常常从文本的深层导致文本表面不自觉的逻辑矛盾、断裂、空白、重复以及夸大其词等等"反常"迹象。在这个意义层面，与作者控制读者的前述情况相反，作者毋宁是被某种意识形态所控制。因此，为了破译文本的深层意义，我们的确需要进行"症候阅读"（symptomatic reading）。

但是，即使是在文本反常迹象发生之处，沉默的意义也并未直接显现。文本的反常迹象至多只暗示着深层意义的存在，而仍不能将这些意义传达给我们。因此，我们必须绕过沉默的文本，求诸于文本写作的环境——当然不是口语的狭小语境，而是产生文本的远为广阔的时代和社会语境。只有参照这种社会时代的语境，我们才能"互文"式地理解文本的逻辑矛盾，补足文本的断裂和空白，还原它的重复和夸张之处，使隐藏的意义浮出表面。可以说，解释学的任务就在于区分文本的两种意义，并迫使后一种意义呈现。因此，一方面，如上文所说，文本超越了口语与其语境的关系模式，获得了"自足"的意义；但是，另一方面，口语与其语境的关系模式，仍然在文本的深层隐蔽地发生着作用，并成为引导意识形态分析的指南。

## 一、文学知识分子

### (一)"地下"写作

20世纪中国社会思想中的左翼传统,最迟可以追溯到"五四"新文化运动时期。左翼传统依循着这样的思想和价值取向,即寻求广大社会阶层的政治经济状况的根本改善,寻求在此基础上的国家的独立、统一和昌盛。左翼传统肇始于"五四",在"五四"之后,该传统的下一个环节是大革命,此后,是土地革命和全民抗战……随着时代风云的变幻,左翼传统一步步走向行动,扩展于全社会各领域,在指导思想上也日趋深化、彻底和急进。最后,在这条传统的终端,我们看到了在60年代后期臻于顶峰的史无前例的"文化大革命"。左翼传统对缔造现代中国曾做出巨大贡献,它从"五四"直到"文革"的演化变迁,作为一场巨大的历史运动,其含义是深刻而复杂的,对它们的论述超出了本书范围。但是,这里应当指出的是,20世纪中国的左翼传统——它的广泛而持久的思想倾向,激烈执着的理想追求,一直有着严肃的现实动因和基础,一直有着具体的现实针对性。

我们知道,在历史上,西方经典资本主义国家是以庞大的海外殖民地(资源、劳力、市场)为依托而崛起的。对于西方国家来说,资本主义的残酷性——相对而言——更多地表现在海外殖民地并主要指向其他人种(这是早期资本主义使本社会保持某种稳定和繁荣的前提之一)。然而,在作为后进国家的中国,20世纪的工业化过程则完全不具备上述条件,致使资本主义的破坏性完全倾泻在本社会内部,从而加剧了自晚清以来原本就日趋尖锐的阶级矛盾。同时,更为严重的是,国际资本的入侵使中国的民族经济濒于破产,使中国迅速沦为半殖民地,并使广大民众的基本生存趋于崩溃。

然而,必须指出,到60年代后期,左翼传统已经大大"逾越"了自身的现实依据。极端化了的左翼传统，其现实存在的合理性和针对性，都已丧失殆尽。在那个时代，在大批人为树立的虚假英雄身后，冤狱丛生，人人自危。一方面是假大空的形象和概念，是泛滥的口号和檄文；另一方面，这些形象和概念、口号和檄文，已完全缺乏现实的对应物，文艺虚构着革命超人和人民公敌，理论则为这一切提供论证。回顾那段沉重的历史，借用符号学术语，我们可以说：左翼传统在"文革"时代表现为能指的过剩和所指的匮乏。

然而，与此同时，社会秩序的失范、文化的解体以及政治风暴下个人的命运遭遇和苦痛，却比以往任何时代都更触目惊心，它们日益构成另一种现实。这种现实积郁着、涌动着、瓦解着极左意识形态的存在基础，并寻求自身的表达。这时，另一种文学便应运而生了。

新的文学，是在"文革"运动盛极而衰的"一刹那"诞生的。《这是四点零八分的北京》——年仅20岁的北京青年食指（郭路生）于1968年12月20日写下了这首诗。它表达了在知识青年上山下乡运动的历史巨流中，一位被席卷而去的敏感青年，在抛离故城时内心的震惊和伤感：

> 这是四点零八分的北京，
> 一片手的海浪翻动；
> 这是四点零八分的北京，
> 一声雄伟的汽笛长鸣。
>
> 北京车站高大的建筑，
> 突然一阵剧烈地抖动。
> 我双眼吃惊地望着窗外，
> 不知发生了什么事情。

"食指"作为笔名陌生而奇诡，令人联想到一具小小的残肢。无论其原意是什么，我们可以说"食指"喻指着人的一段书写器官（脱离了整个躯体）。实际上，郭路生的确标志着"文革"背景下个人性写作的最初开端，并在日后被称誉为"新诗歌第一人"。"他的诗在七十年代曾以手抄形式广为流传,对其同时代及后来的一些年轻诗人有很大影响。"①

70年代是一个萧条的、迷茫的时代。林彪事件后,"文化大革命"的内心基础发生动摇,运动失去方向,人们已日益感受到自己时代的荒诞感和反讽意味。至此,"'文化大革命'进入波谷时期,在1972年至1974年,北京文艺沙龙进入了它的黄金季节,在短暂的两年内形成了较有规模的现代主义诗歌运动,这一探索在1973年达到了高潮。"②于是,在极左政治的恐怖之剑仍然高悬于每个人头顶之际,一批新的更加成熟的"地下"诗歌作品涌现出来,这些作品共同具有一种探索、质疑和冷峻的气质——

"歌声,省略了革命的血腥"(多多,1972)是对时代的无情鞭挞,"我的全部情感,/都被太阳晒过。"(芒克,1974)是个人处境的隐喻,"沉默依然是东方的故事/人民在古老的壁画上/默默地永生/默默地死去"(北岛,1976)则是普遍的悲悯和哀伤。

在那个时期,北岛的诗歌无疑代表着同类作品的最高成就。他的组诗《太阳城札记》写于沉寂的1974年,全诗分为十四个主题——"生命"、"爱情"、"自由"、"孩子"、"姑娘"、"青春"、"劳动"、"和平"、"祖国"、"艺术"、"人民"、"命运"、"信仰"以及最后的"生活"。这些主题分别代表了作者从所居栖的"太阳城"(红都北京?)出发,对人类生存的各个方面的洞察和思索,它们最后在"生活"的标题下被凝练有力地总结为一个单字:"网"。

这种肇始于70年代初期的诗歌运动自发地具备现代主义倾向。它们饱含着"文革"后期的时代感受,表现为迷惘、隐晦和冷漠的总体特征,怀疑主义成为它们共同的思想基础。"我——不——相——信"作为他们对世界的最终"回答",在批判一切既定权威和传统的同时,也消解着全部确定性。它赋予这些日后被称为"朦胧诗"的作品以一种独特的思想和情感内涵,赋予它们以荒诞、

---

① 周国强编:《北京青年现代诗十六家》,漓江出版社1986年版,第1页。
② 杨健:《文化大革命中的地下文学》,朝华出版社1993年版,第103页。

反讽和隐晦的内容方面。

在"文革"后期的主流意识形态之外,年轻一代回到真实的个人经验基础,开始了反叛式的个人写作。在他们的诗句中,表达出来的是自由不羁的想象力,是深刻的主观性的感受、情绪和沉思,是政治风暴暂歇时分个体的、隐秘的内心世界的苏醒和维护,用北岛的话来说:"这是一个真诚而独特的世界,正直的世界,正义和人性的世界。"①在这个"世界"中,知识分子所倾心的一系列价值,如自由、个性、想象力、艺术、自我意识和理性,以及体现在这一切当中的社会良心,重新得到恢复和尊重。在左翼传统衰落之际,另一种传统开始复苏并成长。这就是知识分子的自由主义传统。

如前文所述,知识分子与社会现实之间相当于一种社会性的"能指"与其"所指"的关系。由于受教育程度、社会地位等原因,知识分子往往具有更明确的自我意识,对个人自由与价值更为关注和重视(维护并享受),作为"能指",他们往往表现出更多的独立自主性,超然于社会各阶层及其利益之上。这就是知识分子自由主义传统的实质。与此相映对,左翼传统则意味着知识分子作为"能指",为了"所指"(人民、祖国或党)的利益而主动放弃自身的独立自主性,即让渡个人自由,投身于自身以外的社会事业。因此,跨越自身地位,走与工农群众相结合的道路,可以说也正是知识分子本质的一种应有之义。

左翼传统与自由主义传统同属于知识分子的两种内在可能性。应当指出的是,在风云激荡的20世纪中叶,自由主义传统曾被强大的左翼力量逐出历史舞台,由于一系列政治运动,自50年代起就已在中国大陆销声匿迹。因而,回到我们的话题:上述朦胧诗所披露的这个主观性的世界至关重要,实际上,它将成为下一个时代,即新时期知识分子文艺的最初源头。

怀疑主义精神不仅赋予朦胧诗以内容,而且还塑造着它们的形式,孕育着它们的意象和语言。"许多陈旧的表现手段已经远远不够用了,隐喻、象征、通感、改变视角和透视关系、打破时空秩序",以及"意象的撞击和迅速转换",②

---

① 北岛:《谈诗》,见北京大学五四文学社编:《青年诗人谈诗》,1985年,第2页。
② 同上。

这些超越常规的形式因素表达着瞬间的、片段的感受和经验，表达着探索中的尚未形成结论的思考。再进一步，这些裂解的形式曲折地映射着"文革"后期知识分子的特定境况，成为这种境况的诗意表达（一种同构对应关系）。

这是一个时代的黄昏，知识分子经历着醒觉之后的孤独和寂寞，经历着偶像塌毁之际的幻灭和迷惘。他们在政治运动中身心分裂，创痕累累，其中敏锐的先驱者艰难地摸索、开辟着独立的思想空间。这个思想空间在"文革"后期的意识形态的重压下，在封闭的孤立无援的绝境中，充满矛盾、断裂和扭曲。

艾珊（北岛）的中篇小说《波动》初稿完成于1974年11月，堪称70年代"地下"文学中最杰出的叙事作品。小说描写了"文革"后期背景下，在都市与乡村之间的一座北方小城里，以肖凌、杨讯为代表的几名最初的觉醒者（青年知识分子）的思索和抗争，以及由此而来的内心的和生活的波动。这篇小说曾被评论家们认为"写得过分朦胧、晦涩、破碎"，"孤独、忧虑、苦闷、痛苦、绝望、冷酷……在小说里并不是个别人物的性格因素，而是贯穿作品的主调"。[①]这是诗歌的怀疑主义精神在叙事作品中的延伸。在形式方面，传统小说的统一视点，在《波动》里被五个独立的叙述者所分解。这五个人的经历、身份和思想大多迥然相异，他们各自的独白彻底取代了传统作者的统一叙述，相互之间缺乏过渡与整合的可能。

这似乎不仅仅是叙述技巧的纯形式问题。一个时代尚未结束，自由主义的幽灵还在"地下"徘徊。知识分子独立的叙述视点，他们的历史观和世界观，尚在最初的萌动和凝聚过程中。"叙事"的本质是一种解释体系，它将分散、杂多的经验现象纳入到整合性的结构中，使片段在整体中得到呈现和阐明。我们也许可以说，《波动》的分裂的叙述结构代表了"堂皇叙事"的相反一极：在"文革"后期，知识分子尚未形成自己整一的叙事框架，叙事的时代尚未来临。因此，这个时代的知识分子更倾向于以主观的方式，表达自己的瞬间感受、不确定的情绪和片段的犹疑的思考。现代主义诗歌形式对应着那个时代知识分子的特定经验，

---

[①] 易言：《评〈波动〉及其他》，《文艺报》1982年第4期。

缩影着他们特定的思想和生存境况。这些诗歌作品早在70年代中期便呈现空前成熟的形态，绝非偶然。实际上，它们是最大限度地体现着时代的怀疑主义精神的文体形式。因此，在"文革"后期，尽管也曾有以手抄形式流传的批判现实主义小说《九级浪》（毕协汝，1970）、浪漫主义的书信体小说《公开的情书》（靳凡，初稿1972年）以及北岛上述冷峻沉思的诗体小说《波动》等作品涌现，但是，与前述诗歌相比，小说仍不是这个时代成熟的普遍的体裁。况且，"文革"时代那些秘密流传的小说，由于缺少完整的叙事，大多带有未完成的特征。因此，它们在新时期正式发表的时候，都曾经过不同程度的重写。

"文革"后期的现代主义诗歌活动——直接或间接地——是以同期的知识分子"地下"文化为依托和背景而展开的。在城市和乡村，在各知青聚居点和家庭文艺沙龙，青年们传阅书籍，交流思想，这些包括马列经典、现代西方及苏联的文艺、哲学和政治书籍（所谓"灰皮书"、"黄皮书"）在内的读物，使他们有可能在政治运动的急风暴雨之外寻求另一种参照。这是一个口头传播和片段式写作的时代。圈子内的私下交谈是新知识、新思想的重要来源，而日记和书信则成为普泛的写作方式。《波动》里女主人公肖凌的蓝皮笔记本被反复提及，是一件贯穿始终的主要道具，实际上已成为作品中所包含的另一部作品。舒婷则回忆说："写信和读信是知识青年生活的重要内容"[①]，她最初的诗歌习作许多就是通过书信流传出去的。

作为这种"地下"文化的一部分，在文学活动之外，还存在着知识分子的另一类写作，即理论著述。它们包括顾准对中西社会历史的独立探索（1972—1974）和李泽厚的《批判哲学的批判（康德述评）》（1972—1976）。

李泽厚在"文革"后期的意识形态背景下，"远远避开，埋头写作此书"[②]。借评述康德，阐发自己的"主体性实践哲学"。他的研究日后在新时期的知识分子中间，发生了戏剧性的影响，后文将专门涉及。

---

[①] 舒婷：《生活、书籍与诗》，见北京大学五四文学社编：《青年诗人谈诗》，1985年，第7页。
[②] 李泽厚：《批判哲学的批判》"后记"，人民出版社1984年修订本，第438页。

顾准的社会历史研究，在时间上刚好处于北京"地下"诗歌运动的黄金季节。他的计划是"打算用10年时间，通盘比较彻底地研究（先是）西方，（然后是）中国的历史，并在进行比较研究的基础上，达成他对历史未来的'探索'"。[①]实际上，顾准的视野远远超出了狭义的历史，而贯通和综合了包括经济、政治、社会文化、哲学和思想史等在内的多个领域。但是，应当指出的是，新中国历史实际上可以划分为三个阶段：十七年和"文革"时代，新时期十年，以及90年代。由于完全缺乏后两个时代的经历，因此顾准的理论思考缺少完整的当代史背景，这使他在成为思想先驱的同时，也陷入了某种局限。

《顾准文集》主要由笔记和书信组成。从1973年到1974年，顾准在与其胞弟陈敏之的个人通信中，陆续写下了洋洋几十万言的学术札记。这其中，有他对中西历史文化的深入比较（《希腊思想、基督教和中国的史官文化》），有对欧洲资本主义起源以及资本主义在中国迟滞落后原因的探索（《资本的原始积累和资本主义发展》），有对革命的深层逻辑的思考（《民主与"终极目的"》），有对一元主义官方哲学的全面质疑（《辩证法与神学》）……顾准博览群书，学兼中西，常常能另辟蹊径，就已有定论的"大问题"提出独到而深刻的见解。他带病写作，"以图书馆为家"，在参考大量中西文献的基础上，对古希腊民主制度的起源，做出了独具慧眼的探索，留下了一部未完成的笔记《希腊城邦制度》。借用后来一位评论者的话说："这实际是一部渗透着深刻的历史反省意识的著作。因为这部著作的目的，是通过对古希腊民主制的研究，揭示出希腊——西方历史与中国历史在出发点上的巨大不同，从而挖掘出中国政治专制主义的深刻历史根源。""他的目的是，通过对希腊城邦民主制度的重新认识，高度评价欧洲的民主政治传统，从而激发一直缺乏这种传统，当时正

---

[①] 陈敏之1975年为《希腊城邦制度》手稿写的"后记"，见《顾准文集》，贵州人民出版社1994年版，第220页。

禁锢在'四人帮'极权主义政治之下的中国人反省和思考。"①

顾准以扎实的学术根底为立论基础，完全超越于主流意识形态之外，是一位遥遥领先于时代的难得的思想家。可以设想，如果不是在1974年底溘然早逝，他无疑将成为新时期理论界的一种健康力量，并将随着时代的变迁调整自己的思考。

应当指出，激发顾准思考的根本的现实动因，就是在他笔下反复出现的"娜拉走后怎样？"——即中国现代革命成功之后，尤其是在"文革"时代所暴露出来的严重问题。顾准在理论领域的顽强探索与同期的"朦胧诗"以及70年代整个知识分子"地下"文化，所面临的是同样的前提。而无论是理论思考，还是文艺实验，都是知识分子自由主义传统正在潜滋暗长的最初标记。在"文革"已成强弩之末的时代，知识阶层的价值——个人自由和权利、民主、科学、想象力和审美……在悄然恢复和凝聚。片段的感受、经验和思考成长着，并终将整合为一个首尾连贯的统一的叙事体系。在这一成长的过程中，一个巨大的历史事件成为时代转折的中介，这就是天安门诗歌运动。

1976年的那场追悼运动具有深刻含义。由于周恩来总理的人格魅力和政务活动，由于他的温和、谦逊、实干、稳健以及对知识分子的尊重和关怀，使他在社会各界——特别是知识分子阶层，享有崇高威望。这一点，随着"文化大革命"的渐近尾声尤其显著。在因林彪事件而形成的权力真空中，周恩来几乎独撑大局。例如，他着手抑制和纠正"文革"路线，开辟中美高层对话，在四届人大政府工作报告中明确提出"四个现代化"的目标……因此，在"文革"逼近终点，在它的灾难性后果暴露无遗之际，与十年前崇拜毛泽东的盛况相对应，人们此刻转而拥戴或怀念作为另一位政治巨人的周恩来，便具有了特殊的意义。它预示着时代精神的转向，投射着人们对周恩来所体现的一系列价值（政治民主、稳定、繁荣和现代化）的普遍憧憬。

值得注意的是，这场历史运动主要以古典诗词为自己的文体形式，从而区

---

① 何新：《中国古代社会史的重新认识》，《读书》1986年第11期。

别于70年代"地下"诗歌的现代主义风格。这是可以理解的。大量的诗词作品作为追悼运动的一部分，是挽联（文言和对仗）的延伸和艺术化，这一点似乎注定了它们的古典形式。同时，对一代伟人兼长者的凝重的悼念之情，也更倾向于选择典雅、庄重的古典格律，从而不自觉地疏远了自由的、个性化的现代诗歌体裁。这些匿名的、朗朗上口的诗词作品，以纪念碑为中心张贴和传诵，它们介于个人创作和社会谣谚之间，传递着普遍的社会情绪和心理。当时，年轻的北岛曾将他风格独具的《回答》张贴于广场，但却毫无反响。这一现象表明了个人写作与巨大的历史运动之间的距离，表明了个人写作已被群体的历史运动所扬弃。

**（二）普遍的体裁**

"文革"的结束作为中国当代史的一次巨大转折，在如下两个方面具有特殊意义。第一，由于执政党的"工作重点"转至经济领域，原先的政治管理模式被逐渐搁置。在新时期的十几年间，随着传统计划经济向新型市场经济的转换，在意识形态领域，与以往时代（十七年和"文革"）相比，总体来看，执政党的角色也相应地从"看得见的手"转为"看不见的手"，表现为权力的某种收缩。

第二，与此相比照的是知识分子的地位和影响迅速上升。在现代中国左翼革命史上，曾经形成了一种特殊类型的知识分子——党的文化工作者。他们经常担任文书、教员和宣传干事等职务，服从将令，是革命队伍中有机的一分子。从40—50年代以来，随着中国革命走向全面成功，越来越多的知识分子以"党的文化工作者"为模式，被纳入到主流体制中来。然而，随着"文革"极左政治的终结，在新时期，毋庸讳言，部分知识分子日益摆脱原先"文化工作者"的身份，转型为"自由知识分子"。他们由"地下"一跃而登上历史舞台，公开地、持续地发出自主的"声音"。这些"声音"率先表现在文学领域。

"文革"酿成（同时又压抑）的另一种现实，在新的时代急切要求真实、全面的表现。这一时代要求跨越了以主观抒情见长的诗歌体裁，转而选择了侧重客观写实的叙事体裁——首先是短篇和中篇小说。这一现象成为时代转折的文体标志。

因此，新时期伊始，尽管有中、老年诗人大批"归来"，尽管也涌现了不少像《枪口，对准中国的良心》（熊光炯）、《将军，不能这样做》（叶文福）、《请举起森林一般的手，制止！》（熊召政）等社会批判性作品，但真正代表诗歌成就的仍是70年代即已起步的高度艺术化、专业化的"今天派"朦胧诗。朦胧诗的表现形式是"人们所不习惯的"[①]，它属于相对狭小的诗歌爱好者圈子。在新的时代，与小说相比，诗歌倾向于成为一种特殊的文学体裁。它倾向于回到自身，甚至于拒绝"充当时代精神的号筒"[②]，即放弃曾经临时承担的超越艺术自身的社会角色。诗歌的这种转变迹象，实际已先导性地预示了新时期知识分子从社会代言人（80年代），回归于专业身份（90年代初）的全程。

新时期前期的小说记录人们的共同生活，揭示普遍的社会问题，受到公众的广泛关注。与诗歌相比，小说是一种普遍的文学体裁，是知识分子介入现实、表达思想的普遍方式。因此，在这一时期的叙事作品中，主题思想占有绝对优先的地位，它们直接指涉现实，现实的社会生活成为文学作品的核心层面。而那些更属于"文学自身"的形式因素，诸如语言、意象、结构、视点、叙述方式，则是不重要的。在这里，文学并不是一种专业话语，它代表着知识分子的共同语言。

在新时期初叶的作品中，"伤痕"和"反思"成为最初的主题。

最早的伤痕文学《班主任》（1977）旨在"写出'四人帮'给我们教育战线造成的内伤"[③]，它体现的与其说是一位小说家的视点，不如说是一位"班主任"的眼光。作品充满了劝导、讲解、说服，直露的"作者意图"控制着人物和情节设计。今天，我们可以把这个"意图"理解为新时期知识分子的意图。

《班主任》彼此差异地写了三个学生。第一，团支部书记谢惠敏具有"强烈的无产阶级感情、劳动者后代的气质"，爱憎分明，性格泼辣倔强。另一方

---

[①] 谢冕：《新诗潮的检阅——〈新诗潮诗集〉序》，北京大学五四文学社编：《新诗潮诗集》上集。
[②] 孙绍振：《新的美学原则在崛起》，《诗刊》1981年第3期。
[③] 刘心武：《植根在生活的沃土中》，《走向成功之路》，中国文联出版公司1986年版，第3页。

面却"单纯地崇信",愚昧无知,思想偏激,是"'四人帮'给我们教育战线造成的内伤"的一个活样板。第二,宣传委员、"小书迷"石红受到良好的家庭教育,嗜读文艺作品。她仪表脱俗,穿"带褶短裙",在谢惠敏看来,是"沾染了资产阶级作风"。第三,少年流氓宋宝琦作奸犯科,但在对待中外优秀文艺作品的态度上,却与谢惠敏两极相通。他是"教育内伤"的另一种类型。于是,"班主任"大声疾呼:"救救被'四人帮'坑害了的孩子!"

有趣的是,"班主任"面对的这三个学生恰好代表三种价值,并指涉着三个时代。谢惠敏身上重叠着一系列经典形象,我们从中可以隐约辨认出刘胡兰(雕塑《刘胡兰》)、琼花(电影《红色娘子军》)、铁梅(京剧《红灯记》)、李双双(小说《李双双小传》)……她们苦大仇深,勇敢坚定,本能地具有阶级觉悟,而且不同程度地淡化了女性特征("不爱红妆")。这是一个"党的女儿"的系列,这个系列在十七年和"文革"的左翼文艺传统中,是英雄人物形象的最主要、最基本的类型之一。可是,"党的女儿"的人物长廊在谢惠敏身上呈现出否定的、晦暗的一面,并似乎以她为结束的标志。

在小说中,石红聪敏好学,处处与谢惠敏形成对照,最受"班主任"的青睐与器重。她体现着知识分子所瞩目的一系列价值,是"党的女儿"终结之际,取而代之的另一种形象,成为新时期知识分子的宠儿。

宋宝琦代表第三种价值及其相应的时代。他受到国家机器和知识分子意识形态的双重压抑,远离书面文化,游荡在社会边缘。但是,他由此也获得了对生活的独特观察和经历。值得注意的是,宋宝琦式的人物将在新时期临近结束时,在王朔笔下作为"顽主"重新亮相,甚至在90年代初期领一时风骚,并对当年的施教者反唇相讥。那时,"班主任"无可奈何,"只能面对"。①

因此,《班主任》对上述三个人物的扬抑和褒贬,从一个侧面表明了知识分子的价值、地位和影响的急剧上升,预示着一个知识分子时代的来临。

这篇伤痕文学的代表作以三个学生不自觉地喻指三个价值时代,而另一篇

---

① 刘心武:《你只能面对》,《读书》1993年第12期。

代表作，卢新华的《伤痕》(1978)则以一位女青年在九年中的两次转折，直接展示了时代的变迁。王晓华在母亲被诬陷为"叛徒"后，毅然中断母女关系，远走他乡。"文革"结束后，得知母亲冤案平反，她又带着内心的创伤，含泪赶回上海。

实际上，王晓华的两次转变都可以看作是对普遍的"社会性"的寻求。母亲降身为"叛徒"，她因此被开除出红卫兵，失去"最要好的同学和朋友"，处处受到歧视和冷遇，家也搬进了"黑暗的小屋"。16岁的她面临着被赶入"人民公敌"之列，丧失全部社会性的危险。亲情和家庭代表最基本的人性。但是，当时代的洪流判定它们毫无价值并得到人们普遍赞同的时候，的确，亲情和家庭就成了某种"抽象"的事物。于是，王晓华通过与母亲、家庭"彻底决裂"，回到"集体生活"（阶级队伍），以抗拒她作为社会关系的总和的解体。

然而，当时代转变，"阶级性"又被人们普遍摒弃、憎恶而转为"抽象"时，社会性便重新以原来的基本人性为内容。因此，当王晓华怀着忏悔的心情，回到家庭，重叙亲情之时，便仍然处于无所不在的社会性的制约之下。而从"阶级性"（党的时代）回到"人性"（知识分子时代），正好标志着从十七年和"文革"向新时期转折的两个中心范畴的前后嬗替。这种"回到"被认为是治愈"伤痕"的可靠途径。

伤痕文学作为对"文革"创伤的揭露和慨叹，直接引出了反思文学：追溯创伤背后的根源，反思体制和思想上的深层基础，并由此审视和重估整部当代史——因此，可以把从伤痕文学到反思文学的主题发展，概括为从"伤"到"病"。

反思文学的第一部力作《天云山传奇》（鲁彦周，1979），通过三位女性的叙述，展示了主人公罗群的坎坷遭遇，率先把"反右派"、"大跃进"、"反右倾"、"文化大革命"联系起来思考，叙写了共和国二十余年的政治风云变幻，在当时的确"给人以石破天惊之感"[①]。

---

[①] 汪名凡主编：《中国当代小说史》，广西人民出版社1991年版，第346页。

罗群早年因蒙冤而沦为一位从事"地下"写作的知识分子，冤案昭雪后又成为一位新型的政治英雄。他身居社会底层，坚持思想探索，刚一亮相就在思考"为什么会出现四人帮，中国的历史包袱不轻……历史根源，社会根源……"等一系列"大问题"。有意思的是，在形象塑造上，作者刻意描写了罗群的侧部脸型——犹如一座"希腊雕像"（一种典型的"形象的引文"）。形象隐喻着心灵，它暗示着主人公对周围环境（贫困、落后、闭塞）的超越，象征着他所拥有的普遍性（西方渊源）。我们可以将其深层含义还原为：一个掌握着西方文化精髓的知识分子，正在审视中国的现实和历史。

在小说中，历史以"古城堡遗址"的形式隐约可见。它高居于天云山之上，用罗群的话来说，"封锁着天云山区，阻挠一切新的进步的势力进入"，"是中国封建社会的一个缩影"。因此，在罗群的地下著述中，作者特意提到有《论四人帮产生的背景及其教训》和《读史笔记》，并安排一个带有"封建家长制残余"的党务专家吴遥，与罗群严重对立。反思文学在题材上拓展到十七年，而思考的目光则已投向中国传统文化的痼疾。因此可以说，在1985年以后蔚为大观的中西文化比较（激烈批判传统），已经在反思文学中埋下了伏笔。

伤痕文学的最初意图是"疗救创伤"。但是，这个目的似乎并未实现。随着时间的进展，"伤痕"不仅未能治愈，而且，人们还从中发现了十七年的更严重的问题（反思文学），并进而追溯到中国古代文化的封闭保守和专制主义传统（文化讨论）。"伤痕"似乎不断扩大，无法弥合。它如同一道裂隙，使知识分子与体制之间的距离日益加大，并最终导致原有意识形态趋向解体。与这种解体过程同步的，则是知识分子意识形态的建构。

### （三）书面文化的分裂

在新时期，文学知识分子脱颖而出，区别于其他知识分子。因此，从一般的知识阶层，我们可以区分出两种类型：一方面是以小说家和诗人为主体的文学知识分子，另一方面是学科化、机构化的专业知识分子。在这里，统一的书面文化发生了分裂。

在相对的意义上，传统社会的知识分子拥有整体的知识结构。这种情形是由当时社会的知识状况和教育体制促成的。一方面，传统社会的知识具有相对统一的、未分化的特征。基本的文化经典是确定的和有限的，文本世界内部形成了一种稳定的辐辏式的向心秩序：从基本经典派生出其他阐释性、应用性的著述。另一方面，与有限的知识领域相对应的，是一种全面的、通材式的教育，注重受教育者的基础知识和技能的传授与培养。在中国古代，官方考试制度要求生员必须博览经史和诗文，掌握写作技巧。按照书面文化的传统分类（经史子集），古代知识分子尽管在学业上可以有所侧重，但其知识和技能的掌握却是全面的。因此，在传统社会，知识的整合性往往由百科全书式的个体学者来体现。

知识分子的严格专业化和职业化，是一个社会现代化过程的重要方面。中国由传统社会转入近代，在文化教育领域的最重大的事件，大概要算是科举制的罢废（1906）和随之而来的新教育制度（壬子癸丑学制）的确立。这种剧变迫使传统的"士"转型为现代职业知识分子。[①]知识的整合性改由分工协作的全体知识界来承担，个人被社会置换了。在这里，通材让位于专家，知识分子被纳入到各式各样的知识机构，成为专职的科学家、教员、医生和工程师。在这种机构中，专家型的知识分子拥有固定的狭窄的学科领域和职业范围，拥有专门的方法和问题，所谓"道术已为天下裂"。

学科化、专业化是书面文化在现代社会中的一般状况。在这种背景下，专

---

① 汤因比："在任何一个社会里，凡是企图改变人们的生活方式使其适应一个外来文明的节奏时，都需要一个特殊的社会阶级在这个过程中起着'变压器'的作用；为了满足这个要求，这个常是突然而人为地应运而生的阶级，通常总是用一个特别的俄罗斯的名称，称他为知识分子。知识分子可以说是一批联络官，他们很快地就学会了入侵文明的种种本领。""第一批知识分子的成员是海陆军官们……然后又来了外交家，这一批人是在战争失败以后不得不同西方政府打交道的时候，懂得如何办交涉的人……然后又来了商人……最后……知识分子就发展了他们所最为特有的形式：学会了传授西方学科的教师；学会了根据西方程序管理政府事务的文官；学会了根据法国的司法程序引用一两句拿破仑法典秘诀的律师。"（《历史研究》中册，曹未风等译，上海人民出版社1986年版，第191—192页）中国现代知识分子不完全是传统士大夫的后裔，而还有另一种前身：外交家（郭嵩焘、曾纪泽）和海军军官（如严复、詹天佑、张伯苓等均是海军学校出身。鲁迅最初也曾在江南水师学堂学习）。现代知识分子是西方与中国冲突激荡下的产儿，这似乎注定了他们"在"中国社会，却又不完全"属于"这个社会，具有一种游离和叛逆的性质。

业知识分子的视野、兴趣、活动倾向于局限在各自的学科范围内，他们的工作也很难产生专业领域以外的社会反响。在这里，知识分子的一般社会职能——从掌握书面文化到承担社会良心角色，发生了某种萎缩。①

然而，文学知识分子在书面文化领域却占据了一个特殊位置。

与那些具备现代认识论和方法论基础，经过专业训练的科学家、大学教师、医生和工程师不同，小说家和诗人们的写作表现了更多的传统的延续性。他们在相当大程度上仍被排斥在各种现代知识体系之外，处于"自由漂泊"的状态，成为传统知识分子在专业化、机构化之后的"剩余者"。可以说，传统知识分子的身份已发生了分裂。总体来看，在小说家和诗人那里，博览经史子集的"士"已失去了丰富的知识内涵，而仅仅突显了写作本身。

但另一方面，文学知识分子却又因此摆脱了严密、狭窄、刻板的专业划分。他们能够以广阔的社会人生为写作对象，题材广泛，手法多样，读者众多，社会影响巨大。他们贴近现实，感觉敏锐，思想活跃，关注普遍的社会政治问题，持续地受到从一般公众到最高权力层的瞩目。事实上，在传统知识分子的身份分裂之后，知识分子的社会良心角色主要由作家们承担了。"作家是人民总体的代言人"②。这不仅意味着一般公众缺乏言论的能力和机会，而且暗示了其他知识分子的沉默。

这就是新时期初期文学知识分子的状况。我们今天依然记忆犹新，《爱，是不能忘记的》（张洁）由于以抑郁滞徊的感伤笔调，触及了爱情、婚姻的道德基础而引起的持久、广泛的影响。同样，高晓声的陈奂生系列小说也由于思考了农民的性格和命运，而在知识界获得了先导性的思想探索意义。《乔厂长上任记》（蒋子龙）、《沉重的翅膀》（张洁）、《三千万》（柯云路）则更以文学的情感

---

① 《西方现代社会的知识分子、大学和政府》（*Intellectuals, Universities, and the State in Western Modern Societies*, 1987）指出："智力工作的职业化和专业化的后果之一看来是：一方面由于规范化的学科，另一方面由于日益职业化的体制，传统的社会批判的知识分子角色在某种程度上被削弱了。"（第123页）

② 刘宾雁：《我的日记》，湖南人民出版社1986年版，第76页。

内涵，为初期的改革事业注入了道义力量……

　　前文曾指出，依托于书面文化的知识分子具有两种可能性。一方面，他们倾向于介入现实，承担社会良心角色；另一方面，他们又常常远避现实，超然世外，据守自身的价值体系。应当指出，这两个方面与前述左翼传统和自由主义传统之间，并不存在必然的一成不变的对应关系。当左翼传统陷于低谷，失去同道和听众的时候，他们也可能退而著书，守护思想的火种，以待日后的燎原之势。这在中国现代史上，曾是1927年大革命失败以后部分左翼知识分子的选择。另一方面，当自由主义知识分子居于上升阶段，当他们与广大社会阶层分担着共同的苦难命运和境况的时候，他们所倡导的个人价值、幸福与尊严等自由主义理念，也具有无可置疑的进步意义，并能够代表全社会广大阶层的呼声。毋庸讳言，这正是新时期初叶知识分子文学的生命力所在。在这里，文学干预生活，参与现实，站在社会批判（对"文革"及其余波）的最前沿，与同期的哲学和美学结成了一种特殊的关系。

## 二、新时期的人性

### （一）阶级斗争学说

　　在十七年和"文革"时期，阶级差异和斗争的学说曾占有绝对支配的地位。在"阶级性"与"普遍人性"的关系上，阶级学说的经典表述是：

> 　　只有具体的人性，没有抽象的人性。在阶级社会里就是只有带着阶级性的人性，而没有什么超阶级的人性。①

　　阶级学说长久的统治地位，它在50年代末60年代初以后的日益激进化，也许可以从中国近代以来长期激烈的社会政治斗争的遗留影响以及当时台湾海峡

---

① 毛泽东：《在延安文艺座谈会上的讲话》。

持续的战争状态,即从历史和现实两个方面,找到某种根据。尤其值得注意的是,阶级学说的日益激进化,是与中苏关系破裂、美国直接介入越南战争等关涉中国国家安全的重大国际事件,大致同步的。因此,可以把50年代末60年代初中国社会内部阶级关系的"紧张",看作外部紧张关系(中苏与中美)的某种"内化",看作被孤悬于国际社会之外而产生的某种"症状"。也就是说,即使是十七年和"文革"时期极端化了的阶级斗争学说,也仍然具备某种真实的依据。

同样重要的是,阶级学说始终执行着一种明确的意识形态功能。它为执政党(无产阶级先锋队)及其国家制度(无产阶级专政)提供理论基础,是立国之本,并始终与时代的政治文化交织在一起,分享着存在的合理性。

那时,普遍人性论只是来自少数知识分子的微弱声音。1957年初,巴人发表了《论人情》,谨慎地试图倡导"出于人类本性的人道主义"。他指出"无产阶级要求解放……是为的要恢复它的人类本性,并且使它的人类本性的日趋丰富和发展",[1]从普遍人性的立场重新阐释了无产阶级革命。

巴人文章刊出后,得到王淑明(《论人情与人性》,1957)、钱谷融(《论"文学是人学"》,1957)等学者的支持。但与此同时,在1957年和1960年,巴人文章几度受到激烈批判,并被提升到政治斗争的高度。阶级学说不仅正面批驳了普遍人性论,而且认为这种论调的出现本身便是人性论破产和阶级学说颠扑不破的确证。因为,人性论对人的阶级性的忽视和对抽象人性的强调,这恰恰被阶级理论的持有者视为"资产阶级和现代修正主义"的"呓语和欺骗",这种现象被视为"一场激烈的阶级斗争",是"意识形态上的两种世界观的斗争"[2]。这样,阶级学说为抽象人性论做了总结,确定了它在社会关系中的阶级位置和意义。

---

[1] 巴人:《论人情》,《新港》1957年1月号。
[2] 马文兵:《在"人性"问题上两种世界观的斗争——就"人性的异化"、"人性的复归"同巴人辩论》,《文艺报》1960年第16期。

### (二）革命与世俗生活

新时期的人道主义思潮是旷日持久的革命所产生的意识形态反拨。

如前章所述,"文化大革命"既是左翼传统展开的巅峰,又是它的深渊。这一次"革命内部的革命"使左翼传统越过极限,面临绝境,并使"革命"本身成为一个值得探究的问题。

在一般的意义上,"革命"意味着打破和超越现状,使日常生活中断,进入新的另一种秩序。革命使家庭、私有观念和个体性原则解体,以另一种逻辑（例如阶级性）为中心使人们重新集结。革命是人民的节日,它代表青春、激情和想象力,并和这些价值一样具有一种短暂的性质。

实际上,"革命"总是起源于一种特殊的社会环境,起源于一个特殊的时刻：当社会压迫的强度超出了这个社会的承受能力,这时,它便降临了。革命的暴力性质来自它的社会前提：大多数人的被奴役,民怨沸腾,致使基本的社会生活无法正常继续。因此,革命的目的不在其自身,而总是要回归于更原初的秩序：改善并恢复基本的社会生活。这是革命的短暂性质的根本原因。

汉语的"革命"一词来源于《周易》"革"卦中的"汤武革命",指的是打破和超越（革）自然过程（命）。这个含义与西文的"revolution"相反相成。在西文中,"revolution"的原意是"一个星体回到原来的出发点"。因此,可以把"revolution"理解为返回到被阻断了的原始秩序中去。这个"原始秩序",按照欧洲启蒙哲学家的观点,就是自然法。[①]因此,汉语的"革命"与"revolution"可以说分别界定了"革命"的两个不同方面：它的过程（打破和超越现状）,与终极目的（回到基本的社会生活）。

从上述观点看,文革后期（以林彪事件为界）的"革命"已经失去了正当的对象和目标,它的持续似乎只是为了维系自身的存在和纯洁性,手段取代了目的。因此,从"文革"后期开始,人们普遍渴望结束无休止的"革命",渴望回到

---

[①] 参见 A.Suobuer：《什么是法国大革命？》,见《阿·索布尔法国大革命史论选》,华东师范大学出版社1984年版,第12页。

世俗生活，回到人类生活的基本价值：个人自由和权利、家庭、爱情和幸福，即回到一切革命的初衷。这一历史趋向，成为新时期人道主义哲学的现实基础。

与此同时，"革命"行将退场的迹象也从另一个方面透露出消息。中国寻求改善与西方列强特别是美国的关系，寻求摆脱长久的孤立地位，可以追溯到1970年前后。①此外，随着时间的推移，与另一个超级帝国苏联的关系，也愈来愈侧重于地缘战略的角度，着眼于民族国家的利益和安全，因而调整了自50年代末以来攻势凌厉的意识形态立场（反对修正主义）。

全面缓和与西方的关系意义重大。它不仅使中国结束"光荣的孤立"状态，从而使国内因外部压力而产生的"症状"（阶级斗争扩大化）得到缓解。而且，毋庸讳言，进入以西方为主导的国际社会，日益频繁地与不同社会制度和意识形态中的人群交往，也使人们倾向于逐步淡化，乃至放弃强调差异和斗争的传统阶级学说。从这一立场看，新时期初期宣扬人类普遍共性的人性论哲学，实际上起到了一种现实的作用，成为中国重返国际社会的一种未经意识到的思想或心理依据。

### （三）人道主义哲学

新时期人道主义哲学的恢复，稍晚于同期的文学创作。

当时，在文学批评界看来，伤痕文学代表作《班主任》的意义，正在于把人们的目光从"神的世界"拉回到"人的世界"；同时，另一部代表作《伤痕》所正面揭露的对人性的扭曲和践踏，则被认为更具有"突破"意义。当时，1977年下半年以后三年里的创作——无论是对"文革"和十七年的回顾，还是对现实的针砭和剖析，都被正确地总结为一股"人道主义的文学潮流"。②因此，我们可以把1980年前后有关人性、人道主义和异化的讨论，看作是文学反思在

---

① 1970年美对华政策有所松动，自1970年末到1973年初，主要西方国家（按时间顺序）意大利、奥地利、加拿大、英国、日本、西德和西班牙与中国正式建交。1971年中国重返联合国。

② 参见俞建章：《论当代文学创作中的人道主义潮流——对三年文学创作的回顾与思考》，《文学评论》1981年第1期。

理论领域的回响。

1979年6月,老学者朱光潜发表了《关于人性、人道主义、人情味和共同美问题》,从"文艺创作和美学"的角度,呼吁冲破人性、人道主义等"禁区"。他提出,人性就是"人类自然本性",并认为"马克思《1844年经济学-哲学手稿》整部书的论述,都是从人性论出发","马克思正是从人性论出发来论证无产阶级革命的必要性和必然性,论证要使人的本质力量得到充分的自由发展,就必须消除私有制。"[①]巴人当年微弱的声音在这里变成了大声疾呼。

在新时期初期的人性论热潮中,朱光潜的这篇只有五千余字的短文是一篇最早发生较大影响的文字。在其中,交织着阶级学说对人性论排斥打击的历史回忆。实际上,十七年和"文革"时期"阶级斗争"的残酷事实,作为知识分子共同亲历或目睹的一段历史,不但是这篇文章的抨击对象,而且也成为它的道义、激情和逻辑的合理性的来源。

朱光潜是一位学兼中西的学者,却并不特别擅长抽象思辨,常常以细部的知识和朴素的感受,代替严谨的深入的理论探索。在这篇文章中,他在提出一系列重大命题的时候,表现得富有勇气而疏于论证。因此,朱文一发表,便引来了不同意见的反击。

陆荣椿的《也谈文艺与人性论、人道主义问题——兼与朱光潜同志商榷》和计永佑的《两种对立的人性观——与朱光潜同志商榷》都与普遍人性论的立场针锋相对。陆荣椿认为,人的本质属性只能是人的社会属性,而阶级社会里的社会属性就只能是阶级属性。因此,在阶级社会里,人性只能是人的阶级性,或者是阶级的人的人性。[②]计永佑强调,把人性说成是"人类自然本性",这种人性观"是与认为人性是一定的社会关系总和的人性观相对立的"。他本人赞同"共同的人性与阶级的人性统一"的人性观,并且指出,资产阶级和封建

---

① 朱光潜:《关于人性、人道主义、人情味和共同美问题》,《文艺研究》1979年第3期。
② 陆荣椿:《也谈文艺与人性论、人道主义问题——兼与朱光潜先生商榷》,《社会科学辑刊》1980年第3期。

阶级都曾主张"人性是人类天赋本性",这只能说明在一定的历史条件下,"人性论"与这些阶级的集团利益密切相关,为这些阶级所需要,"历史证明,历来的'人性论'无不深深地打上了阶级的烙印"。①

在阶级学说(革命的理论基础)与人道主义(倡导普遍的人类之爱)这两种营垒分明的理论主张之间,很难见到折中调和的观点。这两种理论主张分别属于本书一再论及的知识分子左翼传统与自由主义传统。进入新时期,左翼由于经历"文革"而元气耗损,自由主义传统则由于社会政治经济的全面转型而方兴未艾。反映在理论领域,阶级理论固守传统旧说,缺乏创新和主动适应的能力,日益失去魅力。而人道主义或人性论则不断打破禁区,传播新知识、新思想,提出新的问题和观点,不断引起广泛共鸣,拥有越来越多的拥护者,在青年知识分子和学生中间尤其如此。

汝信的文章《人道主义就是修正主义吗?——对人道主义的再认识》开篇即引用一位老诗人的沉痛之词,控诉了在"十年浩劫"中,"用'最最革命'的辞藻装饰起来的惨无人道的野蛮暴行"。汝信主要依据马克思的早期著作,认为马克思主义应该包含人道主义的原则于自身之中。如果缺少这个内容,它就可能走向反面,变成一种统治人的"新的异化形式"。②

王若水的《人是马克思主义的出发点》一文在理论界反响甚大。文章标题成为那一时期的响亮口号,它既代表作者的一种呼吁,也是他在学理上所达成的结论。作者从马克思主义起源的几个方面,即从马克思和恩格斯对德国古典哲学、古典政治经济学和空想社会主义的批判与继承,来展开自己的论证。在人性、人道主义和异化问题的讨论中,王若水始终是一位活跃的理论家。他的一系列文章,除《人是马克思主义的出发点》外,还包括《文艺与人的异化问题》(1980)、《谈谈异化问题》(1980)和《为人道主义辩护》(1983)等篇,这些文章的发表和传布,既推动新兴的人性论哲学日益取代传统的阶级斗争学

---

① 计永佑:《两种对立的人性观——与朱光潜同志商榷》,《文艺研究》1980年第3期。
② 汝信:《人道主义就是修正主义吗?——对人道主义的再认识》,《人民日报》1980年8月15日。

说，同时，它们本身也成为新时期关于"人"的社会理论转型的明确标记。

高尔泰是一位才华卓著的学者和文艺家。他的坎坷经历曾是知识界和文艺界私下谈论的传奇故事，并至少成为两部短篇小说（刘宾雁《第五个穿大衣的人》、何新《蓝色的雪》）的部分原型。他的文字激情澎湃，富有感染力。在人们心目中，他不愧是艰难困苦所孕育的真理的见证人。早在1979年，高尔泰就发表了《异化辨义》、《异化现象近观》和《异化及其历史考察》（后一篇是在兰州两所大学的学术报告）。同一时期，他还创作了两部短篇小说《在山中》和《运煤记》（均可归于伤痕－反思文学）。在他那里，哲学与文学互文相映，共同承担着对过去时代的喟叹与反思的职能。他有关"异化"的三篇文章自成系统，分别讨论：（一）有关异化的一般概念和理论，（二）"文革"时期的异化现象，（三）人类社会的异化历史。到1981年，他又撰写了长篇论文《关于人的本质》，形成了相当系统的有关人性异化及其复归的理论（见后文）。

在80年代前期，围绕人道主义的讨论经久不息。据统计，到1983年，有关文章已多达七百余篇。《人民日报》、《光明日报》、《文汇报》以及《中国社会科学》、《文学评论》和《国内哲学动态》等报刊接二连三发表综述文章。人民出版社也连续推出论文集《人是马克思主义的出发点》(1981)、《人性、人道主义问题讨论集》(1982)、《关于人的学说的哲学探讨》(1982)以及《关于人道主义和异化问题论文集》(1984)。这一论题持续地吸引着广大知识分子和青年学生的理论兴趣，对于新时期知识界的思想结构的形成，具有不容忽视的意义。

在讨论中，与返回世俗生活的现实运动相对应，出现了一种"理论的还原"。倡导人性和异化哲学的知识分子，自觉或不自觉地将成熟时期的马克思有关剩余价值、阶级斗争和无产阶级专政的学说"搁置"起来，而回到青年马克思的具有人道主义倾向的早期立场。从著作上讲，就是回到《〈黑格尔法哲学批判〉导言》、《神圣家族》，特别是回到《1844年经济学—哲学手稿》的某些论断。这一理论"策略"受到左翼知识分子的批驳。

陆梅林的《马克思主义与人道主义》(1981)一文要求"从根本上来解决马克思主义与人道主义的关系问题"。他引经据典地重新论证了马克思早期（受费尔巴哈影响）与成熟期（创立马克思主义）的"分野线"。陆梅林写道："以年代来说，就是一八四五年，在这以前是他们思想的早期阶段，在这之后则是马克思主义形成和成熟的阶段；以著作来说，就是《关于费尔巴哈的提纲》和《德意志意识形态》；从理论上说，就是唯物史观的发现。"①应该说，这种观点既符合马克思主义经典作家（马、恩）的有关论述，也与当代西方学者如路易·阿尔都塞的研究声息相通。②

马泽民的《"人的哲学"剖析》（1982）从另一侧面讨论了同一问题。他重点分析了被人道主义理论家所一再援用的"人本身是人的最高本质"的命题，指出马克思在《〈黑格尔法哲学批判〉导言》中所提出的这一命题，是对费尔巴哈人本主义的某种沿用。马克思在开辟新的唯物主义道路的时候，援引了费尔巴哈的哲学用语。"人本身"适用于一切时代、一切民族、一切阶级、一切个人。马泽民指出，实际上，"这表明马克思当时还没有对'人本身'进行科学的抽象，达到对'人本身'的内在本质联系的认识"。③认为这些左翼学者仅仅是一些抱残守缺，固守马列经典，对活生生的现实毫无感受的冬烘先生，是错误的。实际上，他们的固执正是一种敏感的表现。这些人所忧虑的是对经典马克思主义的任意"解释"，将导致传统意识形态（马列信仰、国家意识、集体主义伦理等等）的严重崩毁，从而"给无政府主义和极端个人主义开方便之门"④。他们感到，在秩序转换、社会变动的不稳定时代，人道主义者对个人权利、自由、价值和解放的一味宣扬，将为个性膨胀、物欲横流的局面推波助澜，从而使社会政治和经济生活严重失范。纵观80年代后期以来动荡不安的社会流向，

---

① 陆梅林：《马克思主义与人道主义》，《文艺研究》1981年第3期。

② 马克思和恩格斯在《德意志意识形态》（1845至1846年）中，承认写作该著是为了"把我们从前的哲学信仰清算一下"，并指出前期著作的一些思想"还是用哲学词句来表达的"，"所以那里见到的一些习惯的哲学术语，如'人的本质'、'类'等等，给了德国理论家以可乘之机"。阿尔都塞认为，在青年马克思与成熟期马克思之间，存在着一个"认识论断裂"（即意识形态阶段与科学阶段的断裂），"1845年断裂时的著作，即《关于费尔巴哈的提纲》和《德意志意识形态》"。他还指出是否承认这一"断裂"，"归根到底是一种政治的对立"。见《保卫马克思》和《自我批评论文》。

③ 马泽民：《"人的哲学"剖析》，《学习与研究》1982年第1期。

④ 同上。

应当承认，左翼的担忧并非无的放矢。但是，当一个时代的弊端尚未表现得淋漓尽致的时候，很少人会重视这种预感。

这场正统马克思主义与人道主义的论战发生在1979年到1984年之间。实际上，真正决定双方"胜负"，即决定论战双方在知识界、文艺界和青年学生中间"人心向背"的关键，主要不是学理问题，而是这场论战兴起的社会历史前提，即如何妥善地解说十七年和"文革"时代的"反人性"现象，把它们纳入到一个"合理"的叙事结构中。这段痛苦的历史横亘在人们心中，是知识分子的一种普遍情结，并成为他们建构新的意识形态的动力之一。因此，左翼知识分子尽管获得马列原著的支持，并表达了对社会转型的负面效果的忧虑或预感，但却无法面对创痕累累的社会情绪，而这种情绪正是人道主义兴盛的土壤。

1983年后期，清除"精神污染"的运动在理论界和文艺界展开。1984年初，胡乔木发表了长文《关于人道主义和异化问题》。一时间，报纸杂志充满了对人道主义、人性和异化学说的挞伐之声（应当承认，包含简单粗暴的言论）。对立的观点则偃旗息鼓，被迫沉默。但是，毋庸讳言，它们在成为潜流的同时，也进入人心。整个80年代，自由主义思想在体制的边缘稳步增长，渐成蔓延之势，在知识界、文艺界，特别是大学校园，赢得越来越多的追随者。

与此同时，知识分子内部的分裂则日趋显著。本来，粉碎江青集团之后，整个知识界、文艺界曾共享短暂的欢欣和希冀。可是，进入新时期以来，围绕"自我表现"、现代派文艺和电影剧本《苦恋》等的争论和分歧，知识分子内部的歧见日益加深。到1983年和1984年的"清污"运动，裂痕已无法弥合。其中，如前文所述，左翼知识分子经过"文革"挫折，面对剧烈变动的新时代，缺乏原创性和主动应变能力，例如未能在新的形势下创造性地发展阶级学说，使其包容、吃掉自由主义的合理成分，因而在知识界日益受到孤立和嘲笑。但是，认为左翼知识分子将永远抱残守缺、僵化停滞，因而终将被淘汰出局，作为一个"物种"而灭绝，则不过是自由主义知识分子的浅薄之见。实际上，如果回顾20世纪的历史并展望21世纪，我们可以断言：对于左翼传统来说，完成转型和自我更新，从而获得创造性发展，重新焕发在理论、文艺和学术方面的巨大潜力，这种可能性是始终存在的。

### （四）两个主题

有关人道主义讨论的总问题，可以分解为"异化"与"人性"两个主题，并且可以按照这两个主题以及它们之间的逻辑关系予以理解。

"异化"是一个叙事性的概念，指的是"主体"（"人"以及"人"的不确切的表述：精神或自我）在展开过程中，偏离了自身的固有本质，外化和凝定为一个陌生的对象，这个对象反过来与原先的本质相对峙、相抗衡，成为它的桎梏和压迫者。因此，"异化"概念又常常预设了主体的"复归"，即主体的本质最终克服并包容这个外在对象，以达到圆满的综合。"异化"概念构想了主体与其先验本质之间的关系，在19世纪的思辨哲学中，这被认为是主体自身展开的必然方式。这种学说以本质的名义抨击异化现实，同时又以本质为依据期许历史的圆满结局。因此异化学说既是一种道德批判，又宣告了一种历史主义的末世学（eschatology）。

有关异化学说的简要历史是：作为一个重要的哲学术语，"异化"首先出现在黑格尔的早期著作中。尔后又作为他哲学的基本范畴，成为绝对精神在正、反、合运动中的一个必要环节。在黑格尔之后，费尔巴哈回到感性的人，但同时也汲取了黑格尔的异化思想，用以分析宗教。

青年马克思（1840—1844）批判地总结了以往的异化理论，将之作为他的早期共产主义学说的一个组成部分。实际上，尽管"异化"概念在1845年以后的马克思那里，已不再作为一个基本的分析范畴被使用，但是，由于青年马克思的异化学说，本身已经达到了相当完整和成熟的理论形态，因而已足以成为思想史上的一份遗产，为后人所借用。这一点对于新时期的中国思想界尤为重要。因为，在1980年前后的中国，在刚刚复苏的思想界，任何学说要想占有一席之地，都必须首先从马克思主义经典作家那里袭取自身的合法性。

前文指出，新时期人道主义思潮的现实依据，是上个时代的反人性历史。新的理论家们将马克思主义与知识分子的人性论巧妙地结合起来。在其中，异化学说取代传统的阶级斗争理论，成为人道主义总问题中的批判性成分，其锋芒首先指向刚刚结束的"文化大革命"。

1978年，汝信发表了《青年黑格尔关于劳动和异化的思想》，意在"溯本求源，对异化问题作一番历史的探索。"①接着，高尔泰的《异化辨义》、墨哲兰的《巴黎手稿中的异化范畴》（以上1979年），张奎良的《论异化概念在马克思主义形成中的历史地位》、韩学本的《费尔巴哈的异化概念及其对青年马克思的影响》、刘梦溪的《马克思的异化思想》以及王若水的《谈谈异化问题》、《文艺与人的异化问题》（以上1980年），刘奔的《权力崇拜及其根源——谈现实生活中的一个异化现象》、阮铭的《人的异化到人的解放》、侯大为的《异化及其产生、发展和克服》（以上1981年）等论文纷纷问世。稍加观察即可发现，这类论文首先将主题谨慎地限制在有关异化问题的"纯学术"范围内（异化学说作为研究对象），尔后，便以异化学说为批判的武器，大胆地解剖现实和历史。

在倡导异化学说的众多人物当中，高尔泰的有关文字最为系统，也最具理论内涵，成为当时思想界的一方代表。在《异化现象近观》一文中，他比较细致地讨论了"林彪、江青一伙"统治时期人的异化现象，包括劳动的异化、国家权力的异化以及人的自我分裂。高尔泰指出，在"文化大革命"时代，这种由进步倒转为反动的过程，是通过政治异化、主要是权力异化来实现的。林彪、江青一伙打着社会主义旗号，实质上力图实行封建复辟，是这种权力异化最典型的例子。②

在马克思主义的范围内，以哪一种理论话语解释"文革"悲剧，是新时期刚刚复苏的思想界面临的一个问题。当时，在马克思主义内部似乎存在着两种选择：阶级斗争理论与人性异化学说。

如前所述，新时期伊始，阶级斗争学说作为上个时代的理论基础，正在被越来越多的学者漠视和放弃。并且从学理方面看，也的确很难用经典的阶级斗争理论，来解说林彪、江青这两个阴谋集团在社会主义体制下的所作所为。因

---

① 汝信：《青年黑格尔关于劳动和异化的思想》，《哲学研究》1978年第8期。
② 高尔泰：《异化现象近观》，《人是马克思主义的出发点》，人民出版社1981年版，第77页。

此，对于许多人来说，转而求助于与具体的社会阶级分析方法（经济的、政治的、法律的、意识形态的）相比，要远为笼统、抽象——因而适用范围更为宽泛、含混的异化学说，便成了一种普遍的选择。实际上，我们看到，在新的时代，异化学说最先受到知识分子的青睐，成为他们为挣脱和替代主流意识形态而确立的最初的理论立场。

几乎与当时伤痕－反思文学的情形相同，异化学说也将批判的锋芒从"文革"投向历史。在《异化及其历史考察》这篇近五万字的长文中，高尔泰用异化和人性复归的模式重述全部历史，将人类有史以来的历史看作一部异化的历史，并提出了以下著名公式[①]：

人→非人→人
族类→异化→复归

前文指出，"文革"结束之后，在文学领域，新的叙事框架的获得曾使小说创作蓬勃兴起，涌现出影响巨大的伤痕－反思文学。"叙事"作为一种解释体系，将分散的、芜杂的经验纳入到整合性的知识－价值结构中，使众多片段通过组合为一个整体而呈现出终极的意义。从这一观点看，异化学说也无非是一种新的叙事。正如高尔泰所说：

> 私有制必然的规定就是这样：人只有通过这种族类的分裂，即他的自我异化和自我丧失，才能在历史之路的苦难历程中实现自己的进步。这是历史的无情的辩证法。[②]

新的哲学叙事将局部的苦难放置在整体的结构中，使它们获得正面的意

---

[①] 高尔泰：《异化及其历史考察》，《人是马克思主义的出发点》，人民出版社1981年版，第173页。
[②] 高尔泰：《异化现象近观》，《人是马克思主义的出发点》，人民出版社1981年版，第75页。

义，使创伤在思辨中得到理念的抚慰。异化学说宣布世间的一切矛盾和苦痛均起因于对人的本质的严重偏离，从而使知识分子有理由对历史和现实表达他们的愤怒抗议；同时，异化学说又判定矛盾和苦痛为人类历史进步所须付出的必要代价，从而又使知识分子的愤怒得到宽慰，使他们的抗议保留在概念的领域，并不直接导向行动。这是一个抽象地批判和抽象地遐想的时代。

在人道主义的哲学叙事中，异化学说主要面向历史和现实的晦暗方面，承担了批判性的、否定的职能。因此，它必须以另一种理论作为自己的逻辑前提，同时又作为自己的历史归宿。这就是人性理论。

"人性"是人道主义哲学的另一个主题。人性理论包括三个层面：（一）作为人道主义思潮的理论基础；（二）潜在的政治含义；（三）作为终极关怀。

在倡导人性学说的学者当中，有关"人性"或"人的本质"的界定歧义重重。例如，朱光潜认为：人性"就是人类自然本性"。[①]薛德震认为："人性是人的自然之性和社会之性、共性和差别性（个性、特殊性）的对立统一"。[②]李连科认为："人性（或人的本质）就是人的社会性，就是人类共性，就是人类追求自由的活动。"[③]丁学良认为："人性，就是存在于人类一般之中，贯穿于人类一切历史阶段之上，使人根本有别于动物的本质特性。"[④]高尔泰认为："把人的劳动、人的社会性、人和人的世界的统一等这些因素综合起来，可以得出一个明确的结论：人的本质是自由。"[⑤]

在这一阶段，上述有关"人性"或"人的本质"的定义彼此之间的差别并不重要，关键在于它们表达了一种共同的趋向，这就是前述理论范式的转换：人性论逐步取代阶级学说。这成为人道主义思潮的各种现实要求和呼吁（关心

---

① 朱光潜：《关于人性、人道主义、人情味和共同美问题》，《文艺研究》1979年第3期。
② 薛德震：《马克思主义的人性论初探》，《人是马克思主义的出发点》，人民出版社1981年版，第56页。
③ 李连科：《论人性是一切社会关系的总和》，《学术月刊》1981年第1期。
④ 丁学良：《马克思究竟怎样看待人性？》，《学习与探索》1981年第2期。
⑤ 高尔泰：《关于人的本质》，《甘肃师大学报》1981年第2期。

人、爱护人，重视人的尊严和价值……）的理论基础。

在中国与西方长久对峙的壁垒解除之后，随着"革命"的退场，原先阶级队伍中的成员在某种程度上"还原"为一般意义上的"个人"。这一现实动向上升到哲学领域，便出现了有关"人"的理论的调整。而且，从阶层立场着眼，掌握书面文化的知识分子，本来就倾向于超越阶级和阶层的具体差别，而采取一种具有普适性的中性立场。这种立场反映在"人"的问题上，便是一种抽象人性论。应当指出，这主要是一种自由主义知识分子的立场。它区别于左翼（例如阶级学说），也区别于右翼（例如种族主义）。实际上，从"文化大革命"到80年代后期，中国知识分子恰好大致经历了这三种立场：即从左（"文革"的阶级理论）到中间立场（新时期的自由主义），再倾向于右（80年代后期的精英主义）。与此相对应，他们对待西方的态度，也大致经历了对峙、交往、攀附这三个阶段。考察新时期知识分子的思想史，这一线索是不应忽略的。

我们可以王若水的《为人道主义辩护》为例。该文有一个富于文学性的结尾：

> 一个怪影在中国大地徘徊……
> "你是谁？"
> "我是人。"①

阶级的人转变成普遍的人，在这幅知识分子勾勒的"人"的图景中，原先的政治集团似乎失去了自己的群众阶级基础，而知识分子阶层则即将上升为全社会的新的"领导阶级"（所谓"精英"）。人性理论不可避免地暗含着某种政治结论。

1986年，王若水出版了论文集《为人道主义辩护》，收入了他自己的有关文章。十分有趣的是，该书的封面设计（作者叶雨）采用了米开朗基罗的著名雕

---

① 王若水：《为人道主义辩护》（1983），《为人道主义辩护》，三联书店1986年版，第233页。

刻《大卫》——一个男性裸体的造型。应该说，这是"人"本身（脱去了一切社会阶级的衣饰），即一般的、普遍意义上的"人"的象征，从而巧妙地暗示了人道主义思潮的核心理念。但是，稍加思考即可察觉，这具男性裸体造型所代表的仍然不是抽象的，而恰恰是一种极为具体的人：欧洲文艺复兴时期的市民阶级的男性理想。因此，实际上，这幅装帧设计入木三分地表露了人道主义思潮所隐含的深层意向，这个意向直到80年代中叶以后的知识界西化浪潮中，才彻底显豁。

人性论作为人道主义思潮的理论基础具有潜在的政治含义。与此同时，它还表达了部分知识分子的一种共同的终极关怀。王若水写道：

> 共产主义就是要解放全人类，就是要克服异化，废除资本对劳动的统治，私有制对无产阶级的统治，物对人的统治，盲目的、异己的力量对社会历史的统治；共产主义社会将是这样一个联合体，在那里，每个人能得到全面的自由的发展，人将成为社会的主人、自然的主人、自己本身的主人；人类将把过去统治着历史的异己的力量置于自己的控制之下，自觉地创造历史，从而从必然王国向自由王国飞跃。①

这种以人性理论为基础的历史主义的末世学思想，以相同或略有变化的方式，为同期的其他许多作者所表述，如薛德震、曾钊新、高尔泰、汝信、李连科、刘敏中，等等。可以说，这种抽象的遐想是80年代初期知识分子的共识。它是马列信仰、人性论和"文革"创伤记忆的某种综合产物。

异化的扬弃、人性的复归或者说从必然王国向自由王国的飞跃，它们作为历史的终极目的的确照亮了全部异化的历史，赋予它们以最终的意义。因此，这种共同的终极关怀既不同于现实的人道主义呼吁，也不同于具体的政治意图。但是，异化历史的全面终结又被认为只有在遥远的未来才能降临。这样，

---

① 王若水：《人是马克思主义的出发点》，《为人道主义辩护》，三联书店1986年版，第216页。

在人道主义哲学中，知识分子的终极关怀又总是停留在抽象的状态，只拥有一个理念的轮廓，而缺少具体可感的内涵。在这里，美学的意义凸显出来。实际上，人性复归的抽象理念在当时的美学领域已落实为一种具体的经验。

这样，我们可以总结说，在新时期初叶，人道主义哲学一方面是对异化的揭露和批判，另一方面是对人性的论证和憧憬。它的异化学说部分与伤痕－反思文学彼此呼应，共同直面现实和历史的苦痛与创伤。它的人性复归理论则与同时期方兴未艾的"美学热"一脉相承。人道主义哲学的两项主题延伸到了哲学之外，分别由文学与美学所关注并承担。

## 三、美学热

### （一）aesthetica

在西方思想史上，关于审美和文艺的理论思考至少可以追溯到古希腊的苏格拉底。但是，美学作为一门学科的创立却是在晚近的18世纪中叶。这一学术史上的事件与近代西方哲学的体系化进程有关。

从一个确定的逻辑起点建立一整套哲学体系，从而囊括所有知识，这种工作在近代始于17世纪前期的笛卡尔，集大成于19世纪初叶的黑格尔。笛卡尔回到主观性的"我思"，以此为基点，重新建构哲学的概念世界。在当时，由于哲学泛指人类全部知识体系，因此笛卡尔把"哲学"比作一棵"树"：形而上学是树根，物理学是树干，从树干生长出的三个分枝则分别是医学、力学和伦理学。之后，德国哲学家克里斯蒂安·沃尔夫作为莱布尼茨哲学体系的完成者，又把哲学划分为理论哲学和实践哲学，前者包括逻辑学和形而上学，后者包括自然法、伦理学、政治学和经济学。莱布尼茨曾经论述了与美感经验有关的"微妙的感觉"和"含混的认识"。沃尔夫将它们归为"低级认识"，认为它们只是逻辑学修正、改造和克服的对象。

笛卡尔的"哲学之树"意味着一个不断生长的体系。从他开始，欧洲唯理主义哲学就在持之以恒地为建立包罗万象的哲学知识体系而努力。"美学"正是哲学之树成长的必然结果。

1735年，沃尔夫的学生、德国哲学家亚历山大·鲍姆嘉滕出版了博士论文《关于诗的哲学沉思录》，首次提出要建立一门指导低级认识能力的科学。所谓"低级认识能力"，指"感官的感受、想象、虚构、一切含混的感觉和情感"，它们在当时被归结为人类的感性认识能力。鲍姆嘉滕进而为这门科学命名。他沿用希腊哲学家对"可感知的事物"和"可理解的事物"的区分，指出"可理解的事物"通过高级认识能力把握，是逻辑学的研究对象；"可感知的事物"则借助于低级认识能力，是"感性学"的研究对象。"aesthetica"（感性学）是鲍姆嘉滕借用希腊语词根创造的一个概念。日本明治时代的学者中江兆民等人将之译作"美学"，通行于汉字文化圈内。

　　1750年，鲍姆嘉滕用拉丁文出版了《Aesthetica》第一卷，明确指出："美学……是感性认识的科学。"[①]1758年，又出版了第二部分。由于疾病和死亡，鲍姆嘉滕未能完成这部巨著。但在他身后，美学却在德国哲学——乃至整个西方学术体系内，作为一门学科占据了一席之地。

　　值得注意的是，鲍姆嘉滕在缔造美学的同时，也为这门学科确立了借以展开的基础，即感性经验。他把这个基础作为一个不可分离的部分，"写"入了新学科的名称之中：aesthetica——感性学。我们应当记住这个事实，部分原因是：在鲍姆嘉滕之后，美学总是一再偏离感性经验的基础，不是从体验、描述和分析感性经验出发，而是常常沉溺在先验的理论幻想中，不同程度地转变为独断的形而上学（从方法论来看）和知识阶层的意识形态（从社会职能来看）。这种情形内在地与美学的人文学科属性相关。

　　人文学科（humanities）的内涵和界限是含混而不确定的。在最低限度上，它通常包括语言学、文学、哲学和历史等专业。这种意义上的人文学科可以追溯到文艺复兴时期的人文主义教育。

　　14至16世纪的欧洲文艺复兴作为一场希腊、罗马古典文化的复兴运动，直

---

[①] 亚·鲍姆嘉滕：《理论美学》（*Theoretische Asthetik*），1983年，第1节。引文采用简明等译：《美学》，文化艺术出版社1987年版。

接对抗贬抑人性和人的世间生活的正统天主教神学。在中世纪，罗马天主教会从精神的最高处控制着欧洲社会的文化生活，希腊、罗马的古典文化则被摒为异端。然而，在文艺复兴时期，古希腊、罗马由于迥别于中世纪，而被笼统地视为一种异教的、世俗的、倡导个性自由的文化时代，以至于被尊奉为人文主义精神的生动载体和样板。

在文艺复兴时期，人文主义（humanism）作为主要的思想潮流，塑造着新的教育方式和内容。"人文主义"的词根"human"来源于拉丁语"humanus"（人的、属人性的、文雅的），它不但表明了人文主义的基本内涵及其历史渊源，而且也构成"humanities"（人文学科）的最初词源。

当时，在全欧洲兴起了一股研究古典作品的风尚。在这种社会文化的语境下，在各地兴办的世俗学校中，神学课程的地位下降，古代的"七艺"（文法、修辞、辩证法、算术、几何、音乐和天文）受到重视。由于人文主义教育的基本内容之一是重温古典，因此，古代语言（拉丁语和希腊语）作为回到古希腊罗马去的语言途径，便首先成为这种教育的基础课程。同时，古代人文典籍多以文、史、哲等为题材，因此，这些专业便成为日后"人文学科"的核心内容。[①]因此可以说，人文学科之所以区别于一般社会科学，乃是因为它们更多地蕴含并承载着人文主义的基本精神与价值。

美学之居于人文学科之列，不仅是由于它曾经是近代哲学体系的一部分，而且更由于它的关注对象本身就是一种典型的人文价值。一方面，美学回到感性，肯定感性愉悦的价值，因此"aesthetica"突出和强调了人的感性和肉体方面的意义。另一方面，美学又远离纯粹的世俗价值。它通过纯净的形式实现精神的提升，使人达到一种超越的经验。鲍姆嘉滕借用古典语言希腊语中的一个词语命名美学（aesthetica），这恰好象征性地表达了这门学科的人文主义的历史渊源与内涵。

由于人文学科承担了较多的人文价值，因此，在某些特定历史时期，它们

---

① 参见博伊德等著《西方教育史》第六章"人文主义教育"，人民教育出版社1985年版。

便常常逸出自身的学术范围，发挥着某种社会意识形态的职能。这是我们在考察新时期"美学热"现象时所应注意的。

**（二）学术准备**

1956年6月，在有关领导的鼓励下，朱光潜发表了《我的文艺思想的反动性》一文，对过去的美学观点做了诚恳的自我批判。当时的《文艺报》在刊发此文时，所加的编者按指出：

> ……为了展开学术思想的自由讨论，我们将在本刊继续发表关于美学问题的文章，其中包括批评朱光潜先生的美学观点及其它讨论美学问题的文章。我们认为，只有充分的、自由的、认真的互相探讨和批判，真正科学的、根据马克思列宁主义原则的美学才能逐步地建设起来。①

早在30年代，留学于英法的朱光潜便连续出版《文艺心理学》、《谈美》等著作，比较系统地介绍了以康德、尼采、克罗齐、里普斯等人为代表的西方近代美学，解说了一系列基本的审美和文艺现象。这些著作影响较大，是当时文化阶层的一次美学普及。然而，它们却很难被看作是真正的中国现代美学。尽管自称"补苴罅漏"，但朱光潜的美学著述基本上只是对世纪初欧洲流行理论的通俗的援引，这在当时民族民主革命的社会政治语境下，具有不以人的意志为转移的学理之外的含义。

《我的文艺思想的反动性》刊出后，老学者黄药眠旋即发表长文《论食利者的美学》，批判了朱光潜以《文艺心理学》为代表的唯心主义学说，并分析了这种学说产生的社会历史根源以及它们"实际上所起的反动作用"。②接着，唯

---

① 《文艺报》1956年第12号，见四川省社科院文学所编：《中国当代美学论文选》第一集，重庆出版社1984年版，第148页。

② 《文艺报》1956年第14、15号，见四川省社科院文学所编：《中国当代美学论文选》第一集，重庆出版社1984年版，第93页。

物主义的文艺理论家蔡仪撰写了《评〈论食利者的美学〉》，重申自己40年代的《新美学》的立场，对黄药眠提出批评，认为他仍旧是以唯心主义的观点批判唯心主义。不久，朱光潜又发表《美学怎样既是唯物的又是辩证的》，反驳蔡仪的旧唯物主义观点。他坚持"物"与"物的形象"的区分，强调在审美过程中主观条件的"决定性的作用"。①同年10月，出身于北大哲学系的青年学者李泽厚发表三万余字的《论美感、美和艺术》，既批评了朱光潜，又反对蔡仪，提出了著名的美是客观性与社会性相统一的命题。李泽厚从社会生活的实践观点出发，在长文中勾勒了一个初步的美学体系的轮廓。他谙熟马列，立论沉稳，的确显示了新中国成立后成长起来的一代青年学者的实力和锐气。稍后，李泽厚引起朱、蔡的反批评，同时，吕荧、高尔泰、蒋孔阳、洪毅然等人也相继加入讨论，由此形成著名的所谓四派美学观点。据统计，从1956年到1961年，参加讨论的约七十人，发表的文章约一百六十篇左右。②

套用解构主义哲学的术语，学术论争就像是一个"差延"的过程：在论争过程中，相继提出的每一种观点都彼此歧异，而最终结论的确定总是一再被延迟。然而，这种"差延"其实只是一种抽象的可能性。学术论争从来都发生在具体的社会文化环境中，并受到这种环境的深刻制约。实际上，50年代的美学讨论作为社会主义新文化建设的组成部分，它的贡献和不足之处，只有放在整个社会主义运动的背景下，才能被公正地理解。

美学讨论处于有关部门的注视和引导之下，进入60年代，已经趋近尾声。其中，李泽厚的理论被基本采纳。1961年，他前往高级党校，参加编写《美学概论》，这大概就是上引《文艺报》编者按所期盼的"根据马克思列宁主义原则的美学"吧。《美学概论》由并未参与大讨论的王朝闻主编，超然的身份似乎

---

① 《人民日报》1956年12月25日，见四川省社科院文学所编：《中国当代美学论文选》第一集，重庆出版社1984年版，第253页。

② 杉思：《几年来（1956—1961）关于美学问题的讨论》，《哲学研究》，1961年第5期。见《美学问题讨论集》，作家出版社1964年，第六集，第395页。

暗示了一种综合性的立场。但实际上，稍加留意即可发现，《美学概论》的观点几乎完全取自社会实践派。饶有兴趣的是，1962年以后，朱光潜也收到高级党校的约请，但却是讲授"西方美学史"课程。同时，高教部也委托他编写一部《西方美学史》教材。因而，朱光潜主要承担了一种西方美学资料的译介工作。争论的主要两方似乎各得其所。

建立"马克思列宁主义原则的美学"是社会主义运动背景下的一种时代要求，它构成了50年代美学讨论的初衷。杉思当时曾总结说："批判朱光潜过去的唯心主义美学思想成为这次美学讨论的前奏。"[①]因此，从一开始，美学讨论就被自觉地纳入到唯物与唯心对立斗争的范畴体系内。朱光潜率先批判了自己先前的主观唯心立场。蔡仪也在随后的文章里指出："美学中的基本问题……首先就是美在于心抑在于物？是美感决定美呢还是美引起美感？"[②]李泽厚则明确主张："美学科学的哲学基本问题是认识论问题。""美是第一性的，基元的，客观的；美感是第二性的，派生的，主观的。承认或否认美的不依于人类主观意识条件的客观性是唯物主义与唯心主义的分水岭。"[③]可以说，在讨论中形成的各派学说，的确正是围绕这一"分水岭"而立论的。

但是，随着讨论的展开，学术却依照自身的规律演变着。在美的客观与主观、唯物与唯心，即认识论的主题之下，悄悄萌生着另一个"人"的主题。

李泽厚的第一篇论文《论美感、美和艺术》分别讨论了美学研究的三个方面。其中，为了阐明自然美的客观社会性，他引用青年马克思有关"人化的自然"的概念，指出："自然对象只有成为'人化的自然'，只有在自然对象上'客观地揭开了人的本质的丰富性'的时候，它才成为美……自然本身并不是美，美的

---

① 杉思：《几年来（1956—1961）关于美学问题的讨论》，《哲学研究》1961年第5期。见《美学问题讨论集》第六集，作家出版社1964年版，第393—394页。
② 《评〈论食利者的美学〉》，《人民日报》1956年12月1日，见《中国当代美学论文选》第一集，第239页。
③ 《论美感、美和艺术》，《哲学研究》1956年第5期。

自然是社会化的结果,也就是人的本质对象化的结果。"①也正是在这篇初作中,他最早援引了《1844年经济学－哲学手稿》这部后来中国当代美学的圣经。

在李泽厚随后的《美的客观性和社会性》(1957)、《关于当前美学问题的争论》(1957)、《山水花鸟的美》(1960)等文章中,这另一个主题继续延伸着。与此同时,在朱光潜、高尔泰、蒋孔阳、洪毅然等人那里,青年马克思的人本主义哲学也不断得到引用(尽管具体理解有所不同)。此外,朱光潜逐渐明确反对"把美学看成只是一种认识论",并提出"阶级性和党性"不能"排除人类普遍性",认为古典作品的巨大魅力就是"由于它们真实地深刻地反映出人类普遍性"。②美学从传统马列主义的认识论框架内,缓慢地不自觉地转向青年马克思的人本学立场。在这种转变过程中,隐约显现出抽象的"人"的身影。

李泽厚60年代初的总结之作《美学三题议》,仍然从"美是主观的还是客观的还是主客观的统一"这个"美学的哲学基础问题"入手,但在行文中,却通过阐述"真"(现实世界)与"善"(人类实践)的交互作用,比较全面地提出和论证了"美"与"人的本质"的关联:

> 人们在这客观的"美"里看到自己本质力量的对象化,看到自己的实践被肯定,也就是看到自己理想的实现或看到自己的理想(用车尔尼雪夫斯基的话,就是看到了生活或"应当如此"的生活),于是普遍必然地引起美感愉快。"美"是"真"与"善"的统一。③

在60年代初,美学从传统马列主义的认识论主题(美的主客观性)过渡到普遍的"人"的主题,似乎只有一步之遥了。但是,在50、60年代阶级斗争学

---

① 《论美感、美和艺术》,《哲学研究》1956年第5期。
② 《论美是客观与主观的统一》,《哲学研究》1957年第4期。
③ 《美学三题议》,《哲学研究》1962年第2期。见《中国当代美学论文选》第二集,重庆出版社1984年版,第286页。

说占主流地位的政治文化环境中,这一步是无论如何也无法完成的。同时,要真正完成这一过渡,除了外部社会环境的变迁,也还需要知识分子内在的激情:需要一个残酷、扭曲、动荡的时代,使阶级斗争的实践和理论越出自身的合理界限,趋向极端("文革"时代)。只有这样,才能激发知识阶层对新的人性理想的由衷向往。只有到那时,美学才能真正确立"人"的主题。

从这个意义上说,"文化大革命"前的有关讨论,仅仅为这种新的美学奠定了学术基础。在一流学者之间展开的这场持续数年、彼此极其严格的质疑辩难,带有一种经院哲学式的繁琐特征,但它们无疑是民族抽象思维能力的一次磨砺和提升。同时,美学大讨论确立了一整套概念和问题,形成了几种美学思想和相应的知识结构,培养了一批学者,从而为后来的时代提供了一种可能。实际上,在"文革"结束后不久,尚未恢复元气的人文研究界百废待兴。而与此同时,美学却以其学术实力迅速进入鼎盛阶段,几乎独领风骚,并向人文知识界输送出最优秀的学者,这当然是得益于十几年前那场讨论的学术准备。

**(三)鼎盛的局面**

"文化大革命"结束后,经过一两年的复苏和调整,到1978年,报刊上开始重新发表美学文章。这一年有丘明正的《试论共同美》(《复旦学报》1978年第1期)、克地等人的《美、美感和艺术美、不同阶级也有共同的美》(《社会科学战线》1978年第3期)、朱光潜的《研究美学史的观点和方法》(《外国文学研究》1978年第4期)和程代熙的《试述黑格尔和费尔巴哈的"人化的自然"的思想》(《社会科学战线》1978年第4期)等。但总的来说,新时期的"美学热"此时尚在酝酿之中。

1979年是新时期美学的一个重要年头。除围绕"共同美"和"形象思维"问题形成小小的讨论热点之外,值得注意的是:中国社会科学院哲学研究所美学研究室编辑的大型丛刊《美学》(通称"大美学")问世,这是中国当代第一本专业美学刊物,从1979年始,大约每年编发一期。首期刊发的20篇论文分别涉及形象思维、西方美学、悲剧和灵感范畴、门类艺术理论以及对姚文元美学的批判,此外,还有一篇读书笔记和一篇美学普及文章。这其中,李泽厚的《康德的美学思想》大概是最重要的一篇了。

《康德的美学思想》是作者同年出版的专著《批判哲学的批判——康德述评》第十章"美学与目的论"的一部分。如本书第1章所述,该书写作于晦暗的"文革"后期,从主体性实践哲学的立场全面评述了康德学说。《批判哲学的批判》思想跨度相当大,从知识理论到伦理学说,从政治、宗教和历史到美学,均有绝非肤浅的阐述和发挥,借评论康德,提出了一套相当完整的人类学本体论观点。这套哲学人类学以认识论和伦理学(即所谓"真"与"善")为左右两翼展开,而以美学作为其最终的理论总结。这部30余万字的哲学著述(初版3万册)在新时期初叶的知识界读书界曾产生广泛影响,以其思想力度独步一时。

这一年,由中国社会科学院文学所文艺理论研究室编辑的《美学论丛》也首次出版,第一辑文章的论题大抵围绕传统马克思主义美学而展开。蔡仪的四万余字的长文《马克思究竟怎样论美?》分为上、下篇,上篇"批评所谓实践观点的美学"详细批驳了几位苏联学者的论著,下篇"论美的规律"正面阐述了自己的有关论点。

应当指出,尽管蔡仪文章直接抨击的是苏联学者对马克思的"歪曲篡改"。但实际上,其真正的锋芒所向却是中国当代美学中的有关理论(李泽厚、朱光潜)。蔡仪指出,实践观点的"批判的矛头正是对准着唯物主义。虽然他们的矛头也系着马克思主义词句的红缨,而矛头的实质是主观唯心主义"。①

蔡文一发表,便立刻引来对立观点的反驳。只是由于写作和发表的周期,这些文章大多在一两年以后才面世,如:刘纲纪的《关于马克思论美——与蔡仪同志商榷》、李耀建的《关于"劳动创造了美"的问题——与蔡仪同志商榷》、朱狄的《马克思〈1844年经济学‐哲学手稿〉对美学的指导意义究竟在哪里?——评蔡仪同志〈马克思究竟怎样论美?〉》、陈望衡的《试论马克思实践观点的美学——兼与蔡仪先生商榷》……

---

① 蔡仪:《马克思究竟怎样论美?》,《美学论丛》第1辑,见《中国当代美学论文选》第3集,重庆出版社1985年版,第50页。

针对蔡仪文章，刘纲纪和陈望衡重申："'自然的人化'和'人的对象化'的思想是马克思对美的看法的根本。"①"实践的观点是马克思主义美学的精髓。实践……是美的源泉。实践的客观性社会性，决定了美的客观性社会性。"②李耀建辩论说："景色、古物、月亮、花朵是自然的，但它们在'类的生活'中成了人的无机身体的一部分，成了人与自然、主体与客体的统一物，所以，它们是美的。"③朱狄的文章更具论战色彩，他大段援引德语原文，以辨析马克思的原意。关于辩论本身，他指出："鉴于美的本质问题的争论已停顿了十多年，每一个对美学感兴趣的读者都暗暗抱有一个希望，希望再一次的辩论能在一个新的起点上开始，然而蔡仪同志做到的也许只是第一点……而缺乏的是一个新的起点。"④

但实际上，这场论争已经"在一个新的起点上开始"了。蔡仪与实践观点的众多追随者之间的争论，并非发生在马列主义认识论的原有范围之内（这是50年代讨论初期的情况），而恰恰是围绕"人"的主题展开的，是传统唯物主义反映论与青年马克思的人本主义立场之间的对立。因此，它并非50年代美学讨论的单纯延续，而毋宁是前述中国当代美学的潜在主题成熟之后，与原有主题之间的争辩。因而，这场新时期初叶持续数年的美学论辩，必须放在哲学理论界同期有关异化和人道主义的激烈辩难的背景下来理解。

1979年可以被视为"美学热"的开端，而1980年又为此增加了新的内容。这年出版的《美学》第二期发表了从美学角度重新翻译的《1844年经济学－哲学手稿》（朱光潜节译），并集中刊发了三篇研究论文：《马克思的〈经济学－哲学手稿〉中的美学问题》（朱光潜）、《历史唯物主义与马克思的美学思想》（郑涌）和《〈经济学－哲学手稿〉中的美学思想》（张志扬）。由此，引发了美学

---

① 刘纲纪：《关于马克思论美》，《哲学研究》1980年第10期。
② 陈望衡：《试论马克思实践观点的美学》，《美学》第3期（1981年）。
③ 李耀建：《关于"劳动创造了美"的问题》，《学术月刊》1981年第3期。
④ 朱狄：《马克思〈1844年经济学－哲学手稿〉对美学的指导意义究竟在哪里？》，《美学》第3期（1981年）。

界持续多年的《手稿》研究热,在美学界正式奠定了这部著作的经典地位。

该年6月,第一届全国美学会议在昆明召开。这次盛会经过长期酝酿和筹备,并得到有关领导(如周扬)的支持。参加会议的美学学者来自全国二十个省、自治区、直辖市,将近百人,在他们当中,40岁至55岁的中年学者占百分之八十五以上。"他们年富力强、思想解放,成长于建国三十年来的风浪之中,具有丰富的正反两个方面的经验……"[①]这似乎应当被看作是对"美学热"的社会历史内涵的某种说明。会议收到论文33篇,举行学术报告会(全体)三次,专题座谈会(分组)11次。重点讨论了美的本质、美育、中国美学史和形象思维四个问题。会上,还成立了中华全国美学学会(下辖全国高等院校美学研究会)。

会议结束后,《中国社会科学》、《国内哲学动态》、《美学》等著名刊物发表了长篇纪要和侧记,许多报刊纷纷组织美学论文。这次会议对"美学热"的推波助澜作用无疑是重大的。

同年10月,为了适应高等院校开设美学课的急需,教育部委托全国高校美学研究会和北京师范大学哲学系,联合举办了建国以来首次高校美学教师进修班。朱光潜、王朝闻、蔡仪、李泽厚等人授课,内容涉及美学的各个领域和方面。进修班培养了大批师资。从此,在全国各大学普遍开设美学课程,持续出现"爆满"的盛况。进修班结业后,讲稿汇编成册,出版了《美学讲演集》(1981)。

1980年以后,"美学热"进入高潮。到1981年,新时期前半期的基本美学著作已大部分出齐,如:《谈美书简》、《美学拾穗集》、《朱光潜美学文学论文选集》(以上为朱光潜著),《美学论集》、《美的历程》(以上为李泽厚著),《德国古典美学》《美和美的创造》(以上为蒋孔阳著),《先秦诸子美学思想述评》、《"美"的探索》(以上为施昌东著),《美学散步》(宗白华)和《美学概论》(王朝闻主编)等等。

---

[①] 杉樵:《第一次全国美学会议纪要》,《美学》第3期(1981年)。

这年出版的《美学》第三期发表了李泽厚的长篇论文《美学的对象和范围》。这是一篇影响广泛的重要文章，可与他在50年代的第一篇美学论文《论美感、美和艺术》彼此参看。此文提出了一种新的美学体系的构架，代表了作者在十余年的间隔之后，对美学各层面（所谓"美的哲学"、"审美心理学"和"艺术社会学"）的成熟看法。

至此，新时期的"美学热"已进入全盛时期。对1981年以后几年的美学状况，将在第5章做简要的介绍。以下的讨论将转向新时期美学的意识形态含义及其相应的方法论特征。

**（四）阐释**

"文化大革命"是一个在复杂的国内国际环境下，"左"倾思潮急剧激化的政治文化运动。关于它的"重大意义"，当时的《红旗》杂志社论指出：

> 这场斗争，关系到我国无产阶级专政和社会主义经济基础能否巩固和向前发展，关系到我们党和国家变不变颜色，关系到我们党和国家的命运和前途，也关系到世界革命的命运和前途。①

在当时的历史条件下，共产主义作为一种社会理想，被突出的并不是它那完成了的圆满的历史成果，而是作为其艰巨奋斗过程的严酷的一面。因而，当时的社会政治理想更多地表现为一种激烈、强硬的斗争哲学。

新时期伊始，在拨乱反正的过程中，刚刚从政治迫害中复苏的知识分子对"文革"时代的残酷、扭曲和动荡心有余悸，记忆犹新，他们厌弃斗争哲学，并试图以人性复归的观念重新阐释共产主义理想。无论在哲学界还是美学界，青年马克思的以下论断都被奉为新的历史时代的福音：

> 共产主义是私有财产即人的自我异化的积极的扬弃，因而也是通过人

---

① 《无产阶级文化大革命万岁》，《红旗》杂志1966年第8期。

并且为了人而对人的本质的真正占有;因此,它是人向作为社会的人即合乎人的本性的人的自身的复归,这种复归是彻底的、自觉的、保存了以往发展的全部丰富成果的。这种共产主义,作为完成了的自然主义,等于人本主义,而作为完成了的人本主义,等于自然主义;它是人和自然界之间、人和人之间的矛盾的真正解决,是存在和本质、对象化和自我确立、自由和必然、个体和类之间的抗争的真正解决。它是历史之谜的解答,而且它知道它就是这种解答。①

显然,这些终极价值的实现只是一个历史的远景。然而,正是在这里,在现实与理想之间的空白处,美学发挥着其关键的中介作用;在这里,历史远景转化为一种当下的美感经验。马克思的"历史之谜"得到了审美的解答。无疑,这是通向历史远景的政治实践之路遭遇挫折("文化大革命")之后,取而代之的一种新的途径。在1980年前后,饱含"文革"记忆的知识分子希望远避复杂的现实政治,他们普遍地、不约而同地在纯粹的、非功利的审美形式、观念和范畴之间寻找到了理想的寄托。因此,可以把美学兴盛的动因归结为以下三项,它们分别与三个时代相关:

(一)50–60年代的学术准备;

(二)"文革"记忆;

(三)新时期的人性复归理念。

李泽厚的《美学的对象和范围》大段援引60年代初的《美学三题议》,重申并强化了"人"的主题。"关于美的本质,我还是一九六二年《美学三题议》中的看法,没有大变化……我最近出版关于康德的书中讲美学的部分也还是那观点,仍然认为美的本质和人的本质不可分割。离开人很难谈什么美。""马克思《经济学–哲学手稿》是从人的本质、从人类整个发展(异化和人性复归)中

---

① 马克思:《1844年经济学–哲学手稿》,人民出版社1979年版,第73页。

讲'人化的自然',提到'美的规律'的。"①50-60年代美学讨论的潜在主题,在新时期的人学热潮中进入前台,彻底取代了认识论主题。在这里,美的本质被界定为真与善、感性与理性、合规律性与合目的性等的统一,即被理解为人的一切对抗、纷争和矛盾的最终消除。

1981年9月,为纪念康德《纯粹理性批判》出版200周年和黑格尔逝世150周年,由中华全国外国哲学史学会和中国社会科学院哲学研究所共同主办,召开了一次研讨会,会后出版了纪念文集《论康德黑格尔哲学》。在文集中,李泽厚的《康德哲学与建立主体性论纲》被列为首篇,在此文中他引人瞩目地提出了人性问题。

他说,在西方思想史上和中国当前有关人性的讨论中,人性常常被等同于动物性和人的原始情欲,或者被归结为人的社会性、社会关系和社会意识。他认为,孤立的动物性和孤立的社会性实际上都是"异化"的结果。"这种异化了的理性(社会性)倒恰好与前述异化了的感性(动物性)成了对应,把人性了解为、归结为异化了的社会性(如宗教、观念、禁欲主义、人成为生产的奴隶等等),正如把人性了解为、归结为异化了的动物性、自然性(如原始情欲、纵欲主义、人成为消费的奴隶等等)一样,它们实际都不是人性。人性应该是异化了的感性和异化了的理性的对立面,它是感性与理性的统一,亦即自然性与社会性的统一。"②

李泽厚从美学的立场理解人性,并认为哲学的其他分支均不能胜任这一任务。他写道:

> 如果说,认识论和伦理学的主体结构还具有某种外在的、片面的、抽象的性质,那么,只有在美学的人化自然中,社会与自然,理性与感性,

---

① 《美学的对象和范围》,《美学》第3期(1981年)。
② 李泽厚:《康德哲学与建立主体性论纲》,中国社会科学院哲学研究所编:《论康德黑格尔哲学》,上海人民出版社1981年版,第2页。

人类与个体，才能得到真正内在的、具体的、全面的交溶合一。

这种统一当然是最高的统一。美的本质是人的本质最完满的展现，美的哲学是人的哲学最高级的峰巅……①

从异化了的社会性，到异化了的动物性、自然性，人性或美学恰好居于一个中介的位置。实际上，这种对人性的理解方式正是当时时代的表征：从"文革"时代的政治理想、集体主义、对人的感性生活和欲求的抑制，到90年代蔚为大观的消费主义、享乐主义、商品拜物教，新时期前期知识分子所崇尚的人性和美学恰好标志着一个过渡性的时代。

在新时期，李泽厚将美学划分为"美的哲学"、"审美心理学"和"艺术社会学"三部分。美的哲学在"文革"前的讨论中已有不少论述，如《美学三题议》等篇。艺术社会学也在50－60年代的《关于中国古代抒情诗中的人民性问题》、《审美意识与创作方法》、《略论艺术种类》、《典型初探》和《"意境"杂谈》等篇中做了相当多的探讨。在新时期，有较大变化和发展的是他的审美心理学。这方面的论述充分展开了50年代有关美感的两重性（社会功利性和个人直觉性）概念，提出了审美心理结构和"积淀"问题，并明确把审美心理区分为感知、理解、想象和情感四种基本成分，所谓"审美愉快是一个积极的心理活动过程，其中包括了感知、想象、理解和情感多种因素的交错溶合"。②在他看来，这个审美心理结构正是"人性"的完美体现。

《美的历程》是李泽厚的一部名作，曾受到冯友兰的过高评价，在1981年初版和次年重印之后在读书界风靡一时。此著对中国古代文艺史做了一番"艺术社会学"的考察。在全书的"结语"中，作者提出了艺术的永恒性问题，即那些早成陈迹的古典文艺，为什么仍能感染着、激动着今天和后世的问题。对

---

① 李泽厚：《康德哲学与建立主体性论纲》，中国社会科学院哲学研究所编：《论康德黑格尔哲学》，上海人民出版社1981年版，第14－15页。

② 李泽厚：《美学的对象和范围》，《美学》第3期（1981年）。

此，作者给出了"审美心理学"的回答，并再次阐明了"人性"与"审美心理"的一致性：

> 人性不应是先验主宰的神性，也不能是官能满足的兽性，它是感性中有理性，个体中有社会，知觉情感中有想象和理解，也可以说，它是积淀了理性的感性，积淀了想象、理解的感情和知觉……①

依照这种理论，所谓"人性"无非就是"审美心理结构"各因素的充分活跃与协调的愉悦状态。这样，历史远景所包含的终极价值就体现在当下的经验中。因此作为合乎逻辑的结论，在新时期初叶，人性的完美范例就是这些具备精致趣味、经常有机会沉浸在美感经验状态中的美学家。

（五）两种倾向

在新时期最初几年，文学（伤痕－反思）、哲学（异化与人性复归）和美学（自然的人化）作为知识分子的不同话语，分别与现实结成了不同的关系，并承担着不同的社会功能。

如前文所述，文学关注普遍的社会政治问题，以生动活泼的形象和尖锐敏感的主题、思想、内容，与现实保持着最为密切的联系。文学大胆地直面十七年和"文革"的政治苦难，大声疾呼式地指斥现实的种种弊端，坚定地执行着知识分子作为社会良心的最高职能。这种情况使文学知识分子成为公众瞩目的中心，使他们成为影响巨大的社会代言人。

另一方面，哲学作为理论学科采取了思辨的形式。在这里，对十七年和"文革"创伤的反思表现为异化学说，对未来历史远景的展望则表现为关于人性复归的抽象理论。新时期初叶的哲学以异化学说作为它与现实、与文学的接触点，而以人性复归观念与远离现实政治的美学彼此沟通。可以说，在干预生活的文学和远离现实的美学之间，哲学处于一个中间的位置，它以理论的形态既保持着与现

---

① 李泽厚：《美的历程》，文物出版社1981年版，第213页。

实问题的密切关联,又借助对完美人性的憧憬具备了浪漫玄想的成分。

与文学相映衬,以哲学为间隔,美学趋于另一个极端。在1980年召开的第一次全国美学会上,当时的中国社科院哲学所副所长汝信的开幕词强调:"美学研究……必须探讨一些带根本性的理论问题。美的本质,美感,真、善、美的关系,艺术和社会生活的关系等等,这永远是美学研究的根本问题。不能把这种基本理论的研究看作是所谓'从概念到概念'"。①实际上,这既是一种呼吁,也是对当时美学状态的真实描述。

在1980年前后,美学沉浸在自身的概念、范畴、命题的系统之中,不但远离喧闹的文学,而且与文艺批评也保持相当的距离。例如,当时的文艺批评围绕歌颂与暴露、今天派诗歌和自我表现等问题曾掀起一次次激烈争论,这些争论在一定程度上与同期的文学相类似,常常是政治化的。然而,与此同时的美学却的确处于一种自足的"从概念到概念"的状态,它的范畴、命题不但与文学界的主题、与文艺批评界的争端毫无牵涉,而且,甚至也极少有美学界的人物以个人身份参与这些争论。在与现实的关系上,美学居于超然的另一个层面,表现了另一种倾向。

王朝闻主编的《美学概论》是50—60年代讨论和新时期美学兴盛初期的一部总结之作,也是当时人们研习美学的标准读物。此书在正文之前附有八幅版图,分别是东晋顾恺之《洛神赋图》、《历代帝王图》,唐代乾陵雕刻《石狮》、辽代建筑《独乐寺》、宋代马远《寒江独钓》以及古希腊残雕《萨莫德拉克的尼凯》、达·芬奇的《莫娜丽萨》和凯绥·珂勒惠支的铜版组画《农民战争》之一。全书在"绪论"之外,仅设六章("审美对象"、"审美意识"、"艺术家"、"艺术创作活动"、"艺术作品"以及"艺术的欣赏和批评"),简约的结构和理论内容是以滤除杂多的感性经验为前提的。实际上,总体来看,《美学概论》所依据的艺术经验主要是古典式的。它远离激烈骚动的现代文艺史,更与同期的社会抗议式的创作实践相脱节。

---

① 引自杉樵:《第一次全国美学会议纪要》,《美学》第3期(1981年)。

在美学领域成为热点的那些具体论题，除美的本质以外，如形象思维、艺术掌握世界的方式、艺术生产与物质生产发展的不平衡规律等等，也都同样含蓄地表达了跨越实用的、理智的逻辑思维，远避物质性的社会现实的意向，具有人文知识分子追求自律的独立地位的隐晦含义。

90年代中叶，一位青年学者回首往事说，1980年第一次全国美学会议召开之际，他正在四川某大学读书。当时一些著名美学家应邀顺道来校讲学，"千人大厅座无虚席直至饱和，群情振奋，如春潮涌动"。这一描述绝似四川画家程丛林作于1980年的那幅油画《1978年夏夜——身旁我感到民族在渴望》中的著名场面。这是一些刚刚从穷乡僻壤、从机器轰鸣的厂矿车间一步跨入知识圣殿的莘莘学子，对于他们来说，美学那种远离尘嚣的陌生的思辨话语本身便已经充满魅力，足以为他们提供一种超越的经验。更何况，美学还具备将历史远景转化为当下经验的意识形态内容。

美学与文学的隔膜可以说是相互的。面对美学界这场空前的学术热潮，文学创作界的反应十分冷淡，几乎一片沉默。唯一的例外大概是青年作家陈建功的一部短篇小说《迷乱的星空》(1980)。在作品中，顾志达是一位生长在"右派"家庭的新生代学者，他"寡言、深沉"，对正统美学和文艺理论充满蔑视。顾志达研究"西方美学"，写出了七八篇专论，受到当年留学英国的老教授季纯青的私下叹赏和初露锋芒的文艺界伙伴们的崇拜，但却饱受学界保守势力的排斥，一篇篇理论力作也被埋没。顾志达因此愤世嫉俗，他拒绝考研究生，甚至拒绝发表文章，表示了不与现实体制相妥协的决心。应当说，这种对抗社会环境的人物形象具有政治意味。放在当时相对宽松乐观的美学界来看，其真实性相当可疑。因而，这位顾志达与其说是一位青年美学家，毋宁说更像是某种"斗士"，是文学知识分子依据他们的自我形象而进行改写的产物。

如本书引论所述，依托于书面文化的知识分子在承担社会良心角色的同时，还具有另一种可能性。他们作为一个远离物质生产领域的智识阶层，常常据守在自己自成一体的形象、观念和生活方式之中，据守在自己的阶层旨趣之中，与现实社会和政治保持疏远的距离。相对而言，1980年前后的美学便主要体现了知识分子的这一倾向，它作为50–60年代大讨论、"文革"记忆和新时期人性复归观念的混血儿,与同期关注社会现实的文学相反相成,共同组成着新时期前期知识分子的文化心理结构。

这种由知识分子不同的价值取向、由相反相成的专业话语所组成的文化心理结构,甚至在一定程度上也象征性地体现在同一个人身上。李泽厚是美学热潮中无可争议的核心人物之一,到1981年,他已经出版了四本书,其中两本属于美学:《美学论集》(1980)和《美的历程》(1981)。另两本是《中国近代思想史论》和《批判哲学的批判》(均为1979年)。这就是说,在美学之旁,是他对激烈动荡的中国近代史的关注(以"思想史"为视角),而康德研究和主体性实践哲学的阐述则为这一切提供了一种比较深厚的理论背景。

有趣的是,以美学和中国近代思想史为左右两翼而展开的学术方向甚至在50年代的李泽厚那里,就已经奠定了。1955年,他在发表《关于中国古代抒情诗中的人民性问题》的稍前时候,便已经发表了《论康有为的〈大同书〉》和《谭嗣同研究》。他在1956年的文章除《论美感、美和艺术》之外,还有两篇关于孙中山的政治和哲学思想的研究专论。1957年,他在继续参加美学讨论,撰写《美的客观性和社会性》、《"意境"杂谈》、《关于当前美学问题的争论》三篇论文的同时,也发表了《论康有为的哲学思想》和《〈大同书〉的评价问题与写作年代》等等。"文革"前,李泽厚出版了两本书:《门外集》(1958)辑集了50年代的美学论文,《康有为谭嗣同哲学思想研究》(1958)则是有关康、谭文章的结集。

《中国近代思想史论》汇总了作者50年代和70年代末两个时期的全部有关文章,并在成书时做了"统一修改"。全书"后记"指明了这些文章的意图:

> 之所以应该重视中国近代史的研究,也正是在于中国近百年来的许多规律、因素、传统、力量等等,直到今天还在起着重要作用,特别是在意识形态方面……①

---

① 李泽厚:《中国近代思想史论》,人民出版社1979年,第472页。

值得注意的是，在近于总结之作的全书最后一篇《略论鲁迅思想的发展》中，作者引人瞩目地提出了日后十分著名的"知识分子的主题"，划分并概要地回顾了从辛亥革命到"文化大革命"的"六代知识分子"："总之，这几代知识分子缩影式地反映了中国革命的道路"。①如前文所述，"文革"之后，知识分子阶层跨入历史舞台，介入现实，影响舆论，在社会各方面扮演着日益举足轻重的角色。因而，在新时期刚刚起步的时候，明确地强调地突出这个"知识分子的主题"，正是该阶层的群体自我意识已经或即将高涨的一种标志。

在编写完《中国近代思想史论》之后，李泽厚的思想史研究朝两个方向延展，即古代和现当代。《中国古代思想史论》（1985）里的诸篇论文写于70年代末至80年代中期，在1985年后热闹的文化讨论中扮演了一个重要角色。这部思想史论比较侧重学术性，着眼于古代历史上各种思想、学派、传统的根源、特质和影响。而《中国现代思想史论》（1987）则更贴近现实，政治意味也更为明确。其中的"救亡压倒启蒙"和"中体西用"等等名噪一时的论点和命题，与80年代后期知识界的总体思想走向一道，渐渐对准了"中国向何处去"这个严峻的时代课题。

以上所述当然超出了美学范围。但是，它们对于理解"美学热"的兴盛和沉寂都是必不可少的。在新时期初期，知识分子的关注点以社会政治现实为一端，以超越现实的人性理想为另一端。这两端在知识界主要以文学和美学为标志，在李泽厚个人那里则表现为中国近代思想史和美学研究。实际上，这两端在新时期的最初几年，刚好达到了某种平衡。而到了80年代中期以后，知识分子介入现实的倾向愈来愈占压倒优势，在社会环境和西学思潮的冲击激荡之下，日趋政治化和激进化。那时，暂时的平衡便被打破。就个人来看，李泽厚在80年代初叶以后，在美学方面就再无重要发展，但却在几年之内连续完成了两部思想史论。其中《中国现代思想史论》大致写于1985至1986年，甚至不避

---

① 李泽厚：《中国近代思想史论》，人民出版社1979年，第471页。

"单薄和浮泛",以"几乎每天四小时五千字"的速度进行[①],浮泛躁动的心态由此可见一斑。因此,由于上述情况,从80年代中期以后,美学终于被知识界逐渐冷落。

### (六)方法问题

方法派生于它的对象。简略地说,美学研究的对象首先是美感经验,然后是经由美感经验才能被感知的审美对象,即一般所说的自然美、社会美、艺术美等。由于美感经验是一种内向的身心状态,对它的研究首先应当依靠研究者的自省,即对自己经验的观察。同时,由于审美对象只在美感经验中才能真正具体地呈现(即实现),因而实际投身于美感经验,就成为美学家面对、观察和认知其研究对象——包括美感本身和审美对象——的基本途径。只有通过这个途径,人们才能"触及"对象,获取有关对象的可靠信息,特别是其微妙的差别和意蕴。相反,离开美感经验的途径,任何研究都将是外在的。它们将不同程度地"误读"自己的对象,导致理论解说的任意性。

这样,美学的方法便相应地分为三步:体验→描述→分析。

"体验"的本质是在实际经验某个对象的同时(或之后,下同),对这种经验以及经验的对象进行有意识的观察。这包括两个方面的内容:第一,研究者真正投身于某种经验,例如实际观赏某件美术作品;第二,在实际经历这种经验的同时,对这一经验及其对象进行观察。其实,这也正是"体验"一词的原本含义。例如我们常说"作家要体验生活",就是指作家在与普通人一样经历某种生活的同时,还要清醒地观察、体会和反思这种生活。他既要投身于生活之中,同时又必须超越这种生活,以获得一个冷静的旁观者的角度。在进行体验时,研究者应当尽可能摒弃有关研究对象的先入之见,尽可能与先期获得的有关知识、观点、信念等保持审慎的距离,以获取对象的第一手准确资料。

"描述"是对体验所获得的原初素材进行初步的整理工作,是一个去粗取精的过程。描述的本质是对研究对象的关键环节、要素和细部获得明确的意

---

[①] 李泽厚:《中国现代思想史论》,东方出版社1987年版,第323页。

识,并将这种意识诉诸语言。描述使在体验中尚处于含混状态的信息明晰化和条理化,以便为下一步研究提供准备,可以说这是一个过渡性的步骤。

第三步是"分析"。通过描述,研究者获得了经过初步整理的素材。分析就是对这些素材进行由表及里的研究工作,以发现研究对象的特性、规律或本质。这是美学方法的最后阶段。也只有在这一阶段,在体验和描述的基础上,美学以外的各种方法才能被合理地选择和引用,而不至于偏离美学自身的对象和问题。

上文曾指出,鲍姆嘉滕在创立美学之初,便为这门新学科确立了借以展开的感性经验的基础,并将这一基础写入它的名称。应当说,这是有方法论依据的。

以上讨论为我们辨析"美学热"的方法特点提供了前提。

无论从哪方面看,在新时期,以李泽厚为代表的实践派美学都是一种影响全局的理论,因而可以成为这一阶段美学方法的范例。

在1980年全国美学会上发言时,李泽厚的一段话涉及了"方法论"问题:

> 不能把现象和本质混为一谈。从本质到现象,有一系列中间环节……如果希望拿美的本质就能直接解释一切具体的美的现象,便是在方法论上忽视了这一点。美的本质是不是就等于审美对象(现象)?不等于。①

以后,他将上述观点明确表述为"美"的三个层次:

美 ⎰ 审美对象(美是主观意识、情感与客观对象的统一)
　　⎨ 审美性质(美是对象的客观自然性质)
　　⎩ 美的本质=美的根源(美是人类实践的产物,它是自然的人化,因此

---

① 李泽厚:《美学的对象和范围》,《美学》第3期(1981年)。

是客观的、社会的）①

　　李泽厚以这"三个层次"总结了朱光潜（审美对象）、蔡仪（审美性质）和他本人（美的本质）的学说，吸收、综合了对立派别的观点，形成了实践派美学最成熟的表述形态。

　　李泽厚承认，审美对象之所以能够出现或存在，之所以能使人感受到美，的确需要一定的主观条件，包括具备一定的审美态度、人生经验、文化教养等等，"在这里，审美对象……与审美经验经常难以分割。"②这是朱光潜的合理方面。同时，另一方面，审美对象之所以能够出现或存在，还要有客观方面的条件和原因，"即审美性质的存在或潜在"。③因此，尽管饱受嘲笑和冷落，但这仍是蔡仪学说无法被消解的合理内核。

　　但为什么某些形式规律，为什么一定的比例、对称、和谐、多样统一等等，就会具有审美性质呢？为什么它们能够普遍必然地给予人们以审美愉快呢？李泽厚援引格式塔心理学指出，由于"事物的形式结构与人的生理－心理结构在大脑中引起相同的电脉冲，所以外在对象和内在情感合拍一致，主客协调，物我同一"。④

　　李泽厚强调指出，人的这种同构反应正是人类生产劳动和其他生活实践的漫长历史成果，"是通由长期的生活实践（首先是劳动生产的基本实践），在外在的自然人化的同时，内在自然也日渐人化的历史成果。亦即在双向进展的自然人化中产生了美的形式和审美的形式感"。⑤这种"人化的自然"正是他所谓的

---

① 李泽厚：《美学四讲》，三联书店1989年版，第62页。四讲内容系80年代初旧有观点的系统表述，并非作者80年代后期的新见。正如该书"序"所说："近年心意他移，美学荒弃"。故以下分析以该书为依据。
② 同上，第57页。
③ 同上，第57页。
④ 同上，第58页。
⑤ 同上，第60页。

"美"的本质或根源。

这样，如上所述，从美感经验与之直接交流互渗的审美对象，到独立于美感的客观存在的审美性质，再到审美对象之外的物质实践活动，或者借用朱光潜的话来说，从"物的形象"到"物本身"，再到"物本身"背后的人类生产劳动，实践派美学层层递进式的思考焦点一步步偏离美学自身的问题，进入有关人类起源和本质的哲学人类学范围，这正是李泽厚美学的基本领地。

以上引文表明，李泽厚从"方法论"角度对审美现象与本质的关系有着特殊的理解，"从审美对象到美的本质，这里有问题的不同层次，不能混为一谈"。①但实际上，依照这样的理解，"本质"便成为"现象"之外的异在者，它游离于美感经验的视野，成为理论臆想的对象，成为思辨哲学的专宠之物。因为，这种探讨既不需要从美感经验的基础出发，也不需要回到这种基础，以接受验证。李泽厚曾多次表露对柏拉图"理式"说的兴趣，并自许"要用主体性实践哲学（人类学本体论）来回答柏拉图提出的美的哲学问题"。②实际上，他本人的学说立场与柏拉图的"理式"哲学之间倒恰好存在着一种"同构对应"：从审美对象到审美性质再到美的本质，美感经验所真正面对的活生生的"对象"与它的"本质"隔着三层，成了影子的影子。

应当指出，李泽厚派的美学往往具有恢宏的构架和巨大的命题。但是，另一方面，它们却往往缺乏感性经验的基础，因而常常流于一种理论幻想，一种思辨的形而上学。这种方法论的形而上学与新时期美学的意识形态功能相辅相成。前文已指出，审美意识形态的根本动力是新时期知识分子的人性复归理想，其兴趣所在并不局限于专门的学术研究。因此，对于同现实保持"想象性"关系的意识形态来说，主观的抽象思辨，绕过"现象"以构建"本质"，就成为它所能够借重的最适宜的"方法"。值得注意的是，在新时期，实践派美学已占据绝对优势，50－60年代的那种一流美学家之间彼此严格的质疑辩难已不复再见。这种一

---

① 李泽厚：《美学四讲》，三联书店1989年版，第61－62页。
② 同上，第62页。

家独尊的局面也使上述形而上学在美学界内部缺少应有的制约力量。

在新时期,形而上学方法使美学愈来愈成为人文学术界内部的一个幻想领域。美学超出了自身学科的合理界限,大而无当,充斥着空泛的概念和命题。它热闹非凡,却缺乏相应的实绩。这种局面为80年代中期以后令人眼花缭乱的各种"新方法"的引进,准备了土壤。

## 四、失衡的语境

### (一)小说的分裂

1985年,文坛的断裂公开化了。与新时期前期小说相区别,新潮文学"回归"于自身的艺术本性,语言、意象、技法、结构、叙述方式……受到优先考虑。涌现出了莫言、马原、残雪、余华、何立伟、洪峰等新型小说家。他们提倡"作品应与生活有一段距离"。[①]他们的小说不再有意指涉什么现实的社会问题,原先的"写什么"让位于现在的"怎么写","问题小说"让位于"文体小说"。文学迅速脱离原先作为其母体的社会现实,趋于纯粹和自足,退化为一种自我封闭的文本体系。这种情况被人们称作新时期文学的"向内转"和"小说文体的自觉"。

马原是一个在小说叙述结构方面备受关注的作者。他的名篇《冈底斯的诱惑》(1985)讲述了三个彼此无关的独立的"故事":观看天葬、探寻野人踪迹以及顿珠、顿月和尼姆的爱情婚姻。传统小说中的主题、人物、情节在这里仅仅是一系列淡化的虚影,被凸显的反而是小说的叙述本身。在作品中,叙述角度不断扭转和断裂,表现为叙述人称的不断变换、作者话语的直接介入以及彼此毫不相干的故事的罗列。这种情况使得在传统小说中一向被沉埋在主题、人物和情节等要素之下的结构——即叙述本身,凌驾于诸要素之上,明确地呈示

---

① 徐怀中、莫言等:《有追求才有特色——关于〈透明的红萝卜〉的对话》,《中国作家》1985年第2期。

在读者面前。马原的西藏系列小说大抵如此,它们曾被当时的新潮批评家簇拥叹赏,获得了过高的估价,这里不值得过多评议。应当指出的仅仅是,马原的文体实验使传统小说遭到无情的肢解,在其表面的智力和文字游戏之下,由叙述的扭转和断裂所透露出来的正是一种可称之为"叙事危机"的情况。

如前文所说,叙事在本质上是一种解释体系,它将分散的、杂多的经验现象纳入到整合性的结构当中,使片段在整体中得到阐释并获得相应的确定意义。因此,1985年以后,以马原为例子的小说叙事的裂解、颠倒和错置,便令人油然联想起"文革"后期的有关情形。那时,青年一代的现代主义诗歌探索以及那一批在形式上支离断裂的作品,正是他们内心世界的真实写照。因此,仅从"叙事的危机"我们也可以断言,新时期前期以人道主义为中心的知识分子的世界观曾经支撑了伤痕文学、反思文学和改革文学的连续展开,然而,短短几年时间,这种世界观在新潮文学家的内心,却已经无可挽回地瓦解了。一种怀疑主义的精神重新弥漫开来,新潮文学家们不再自信拥有解释世界的能力,他们声称:"一个人的全部生活几乎全是由这样的缺乏联系的细节构成"[1]因此,85新潮在艺术形式方面的种种荒诞不经的表现,均有着更为深层的依据,或者说是先前依据的动摇和丧失。由于这种原因,新时期前期文学(伤痕、反思、改革)的演进终于遇到了阻碍,时代精神为之一变,80年代跨入了它的后期。

新潮文学将触角从外部世界缩转向内心,转向作品内部。它们作为能指在失去指涉对象(社会现实)的同时,也失去了阅读主体——许多人阅读小说的经历终止于1985年。至此,小说从广大社会阶层共享的普遍的体裁和一般知识分子的共同语言,迅速转变为专业话语和特殊的体裁,渐渐失去了"轰动效应",局限于一个个远为狭小的圈子,"于是有人干脆提倡起划圈子来了"。[2]

与新潮小说同时,文学批评也经历了一个大致同步的过程,即从外部的社会

---

[1] 许振强、马原:《关于〈冈底斯的诱惑〉的对话》,《当代作家评论》1985年第5期。
[2] 阳雨:《文学:失却轰动效应以后》,《文艺报》1988年1月30日。

政治批评（例如，"歌德"与"暴露"的争论从理论上确立了新时期文学的社会批判功能），转变为1985年以后占据主流的所谓"新潮批评"（讲究专业方法和术语，注意文学的特性以及批评家自身的写作文体，等等）。新潮批评与新潮小说同气相求，这大概就是所谓"圈子"的形成。

应当说，小说从普遍的体裁退变为某种专业话语，这一文体盛衰的消息同前述诗歌的经历一样，具有相似的含义。它们先导性地预示了某种社会历史的变迁：即新时期知识分子终于脱离宏大的社会角色，从该阶层的最高职能（承担社会良心）回到最低职能（掌握书面文化），回到平淡的散文写作和专业学术领域。这将是90年代初的局面了。

总之，文学回到自身，原先作为文学核心内容的社会现实被当作某种异物排除出去。实际上，在1985年以后，小说的功能发生了分化：一方面，小说专业化了，它被还原为艺术形式上的实验、探索、玩赏，收缩为一种特殊体裁。小说家在很大程度上变成写作技师（例如，马原的作品被称为"技术小说"），退出了先前作为社会良心的知识分子角色。另一方面，小说在新时期前期参与现实、关注社会政治问题的功能，则传递给了正在重新崛起的另一种叙事体裁，这就是报告文学。

报告文学的黄金时代始于1985年小说转型之后。此前，新时期初叶拨乱反正所带来的社会生活的逐步平稳和小说艺术的日益成熟，曾使以"写人物"为主要形式的报告文学一度步履艰难，甚至"渐趋沉寂"。[①]然而，80年代中期以后，城市改革所导致的社会生活的急剧变迁，使大量长期积累、沉埋着的社会问题暴露在公众面前。同时，日趋精致的专业化的小说又不再——也无力继续承担原先的社会职能。由于这种情况，"大约从一九八五年后半年开始，新时期报告文学在经历了短暂的沉寂之后突然兴盛起来"。[②]报告文学作为"另一种叙事体裁"异军突起，迅速走向复兴，继而全面繁荣。在小说退出公众视野，失去

---

① 徐学清等：《新时期报告文学之一瞥》，《当代文艺探索》1987年第1期。
② 参见谢泳：《论近期报告文学主题的转移》，《山西文学》1988年第4期。

"轰动效应"之后,"报告文学以它极富魅力的风采吸引了千百万读者"。①

1986年,《中国的要害》(赵瑜)、《唐山大地震》(钱钢)、《中国的"小皇帝"》(涵逸)、《北京失去平衡》(沙青)和《阴阳大裂变》(苏晓康)等报告文学名篇接连问世。从1987年底开始,全国百家期刊联合发起所谓"中国潮"报告文学征文活动,到1988年6月,发表征文超过三百篇。继1986年之后,1988年再度被恰当地称为"报告文学年"。

报告文学作家对小说界的不满是明显的,麦天枢针对小说的情况指出:"中国的文学出了些毛病,文学界的人太囿于文学来考虑问题了,根本不把文学放到整个社会生活中……"②于是,新时期前期小说指涉现实的功能便历史地落到了报告文学的肩头,由它全面继承和强化。报告文学替代了小说,成为又一种普遍体裁。在写作方式上,它突破了在新时期前期以"写人物"为主的狭小格局,将视点集中于重大的社会事件和公众广泛关注的社会问题。在80年代后期,报告文学将宏阔的视野与细部描述结合起来,将文学手法、专业知识、社会批判和文化哲学的反思熔为一炉,创铸成空前综合的巨型体裁。从小说那里排除出来的社会现实,被报告文学纳入到自身更为适宜的表现形式中。

因此,《白夜》(麦天枢)、《阴阳大裂变》(苏晓康)触及了性、恋爱、婚姻问题,《国殇》(霍达)、《神圣忧思录》(苏晓康、张敏)写照了知识分子和教育危机的现状,《中国体育界》(尹卫星)、《强国梦》(赵瑜)揭示了中国体育的误区和体育体制的隐患,《世界大串连》(胡平、张胜友)思考了人才流失,《洪荒启示录》(苏晓康)报告了河南水灾,《黑色的七月》(陈冠柏)将透视的焦点对准牵动亿万人心的一年一度的高考……社会问题小说的主题、题材和领域在这里被放大和落实,在这两种体裁之间存在着明显的传承关系。于是,苏晓康、钱钢、贾鲁生、麦天枢、尹卫星、赵瑜等报告文学作家继新时期前期小说家之

---

① 朱建新:《面对方兴未艾的报告文学世界——报告文学家、评论家对话会纪实》,《文学评论》1988年第2期。

② 《1988·关于报告文学的对话》,《花城》1988年第6期。

后，成为新一代文学知识分子的代表。

　　本书第1章指出，"文革"后期的现代主义诗歌曾经凝聚着青年一代的怀疑主义精神，由此成为一个时代的体裁。新时期伊始，由于新叙事模式的形成，诗歌迅速让位于总结历史、参与现实的中短篇小说。到80年代中期，报告文学抛弃了小说虚拟的人物、情节的中介，以更直接的赤裸的方式跃入现实社会的前沿。有趣的是，知识分子的时代感受和关注的重心总是不断突破原有的文体形式。我们可以黑格尔式地将这种现象表述为：这是一个社会内容不断超越原有艺术形式的过程，是一个知识分子的社会政治关怀或时代的使命感日趋高涨满溢，而艺术的审美的因素却相应逐渐删减淡化的过程。

　　在80年代后期，针对报告文学的有关批评（如"空泛"、"轻率"等等）一直不绝于耳，但是，这一新的普遍的体裁仍然越来越有意识地追求一种恢宏壮阔的气度，一种巨型的叙述构架，力图"全景式地"审视它所面对的每一个特定社会问题。报告文学作家笔下的每一个问题都被联系于它所在的整个社会环境及其文化传统，乃至于被归结为整个社会政治体制的弊端。因此，那个时期的每一篇报告文学作品，几乎都是一份从特定问题匆忙出发的激进的社会改革备忘录……

　　至此，我们可以总结说，1985年文坛发生断裂，一方面是艺术形式的畸变和扭曲，另一方面是现实内容的空前膨胀，新潮小说与报告文学分道扬镳，相继从形式和内容两端，打破了新时期文学原有的暂时平衡。或者说，前期文学（伤痕、反思、改革）内容大于形式的格局，如今由报告文学（作为普遍的体裁）与新潮小说（收缩为专业话语）以更为分裂的方式体现出来。原有小说的裂解导致了文学知识分子的严重分流，而这种分流仍然可以按照前述依托于书面文化的知识分子的两种可能性来理解。也就是说，一方面，部分作家脱离新时期文学批判现实的固有传统，据守隐晦冷峭的象牙塔。另一方面，更大数量的知识分子以报告文学作家的身份，以浮躁激烈的政治热情，跻身社会大舞台。报告文学取代小说，成为知识分子干预社会的新的共同语言。这种情况当然寓含多重意义，但可以肯定的一点是：与1980年前后相比，知识分子阶层以激进的姿态进一步贴近于现实政治。

至此,"美学热"兴盛初期的语境发生剧变。背景移换,角色更迭,当帷幕再度拉开的时候,身处80年代后期的美学已经不可挽回地跌入了低谷。

## (二)三种理论、一个人物

本书第1、2章分别勾勒了"美学热"兴盛的文学语境和哲学语境,依照这种体例,我们在描述了1985年以后文学的形势之后,便应当转入理论领域——在这一时期,取代人道主义讨论的是遍及知识界的文化讨论。但是,在着手考察文化讨论之前,作为一种过渡,我们先留心一下文艺理论界的有关情况。这样,呈现在我们面前的有三种理论:性格组合论、主体论、新方法论,这三种理论现象都密切地联系于同一个人物,即刘再复。

在《论人物性格的二重组合原理》一文中,刘再复写道:"任何一个人,不管性格多么复杂,都是相反两极所构成的。"①这种正反两极,被归结为所谓灵与肉、肯定与否定、积极与消极、善与恶、真与假、美与丑,等等。"任何性格,任何心理状态,都是上述两极内容按照一定的结构方式进行组合的表现。性格的二重组合,就是性格两极的排列组合。""两种力的相互冲突、因依、联结、转化,便形成人的真实性格。"②这以后,刘再复又接连发表了有关文学人物性格组合的系列论文,并扩展为专著《性格组合论》(1986)。

在1985年前后,这一新的性格学说产生了戏剧性的影响,论争激烈。除去白烨的《老问题的新解求:评刘再复〈性格组合论〉的系列论文》、朱立元的《论典型的复杂性与审美价值——兼评刘再复同志的"二重组合原理"》以及周来祥等人的《论艺术典型的历史形态——兼评刘再复同志的"性格二重组合论"》等一大批评论或商榷文章外,刘再复论文发表不久,《文学评论》便刊发了一组关于"人物性格二重组合原理"的来稿综述,《丑小鸭》专门组织了座谈会,并在会后编发了《关于"人物性格二重组合原理"的座谈纪要》,《作品与争鸣》、《飞天》、《青年评论家》等杂志相继刊登争鸣综述,甚至《人民日报》、

---

① 刘再复:《论人物性格的二重组合原理》,《文学评论》1984年第3期。
② 同上。

《福州晚报》、《大众日报》等报纸也很快发表了消息或文摘。

按照文艺学的一般分类,"性格组合论"原本属于传统的典型形象塑造范围,这本是现实主义文艺理论的重要领地。以今天的眼光看,"性格组合论"只是一种浅泛的印象式的归纳加上生硬的科技名词的拼贴,基本上尚处于前理论的阶段。它在1985年以后一两年内的剧烈反响——以至于一部《性格组合论》在短短半年之内便累计发行达30万册以上,只能反衬出当时文艺理论界本身的停滞和贫乏。

但是,应当认为,"性格组合论"又远远溢出了典型理论的纯学术领域,而透露着某种时代转折的消息。《性格组合论》的作者在"自序"中申明该书是"人的研究"的一种形式,并在"导论:关于人与文学的思考"中,以"关于人的反思"为前导,激烈反对了"物本主义"和"神本主义"。因而实际上,"性格组合论"正可以看作是前一时期的抽象人性学说在80年代后期的某种延展。如前文所述,在新时期初期,人性曾被归结为自然与社会、感性与理性等方面的和谐或平衡,这作为1980年前后新人性理想的内涵,不仅成为当时"美学热"的基本观念,而且,在同期的大量文学创作中,也获得了某种程度的表现。当时的作家们塑造了一大批或高大或完美的人物形象,例如罗群,例如陆文婷,例如乔光朴,等等,都不愧是一些大写的"人"。

因而,如果我们把"性格组合论"视为一种新人性学说的具体形态,那么,值得注意的便是,在这里,先前的自然与社会、感性与理性等方面的和谐与平衡,已经剧烈地倾斜了,它们被善与恶等等正反因素的对立冲突所取代,所置换。人性的不和谐的一面,人性"恶"的阴暗的一面,到80年代后期愈来愈被承认,被强调。这大概便是上文所说人道主义理想的瓦解在理论领域的一种表现吧。在这里,有必要再次回顾一下与"性格组合论"同期问世的新潮文学。

在韩少功、莫言、残雪、洪峰、余华、马原等人的作品中,透过怪诞、奇诡的文体形式,展露出来的恰好是人性的骇人听闻的丑陋、污秽、残酷和血腥。例如,莫言的《红高粱》精细描绘了罗汉大爷被剥的全过程:不成形状的嘴巴,酱色的头皮,肚子里的肠子蠢蠢欲动,整个身体被剥成一个肉核,周围漫天飞舞着葱绿的苍蝇……人们被这种种意象"折磨得浑身颤栗",当时的批评家们纷纷将这些创作倾向总结为"审丑意识"、"人性恶的揭示"或"人性表现的倾斜",等等。

因此,"性格组合论"标志着人性观念在80年代后期的重要转变。原先素朴的、温情脉脉的人道主义理想遇到了疑难,在赤裸裸的人性"恶"的映照下似乎黯然失色。这不但是导致上述文坛断裂的原因之一,而且,对于本书来说重要的是,持续数年的"美学热"的人道主义基础也因此被釜底抽薪。所以,尽管"性格组合论"本身并不具有多少学术意义,但作为新时期人文思潮的一个表征仍然有必要严肃对待。

主体论是刘再复在文艺学领域围绕"人的研究"倡导的又一种新观念。

人们曾经指出,刘再复的文学主体论直接来自李泽厚的主体性实践哲学。但实际上,平心而论,这两种理论几乎仅限于概念上的移用,在实质内容上的确大相径庭,关系甚微,这里不遑赘述。

1985年7月,刘再复在《文汇报》发表《文学研究应以人为思维中心》,简略地提出了文学主体性的问题。很快,首先在《文汇报》上,不同意见便展开了争鸣。接着,刘再复的长文《论文学的主体性》在《文学评论》1985年第6期和次年的第1期上连载。关于"主体性"的重大意义,该文宣告:"……强调主体性,就是强调人的能动性,强调人的意志、能力、创造性,强调人的力量,强调主体结构在历史运动中的地位和价值。"至于文学的主体性原则,"就是要求在文学活动中不能仅仅把人(包括作家、描写对象和读者)看做客体,而更要尊重人的主体价值,发挥人的主体力量,在文学的各个环节中,恢复人的主体地位……"[①]该文认为,文学主体包括三部分:一是作为创造主体的作家;二是作为文学对象主体的人物形象;三是作为接受主体的读者和批评家,等等。

作为一种理论,《论文学的主体性》的矛盾、重复和空泛程度,与"性格组合论"相比大概有过之而无不及。但这一理论也几乎同"性格组合论"一样,

---

[①] 刘再复:《论文学的主体性》,《文学评论》1985年第6期。

在发表之后反响剧烈,甚至更具"政治"色彩。

先是陈涌在1986年4月,在《红旗》杂志上发表《文艺学方法论问题》,比较系统地评论了刘再复近期的有关文章,其中第二部分主要涉及主体论。陈涌指出:"刘再复同志在他的文章里反复谈到了'自我实现'、'主体性'、'能动性'等等,但却忽视了所谓'自我实现'或'行动着的人'发挥主体能动作用的基础和前提。"①陈涌因而重申了关于一定的社会历史条件对人的无所不在的制约这一历史唯物主义观点,试图恢复严重倾斜了的主体与客体之间的平衡。文章的结束语不无忧虑地写道,这种对马克思主义原理弃之不顾,甚或加以贬斥的做法,不是一个小问题,而是"一个关系到马克思主义在中国的命运,关系到社会主义文艺在中国的命运问题"。②

陈涌文章发表后,引发了一场左翼理论家与自由主义倾向的知识分子的论战,这成为当时文艺界、学术界的一个焦点。甚至香港《大公报》也及时介入,发表报道和专访,称从陈涌的批判文章中"又嗅到了十年前'两报一刊文章'的气味"。随后,《红旗》杂志编选争论双方的代表性文章,在辩论尚在继续的时候便出版了《文学主体性论争集》(1986)。

论战结果尽在意料之中。刘再复的一系列观念广为散播,并实际上被知识分子刊物《读书》额首肯定为"我们时代的文艺理论"③。而"主体性"一词也不胫而走,成为知识界在1985年以后使用最广泛最流行的一个基本概念。

主体性问题为什么能如此影响广泛,如此牵动人心呢?

实际上,当时的论辩双方并未仅仅相持在纯理论的层面上,而是都隐约地表露了学术之外的某种意图。陈涌的忧虑已如上述。此外,站在主体性理论一侧的论辩者敏感地提到了知识分子问题,指出:"几十年来,在人们的观念里,

---

① 陈涌:《文艺学方法论问题》,《红旗》杂志1986年第8期。
② 同上。
③ 参见林兴宅:《我们时代的文艺理论(评刘再复近著兼与陈涌商榷)》,《读书》1986年第12期、1987年第1期。

认为知识分子同工农大众比起来……是不安定的因素；在知识分子当中，文化界的知识分子是最不安定的因素；而在文化界的知识分子当中，又以文艺界的知识分子为不安定因素之最。"①另一位论者则反省了主体性理论产生的社会必然性："今天的公民，已不再是'文革'中被任意驱使、践踏的玩偶或尘土"，而是正逐步"从政治、经济到思想全面寻求解放的自由的人。他们的思想、人格、价值、尊严、地位开始受到尊重和保护，他们满怀着自尊、自信、自爱、自强的心理和气质。一句话，人的主体地位和主体意识得到了强化"。②

在十年后的今天，如果我们删去当初的皮相之谈和偶然因素，将上述知识分子问题与主体性理论的社会基础问题联系起来看，那么，就可能获得一种或许更符合事实真相的结论。如前文一再所说，"文革"结束以来，在社会各阶层当中，知识分子的地位和影响迅速上升，他们由原先被歧视、被抑制、被改造的阶层，一跃而步入历史的前台，持续地发出独立的声音。由于多种原因，这一趋势在1985年以后更为高涨。1986年8月23日，《文汇报》发表邓伟志的《对知识分子的评价能否再高一点？》，文章提出知识分子不仅仅是工人阶级的普通的一部分，而是工人阶级当中富有创造力的一部分，它最能代表先进生产力，"一句话，知识分子是工人阶级中的中坚"。此后，人们开始广泛使用"精英"或"知识精英"来指谓知识分子，对他们在文化、社会乃至政治领域的作用越来越寄予厚望。几乎与此同时，有关知识分子独立人格和群体的批判意识的主张和呼声也滚滚而来……③

因此可以说，在80年代中、后期，知识分子的"主体地位和主体意识"得到了最为引人瞩目的空前的提高。他们在文艺和思想领域酝酿了一个个运动，他们一方面探索着艺术形式，另一方面介入社会，批评时政，以至于在其他阶

---

① 王春元：《文学批判和文化心理结构》，《红旗》杂志1986年第14期。
② 汤学智：《关于主体性问题的几点看法》，《当代文艺探索》1986年第4期。
③ 参见曹维劲、魏承思主编：《中国80年代人文思潮》中的"精英治国的论争与批评"部分，学林出版社1992年版。

层相对沉默的时期，率先成为"主体"。而在这一过程中，文艺界的知识分子又扮演了某种先驱的角色。因此可以总结说，主体性理论在知识界之所以能够如此反响剧烈、如此深得人心，正是由于这种理论隐晦而又恰切地表达了处于上升阶段的知识分子的自我期许。在这一理论中，主体凸显出来，高居于客体（实即社会环境、国家、民众等等）之上，新时期初期主体与客体的原有平衡终被打破。因此，虽然空洞浮泛，但由于有着上述深刻的社会根源，所以这种理论主张并不能被另一种理论（尽管在学理上也许更为正确）所轻易校正。

本文第2部分认为，抽象人性论的一个潜在结论是：以普遍的"人"取代阶级的"人"，将使原有的政治集团面临失去自身阶级基础的前景。主体性理论是"人"的学说的进一步展开，它作为80年代中后期知识分子自我意识的一种形式，为原先普遍的"人"的图景注入了新的内容：这里不再是千人一面，在原先的抽象的"人"当中，知识分子已压倒群芳，转型为、上升为"主体"或曰"精英"，一个新的"领导阶级"已经呼之欲出了。

上述性格组合论和主体性理论均属于文学的新观念，与新观念相辅相成的是新方法。在当时，这两种"新"构成了文艺理论界激进的两翼。在1985年前后，围绕"新方法论"形成了又一轮理论浪潮。

在这一时期，引进和运用新方法（首先是自然科学方法）研究文艺问题，蔚然形成风气。有关文章成批涌现。同时，全国文联、中国社会科学院、中国艺术研究院等所属有关单位和部门，分别在北京、扬州、厦门、武汉、桂林、西安等地召开了文艺理论与方法论问题的学术研讨会，影响广泛。为此，1985年被普遍称为"方法论年"。

在新方法的引进和运用方面，刘再复是一位积极倡导者。在《文学研究思维空间的拓展》一文中，他指出："近年来我国的文学研究出现了许多新的气象，尤其在方法论方面有了更显著的进展。""新的方法论的介绍和运用，目的在于从更深的层次上理解文学自身各方面的本质特征，更深刻地揭示文学历史发展进程，以促进文学创作与文学研究的繁荣。"①

这些新方法最初主要是一些自然科学方法。那些先前使用传统方法的文学研究者们，似乎在一夜之间便刷新了各自的"知识结构"，纷纷高谈阔论着远离自己专业领域的系统论、控制论、信息论、耗散结构理论、测不准原理、模糊数学等等名目繁多的"方法"。在人文学科的上下文中，像"系统质"、"系统稳态"、"对位效应"、"模糊集合"、"自组织的协同性"，诸如此类的科技名词显得佶屈聱牙，它们不仅未能使文艺学获得任何实质的进展，而且，这些名词以及由它们所标志的方法的运用，恰恰使研究对象独具魅力的人文内涵流失殆尽。其实，倘若使用恰当的人文语言本可以将所要表达的意义叙述得更完整、更确切。那么，为什么会出现这种现象呢？以今天的眼光看，这些科技名词在表述新方法的同时，实际上还表达了文科知识分子的某种意识形态指向和含义，诸如"科学"、"现代"、走向世界"、"二十一世纪"等等。在1985年的中国文艺理论界，"科学"就是意识形态。

在这一阵阵灼人的热浪中，马列学者就新方法论对马克思主义的冲击表示了种担忧，如陈涌文章已在上文涉及。此外，从人文学科内部也传来了清醒的声音："自然科学的方法原则并不能在人类思维的任何领域都发挥同等重要的作用，不能希望用自然科学方法来取代人文科学的方法论。""由于在自然科学和人文科学中，'精确性'、'科学性'、'定量'、'定性'等等概念的含义根本不相同，所以我们不能要求文学研究结论具有自然科学结论那种一千个人可以重复一千次的经验性。"②

自然科学与人文学科在方法上的区分，是一个从19世纪德国新康德主义哲学和狄尔泰的解释学以来的经典问题。但1985年新方法论的倡导者们似乎尚未掌握这份知识。在这里，需要指出的是：新方法论现象与知识分子的一个传统

---

① 刘再复：《文学研究思维空间的拓展——近年来我国文学研究的若干发展动态》，《读书》1985年第2、3期。

② 徐贲：《哲学和文学研究方法论》，《文艺研究》1985年第10期。

误区有关。如本书引论所说，空泛的普遍性本是书面文化的一个固有局限。依托于书面文化的知识分子常常流于一种空洞的、抽象的普遍性。这使他们往往倾向于按图索骥，纸上谈兵，缺乏具体的针对性，从而误读现实，偏离所要解决的真正问题。他们嗜爱普遍原理和方法，却常常忽视具体问题的特殊性和复杂性。这种情况在中国近代以来的政治、文化和学术领域曾屡见不鲜。应当说，1985年的新方法论热潮使知识分子们重蹈了这一覆辙。日后接踵而至的各种西方文论的传播与运用，从精神分析、结构主义、符号学、叙事学到解构主义、新历史主义和后殖民主义等理论和方法，在很大程度上仍未走出这一误区。

总之，新方法的倡导者们渴望以一种现成的普遍方法使具体问题就范，并以此代替真正的研究。似乎只要采用了新的方法，新成果就会奇迹般地源源而来。然而实际上，对于文艺学来说，真正的研究工作应当首先是对诸多文艺现象的悉心观察和体会，同时辅以对以往有关经典的大量阅读。应当认为，这才是文艺学研究真正艰苦的基础性工作，是一道铁门槛。只有凭借这一工作，研究者们才能逐渐积累感受、经验和知识，形成自己的问题和对问题的看法。也只有在这一过程中，真正切合问题的解决方法才能诞生和成熟。不能把复杂的学术研究简约为现成方法的选择和运用，不能用方法或观念的更新取代艰苦的学术探索。实际上，新方法论现象暴露了一种以既定的方法（普遍性）偷换特定问题的急功近利的投机心理。这种心理在1985年以后蔓延开来，遍及学术、文化和政治经济领域。

### （三）文化大讨论

与文艺理论界的上述三个热点相比，80年代中、后期的文化讨论弥散于整个人文知识界，无疑更带有全局性质。应当说，这是继新时期初期的异化、人性和人道主义浪潮之后知识分子的又一场大讨论。而从哲学到文化，则似乎构成了一个从抽象趋于具体的行程。据当时统计，仅从1985年初到1986年中，全国各主要报刊便刊发了二百多篇论述文化问题的文章。文化、传统和中西比较成了激动人心的话题，各种热烈的会议、讲座、争辩在老、中、青三代学人中间此起彼伏，其空前之盛况至今犹历历在目。

在大致区分出来的"儒学复兴"和"全盘西化"两种走向中，青年知识分子主要聚集在后一面旗帜下。《文化：中国与世界》丛刊的创刊号上，以篇首位置醒目地刊登出了《八十年代文化讨论的几个问题》一文。这是一篇宣言式的论文，写作于1985年后期，它的两个主干部分曾以《说中西古今文化之争》和《传统、时间性与未来》为题分别发表（《北京大学》校刊1986年1月16日和《读书》杂志1986年第2期），在青年学人中间名噪一时。

作者首先回顾了中国近代以来有关中西文化的讨论，认为在辩论中，真正的问题已经被置换了："中国文化与西方文化之间的地域文化差异常常被无限突出，从而掩盖了中国文化必须从传统文化形态走向现代文化形态这一更为实质、更为根本的古今文化差异的问题。"[①]也就是说，中西之间的文化差异主要不是地域的，而是时间的。由此，作者引入了"时间性"概念。

他认为，以往通常把"传统"等同于"过去"，这样，所谓"传统"就只是"过去已经存在的东西"。文章严厉地抨击这种传统观，认为这正是以往许多争论的症结所在。与这种传统观完全相反，作者宣称："传统"是流动于过去、现在、未来这整个时间性中的一种"过程"，而不是在过去就已经凝结成型的一种"实体"，因此，传统的真正落脚点恰是在"未来"而不是在"过去"。这就是说，传统乃是"尚未被规定的东西"，它永远处在制作之中，创造之中……[②]

因而，按照这种"未来化"的传统观，"继承发扬'传统'的最强劲手段恰恰就是'反传统'！因为要建立'现代'新文化系统的第一步必然是首先全力动摇、震荡、瓦解、消除旧的'系统'……这个使命历史地落在了八十年代中国青年知识分子的肩上"[③]。

实际上，我们可以说，"传统"是一种巨大的社会存在和意识。它源远流长，从"过去"传递至今。它长期被证明有效，因而被深深镌刻于人们的行为、风习、语言、观念、情感之中，从典章制度直至无意识的底层。它每时每

---

① 甘阳：《八十年代文化讨论的几个问题》，《文化：中国与世界》第1期。
② 同上。
③ 同上。

刻都在通过自然淘洗而延续着，但无论它的持存还是变更，却都不以人的主观意志为转移，否则，必遭反弹。

然而，在上述"未来化"的传统观中，"传统"已被阐释为某种无足轻重、屈从于超凡主体意志、可以被任意塑型的"质料"。作者标榜"时间性"（现象学的基本范畴），以此作为立论基础，但他的这种夸大自我意志的"主观性"立场，从学术源流上说恰恰是前现象学的。在中外文史知识相当贫乏的条件下，作者似乎以为仅仅凭借一些抽象的现代西方哲学理论，就可以在古今中西之间广袤的文化开阔地上恣意纵横。应当认为，这种立场和现象，包括其天马行空、狂态可掬的文体，正好为前述知识分子主体性理论产生的社会根源，提供了一条注解。

但是，新生代学者的急进态度在当时又是有针对性的。1984年，北京的一批专治中国古代思想史、文化史的著名学者发起成立了中国文化书院。梁漱溟、冯友兰、任继愈、庞朴等老师宿儒纷纷出场。他们的学术积累已臻于炉火纯青，往往能厚积薄发，取精用宏。1985年初，华裔学者杜维明在北京大学讲授"儒家哲学"。他援引东亚"四小龙"的经济腾飞，倡导"儒学第三期发展"，反响强烈。在部分学者中间，弘扬中国传统文化似乎成为主旋律。

"儒学复兴"的主张在新生代理论界遭遇猛烈抨击。甚至刚刚出版《中国古代思想史论》的李泽厚也感受到了压力。他在继著名学者黎澍之后阐述"西体中用"论的同时，特地撰文申辩，以免自己被"一些青年朋友"误解为"所谓'新儒学'的同道"[①]。因此，尽管"儒学复兴"的支持者们拥有远为深厚的学术根底，但在80年代后期激进改革的社会政治空气下，"西化"论仍然越来越成为知识界的某种主流倾向。只是到了90年代初叶，在中西讨论中一度被抑制的传统学术文化才在社会震荡之后，在学院知识分子当中，以"国学热"的形式再度回升。

---

① 李泽厚：《关于儒学和新儒学》，复旦大学历史系编：《中国传统文化的再估计》，上海人民出版社1987年版，第243页。

在文化讨论中，新生代理论界的一个流行观念是：广义的"文化"包括由浅入深的三个层面：器具、制度和精神（狭义文化概念）。上述《八十年代文化讨论的几个问题》认为，自"文革"结束以来，中国社会经历三步"才走到文化这个问题上来"，即首先是对外开放，引进发达国家的先进技术；随后，是加强民主法制并进行经济体制改革；最后，狭义的文化问题才被提出。这三步似乎正是"文化"三层面的逻辑展开。作者大概仍被笼罩在黑格尔式的"逻辑与历史"相统一的思辨哲学影子之下，认为上述三步"就是今日'中国文化热'和'中西比较风'的真正背景和含义"。①

实际上，如前所述，新时期初期的人道主义浪潮与这场文化讨论一样，也曾波及整个人文知识界。它以异化和人性复归的模式重述历史并展望未来，第一次在理论领域确立了知识分子的新的叙事，尽管仍停留在抽象哲学的理念形态。与此相对照，文化讨论也具备两个方面：以中西文化比较的形式抨击以往的中国传统文化，同时倡导引进西方现代文化，以作为未来中国文化发展的方向。文化讨论延续着人道主义哲学的内在意向，它应当被视为知识分子从抽象迈向具体的关键一步。

值得注意的是，文化讨论所迈出的这一步只具有过渡的、中介的性质。从十年后的今天看，"文化热"的深层流向和真正意图，是从对传统文化的批判导向对现实政治的批判，从理论的批判转入实践的批判。到80年代末叶，部分激进的知识分子已转向鼓吹政治、经济和意识形态的全面资本主义化（多党制、私有化和自由主义）。因此，哲学→文化→政治，这恐怕才是新时期知识分子由抽象到具体的"三步"。这一点从电视系列片《河殇》可以获得一个更为清晰的认识。

这部六集文化政论片由知识界人士亲手撰写和制作。它汇聚和概括了此前文化讨论中各种流行的知识、观念和理论，以源远流长的"黄河"为依托，缩影式地总结了中国文明的过去、现在和未来。《河殇》从两千年一贯制的"超稳

---

① 甘阳：《八十年代文化讨论的几个问题》，《文化：中国与世界》第1期。

定结构"一直说到今日"衰朽的社会机制",并以一种一厢情愿的"空想资本主义"作为中国文明的未来方向。《河殇》有意识地运用大众传媒,将知识圈、学术圈内的激进思想向各界公众广为散播,向"上"向"下",都远远突破了原有界限。应该说,这是知识分子介入社会的一个严重步骤。

本书第1章认为,在"文革"后期,知识分子的叙事尚处于微弱的萌生阶段,它主要表现为现代主义的"地下"诗歌探索,在充满断裂、晦暗和歧义的艺术语言中获得了自身的形式。应当认为,经过新时期初叶的小说(伤痕、反思、改革)和人道主义哲学,经过1985年以后的报告文学和中西文化比较,到了《河殇》,知识分子的堂皇叙事已臻于极致。这是一种新的独断论。它纵谈古今中西,文采斐然,雄辩滔滔,一气呵成。它以不容置疑的权威口吻,编织成了一个炫人的表面。在这一表面的掩盖下,其深部的历史观、价值观和社会发展理论则问题重重。

例如,《河殇》提到郑和七下西洋,抱怨并嘲笑了当时中国政府对待东南亚和南亚诸国的"慷慨温和"与"谦谦君子"风范,对郑和船队竟没有从事殖民、掠夺和征服而痛悔不已,而对日后西方的血腥的殖民主义则心怀艳羡。从这里,我们可以看到在部分知识分子那里,先前的自由主义立场正在被放弃,一股阴暗的右翼思潮在渐渐抬头。可以说,这正是前文曾经提及的,当代知识分子从左("文革"时代)经过自由主义的中间立场(新时期十年),再到右(80年代末叶)的历史行程的表现。

### (四)一个时代的终结

1989年风波之后,何新以令人震惊的姿态一跃而出,对这一巨大事件,对民主和自由,对中国社会主义和国际战略环境等等,发表了一系列独到的见解,从而以自己的言行与精英知识界割席绝交,斩断了最后一丝关联。

何新在新时期十年里出入于知识界的轨迹颇耐人寻味。

他最初似乎是以一个文学评论者的身份为人们所知的。何新撰写文学评论,也创作小说。他以复苏的现实主义理论和刚刚开始流行的异化学说,评介了王蒙的几个短篇新作,在文中控诉"四人帮"的极左政治,呼唤时代的新的生活。他的小说很有"学术味",《寻找被遗忘的世界》(1983)掺入了自己的若干经历，并似乎预示了日后《诸神的起源》的主题。《蓝色的雪》(1983)以高尔泰的厄运为原型，描写"我"和一位被押解的思想犯在严冬的路上的遭遇，塑造了一个高大完美的知识分子形象。

同时，何新还研究黑格尔哲学和逻辑学，研究中国古代和近代思想史。另外，他关注历史理论，对社会发展史中的正统的五阶段论提出了质疑。这样，在新时期最初几年，他已经并非浅泛地涉猎和探索了文史哲诸多领域。

值得注意的是，何新几乎参与了新时期知识界的所有思想运动。他的《青年马克思的异化理论及人道主义思想》写于1979年，发表于1981年。此文专门论述青年马克思的《1844年经济学－哲学手稿》，高度评价了这部"不朽杰作"。他的《试论审美的艺术观》(1980)从普遍人性论的立场观照艺术，鲜明提出"审美是艺术的根本功能"，表现了唯美倾向。此文援引青年马克思关于"共产主义是私有财产即人的自我异化的积极的扬弃……"的那段著名论断，在文章中"美学热"的基本主题清晰可见。他的《艺术系统分析导论》(1985)运用"符号语言学、信息科学和控制论"的方法研究艺术系统，算得上"方法论年"里的一篇重要文章。

此外，他还以《朴学家的理性与悲沉》和《古代社会史的重新认识》两文（均1986年），较早评述了陈寅恪的学术和情怀，以及顾准的地下思想探索。这二人日后在90年代初、中期，在自由主义知识界发生了广泛影响。

80年代中期，何新曾深入于古史、古汉语等领域，陆续发表了一组颇具新意的《文史新考》，同时写作了《诸神的起源》(1986)，探究"中国远古神话与历史"，以"找到中国传统文化的根脉之所在"①。此书在当时（特别是在专业领域外）颇具反响，毁誉参半。同期，他还在讲课基础上"整理改写"了《中国文化史新论》(1987)，其"侧重点是指出传统文化中哪些东西阻碍着现代

---

① 何新：《诸神的起源》"自叙"，三联书店1986年版。

化,需要批判和改革"①。因此,《诸神的起源》和《中国文化史新论》似乎可以代表何新对中国传统文化的一正一反两方面观点,而这两面,即对中国古代文明的崇仰与批评,始终贯穿于他在80年代后期的所有论述中。

这样,从新时期初叶的人道主义哲学、"美学热"到新方法论和中西文化比较,在历次思潮中,何新都曾参与其事,以此追踪自己时代的问题。总的来说,在80年代前期,他一直笼罩在当时知识分子意识形态的斑驳的投影之下,侧身于自由主义的传统之列,除去涉猎领域较他人远为广阔和多样外,在思想观念方面,似乎并未表现出十分鲜明的个性。

1985年是一个转折点。这一年,何新发表了《当代文学中的荒谬感与多余者》,由对徐星的短篇小说《无主题变奏》的评价,引发出对当时方兴未艾的整个新潮文学的全面抨击,同时呼唤"英雄主义的献身精神和崇高感情"等正面价值。②该文反响剧烈,导致了知识界从高尔泰到一批新潮学者的讥评,这里面有误解也有偏见。从此,何新与主流知识界之间出现了裂痕,逐渐拉开距离。

随着80年代后期的展开,裂痕日渐深巨。到1988年,何新发表《中国当代文化备忘录:我的困惑与忧虑》,对包括文学、历史、中西文化比较和经济学等在内的全部知识界的新潮理论和激进风气提出严厉的批评,同时表达了对"新的巨大民族灾难势将不可避免"的深切预感③。也正是从80年代后期,他开始关注中国和世界经济以及国际政治等新的领域。实际上,在当时,时代问题的重心的确已经越来越转移到这些方面了。

缺乏正规高等教育这一环经历,对何新的学术生涯有着明显的正反两面影响。从积极方面说,他常能独往独来,蔑视和超越学院派的各种清规戒律(从科系分类到思想规范等),独辟蹊径,发前人所未发。从消极面看,他似乎欠缺

---

① 何新:《中国文化史新论——关于文化传统与中国现代化》,黑龙江人民出版社1987年版,第189页。

② 何新:《当代文学中的荒谬感与多余人》,《读书》1985年第11期。

③ 何新:《中国当代文化备忘录:我的困惑与忧虑》,《东方的复兴》第1卷,黑龙江人民出版社和黑龙江教育出版社1991年版,第308页。

那种在学院环境里熏陶濡染而成的严谨扎实作风，立论有时显得草率鲁莽，在细节知识和资料方面有时漫不经心，粗疏错漏现象时有发生。

但总体来看，新时期十年，何新的学术足迹遍及文学、历史、哲学、语言学、政治、经济和国际战略等学科和领域，这在中国当代学界，大概是罕有其匹的。在十年里，这些不同领域的知识、观念和视角逐渐趋向整合。1989年事件则提供了一个契机，在何新那里，一个新的完整的"叙事"宣告诞生了。

在之后同各国记者、外交官及经济学家的众多对话中，何新系统地表述了一系列对于中国知识界来说十分陌生的观念和见解。他认为，在当今世界经济和战略环境中，"民主"并非一个单纯的价值问题，也不是一个抽象的文化问题，而是国际战略斗争的一种手段；他认为，20世纪的社会主义制度，乃是落后农业国以国有制形式，将国家经济政治力量集结为一个强大聚合体，以之对抗先进的资本主义工业强国的一种有效的政治、经济和社会组织形态；他认为，世界经济结构和关系并不合理，国与国之间并不存在和平与发展的平等机会，发达资本主义国家的富裕恰恰倚赖于第三世界的贫穷；他认为，从全球资源、环境、人口等因素着眼，世界性的社会主义前途是一条通向历史正义之路……

前述《寻找被遗忘的世界》曾经获奖。在获奖后的一篇创作谈里，何新表示要创作一部以《追求》为总标题的三部曲。可以设想，这部系列长篇小说如果完成的话，将以当代知识界为重要展开背景，以众多的人物群像和繁复的情节展示主人公"追求"的漫长过程。对这部作品的拟议与构想，也许可以解释何新对柯云路类似题材的两部系列长篇《新星》和《夜与昼》的评论兴趣。但是，这部文学作品似乎已消隐在了作者的一系列学术撰述之中，因而最终问世的是一部多卷本理论著作，这就是《东方的复兴》。

在《东方的复兴》中，何新试图集合在不同学科和领域中的一系列个别探索成果，以系统地重新理解和评估中国传统文明及其价值体系，探讨中国现代化的可能性与新世纪背景下人类文明所面临的重大问题和命运。这一总体意图包含四个专题：

1. 探讨中华文明的起源和传播进程。

2．研究近代西方世界的兴起，以及伴随世界市场形成、竞争和危机而同时兴起的世界霸权斗争。

3．揭示20世纪以来世界历史重心由西方向东方的不断迁移，以及这一背景下发生的现代中国革命。

4．论述新世纪人类经济、政治、文明一体化的大趋势，以及这一进程所面临的激烈历史冲突，世界重新导向社会主义前途的逻辑必然性。

尽管这些专题有待于多卷本篇幅的论述，但其基本观点、思路和轮廓在他数十万言的对话中均已具备，从而实际上构成了一个以"东方的复兴"为总题的新的叙事构架。详尽评述这一叙事超出了本书的题旨，但必须指出的是，这一新叙事的落脚点基于历史正义，基于广大中下层人民的利益，基于人口众多的第三世界贫穷国家和民族的生存和发展。在民主意识形态席卷泛滥的世界潮流面前，何新敢冒天下之大不韪，坦诚直言，这种独具只眼的、孤胆的知识分子个体，即使在中国近代以来也是不多见的。与他相比照，精英知识界无论在道义方面或学理方面都显得苍白而贫乏。他们私下流传着有关这位论敌的各种来历不明、也无法证实的"佚闻"，种种流言统统指向他的有关"内幕"或"品行"，而对他一系列对话的实质内涵却几乎不置一词（即使是在私下交谈中）。实际上，未来的史学家也许断言，当时的何新几乎以一人之力便平衡了整个精英知识界，从而在某种意义上，标志着一个持续十年的知识分子时代的终结。他之所以有可能成就这一工作，毫无疑问，首先是基于个人学力。由于具备众多学科和专业的知识、理论和视角，从而使他本人几乎已经构成了一个独立的"知识界"。

在何新身上，隐约可见知识分子左翼传统的重现。本书第1章认为，中国知识分子的左翼传统发端于五四运动，经过大革命、土地革命、抗战烽火直至"文革"运动而抵达巅峰，同时也跌入低谷，陷于绝境。新时期十年，左翼知识分子的阵脚步步后移，在知识界备遭冷遇和嘲笑，但却始终具有转型和释放出巨大潜力的可能性。何新的立场使这一伟大传统的劫后新生在中国大陆初现端倪。

从方法论上看，何新"对现实和历史采用动态发展的观察方法（辩证法），通过经济必然性和利益集团的分野（阶级分析方法），去剖析复杂社会政治现象和意识形态现象（唯物史观）"[①]。从学科角度也可以说，他以经济学为轴心，汇聚和概括了政治学、国际关系、历史学、社会学、哲学、文化理论和文艺学等众多学科，形成了一门新的综合性的"社会科学"。这种"社会科学"对于所面临的每一重大课题，总是能够立体地、多维地给以解答和说明，从而在深度和广度上大大优越于单一学科的成就。应该说，这也正是马克思主义的原初形态，在经典作家手中，所缔造和运用的正是这样一种行之有效的活的"社会科学"。

从文体特征看，何新的上述政论仍然延续了某种文学性的形式。一系列对话发生在观点、立场全然对立的人物之间，"声情独具"，音容形貌跃然纸上，令人油然联想到长篇小说中的大段人物对话，或者戏剧作品中的激烈对白。同时，这些对话的内容也不是政治、经济或国际关系领域的纯专业问题，而是社会公众普遍关注的时代课题。80年代末叶，知识界曾普遍热衷于某些政治谈论（从新权威主义到多党制），何新在1989年之后的对话正是这些谈论的某种延续，尽管采取了截然相反的立场和观点。我们可以说，在小说和报告文学这两种普遍的体裁之后，新时期在逼近尾声的时候，还经历了一个短暂的"政论"体裁时期。如果这一说法成立的话，那么可以说这是思想大于形象、内容超越形式的文体变迁的最后一笔。

回到本书的题旨——美学。上一章曾指出，新时期初叶，知识分子关注社会政治问题的介入倾向与超越现实的对人性复归的向往，分别以文学和美学为代表，达到了一种暂时的平衡。80年代中叶以后，介入现实的一端持续上升。经过报告文学、中西文化比较和政论，平衡终被打破，抽象的人性复归的理想，逐渐被更为切近的以西方发达国家为楷模的发展模式和目标所替代与超越。"中国向何处去"的政治、经济、社会问题似乎已压倒了一切。知识界所普遍关注的焦点问题迅速滑向社会现实一端。在一片急进变革的狂躁氛围中，人文

---

[①] 何新：《东方的复兴》，黑龙江教育出版社1992年版，第二卷"序言"。

理论界、知识界再也没有心境和余暇去思考美学问题了。"美的本质"等问题已完全失去原有分量，甚至显得有几分可笑。可以说，知识界的这种复杂语境直接导致了"美学热"的沉寂。

## 五、衰落

### （一）一个征兆

1982年以后，"美学热"继续保持鼎盛的势头。除去美学的对象、中西美学史和审美范畴等问题外，美的本质仍然是主导全局的重心，成为众多兴致勃勃的文章的主题。例如在1982年，有关的论文就有：

《"人化的自然"与自然美》（胡健），

《试谈"人的本质的对象化"》（李戎），

《怎样理解"劳动创造了美"》（李春青），

《美是自由的象征》（高尔泰），

《"美起源于劳动"说异议》（涂途），

《美的本质疑析》（潇牧），

《美在于实践基础上的主客体统一》（李欣复），

《评所谓"自然的人化"的美学观点》（毛崇杰），

……

总之，几乎不胜枚举。新的美学刊物也层出不穷。除先前的《美学》、《美学论丛》、《美学译文》、《美育》外，1982年以后陆续创刊了《美的研究与欣赏丛刊》、《美学述林》、《外国美学》、《美学评林》、《美学新潮》、《美学与艺术评论》，等等。

但是，鼎盛的局面似乎更多只是表层的热闹，发表的论文大多是在重复原有的观点。中心人物李泽厚虽然偶有文章，但大多只是自己已有理论的展开或系统化，如收在《李泽厚哲学美学文选》（1985）中的《美感谈》、《谈美》等篇，还有后来的《美学四讲》（1988）。他的基本思想在《美学的对象和范围》之后已再无实质性进展。1982年，有关他和朱光潜的研究述评文章接连问世，如李丕显的《朱光潜美学思想述评》，梅宝树的《历史"积淀"是美学的重要课题——试谈李泽厚的美学思想》，丛英奇的《"历史之谜"的探求与"结构方程"的预言——李泽厚同志美学思想述评》。"美学热"似乎已开始带有总结的意味。同时，李泽厚主而未编的"美学译文丛书"则开始接二连三地推出一部部油墨未干的西方近、现代美学名作，令多数不谙西文的海内美学家和爱好者们视野顿开，开始切近地了解黑格尔之后西方美学的若干发展。这些美学的观念、理论和方法均诞生在古典哲学体系解体之后，因而已不是当时中国"美学热"的意识形态内涵所能框范的了。

在这样的背景下，高尔泰逐渐确立了自己的独特形象。他在从事文艺创作，如小说《庆端阳》、《杨吉祥》和绘画作品的同时，连续发表了一些美学文章。他的长篇论文《美是自由的象征》以实践观点重建了自己50年代的"主观派"理论。文章重申美感的主动性，宣称："美感点燃了美。"作者强调："人类的自由是一种自觉地和有意识地从过去向未来突进的力"，并在这一信念基础上得出了这样的结论："美本身在其内在的完满性中包涵着更深刻的不完满"。① 在高尔泰那里，审美领域似乎更多地充满了"变化、差异和多样性"，隐含着张力和冲突的因子。

他的《现代美学与自然科学》（1982）尝试超越社会历史的层面，从现代自然科学的角度，"更深层次地"探索美学问题。这是国内最早一篇倡导并运用自然科学的观念与方法研究美学的文章。与众不同的是，一系列现代自然科学的术语、观念和命题被作者综合在充满思辨和诗意色彩的人文语言的上下文中，却极少有生硬之感，反而使文章风格独具。

此文大概是高尔泰从北京返回兰州时写成的。由于同主流学界的距离等原因，似乎使他更倾向于对实践派美学采取一种反省和批判的立场。他对"把主客观的划分看作是美学研究的基础，把美仅仅说成是社会性和客观性的统一，仅仅用人类的社会实践来解释美的现象"的做法，表示了明确的不满，以至于

---

① 高尔泰：《美是自由的象征》，《西北师院学报》1982年第1期。

断言:"我们的美学研究……抱着五十年代的概念不放,已经远远地落在创作实践的后面了。"①

高尔泰的批判锋芒之所向应该是不言而喻的。到1983年,他又发表了《美的追求与人的解放》。美学与人道主义的一致性,在文中得到了前所未有的明确表述。他说:"人道主义与现代美学,都着眼于人的解放……这不是两条互不相干的途径。后者是前者的一个象征、一个向导、一个缩影,或者说一种探索、一种准备、一种演习。"②在这里,新时期美学的社会意识形态的涵义再明显不过了。这股学术思潮的深层内涵至此已跃然纸上,相当完整地呈现在人们眼前。

如果分期的话,从1982至1983年,"美学热"显然已跨入后期。

在《美的追求与人的解放》中,高尔泰鲜明地提出了一对新的概念:感性动力与理性结构。他认为,美感"首先是人的自然生命力,是人类创造世界和选择进步方向的一种感性动力","其次它是历史地发展了的,是以往全部世界历史的成果……是一个相对地静止和封闭的理性结构"。③他认为,理性结构是静态的,是作为结果与过去相联系的;而感性动力是动态的,是作为动力因与未来相联系的。

高尔泰指出:"美感包括这二者。但不是这二者的机械的结合。它首先是一种感性动力,在其中理性结构不过是一个被扬弃的环节。"他指出:"在扬弃的意义上,审美的能力,又是一种感性批判的能力,一种与异化的力量相对峙的力……没有对理性结构的批判,也就没有感性动力的行进。"他指出:"美不是作为过去事件的结果而静态地存在的。美是作为未来创造的动力因而动态地存在的。"④由此,高尔泰对新时期以来影响最为广泛的"积淀"说提出了相当激烈的批判:

---

① 高尔泰:《现代美学与自然科学》,《当代文艺思潮》1982年第2期。
② 高尔泰:《美的追求与人的解放》,《当代文艺思潮》1983年第5期。
③ 同上。
④ 同上。

从变化和发展的观点、即从人类进步的观点来看，不是"积淀"而是"积淀"的扬弃，不是成果而是成果的超越，才是现代美学的理论基础。

强调变化和发展，还是强调"历史的积淀"？强调感性动力，还是强调理性的结构？这个问题对于徘徊于保守和进步、过去和未来之间的我们来说，是一个至关重要的抉择。"历史的积淀"和既成的理性结构，是过去时代的遗物，所以它要求我们认可一切既成事实，而感性动力则力求批判地扬弃它，以扫清前进道路上的障碍。①

在"积淀"说的倡导人李泽厚那里，"积淀"即所谓"理性溶在感性中、社会溶在个体中、历史溶在心理中……"本是一系列对立价值取得综合统一的关键和枢纽。他甚至断言："'积淀'或将成为今后的哲学和美学的一个重要课题。它可能提供一个社会与个体、理性与感性、历史与心理的统一如何可能的中介……'积淀'将是'人化自然说'的发展关键。"②

本书第3章曾指出，在新时期，审美领域被奉为一系列对立价值的综合与统一，这绝不仅仅是一种学术观点，而是"美学热"的一个基本前提。因为，正是由于具备了这种综合统一的性质，美学才能有资格作为"历史之谜"的一种解答，才能作为人性复归理想的一个切近的范例，吸引众多的知识分子。一旦这种综合统一被消解，一旦审美领域也被证明充满了动荡不安的因素，那么，它如何还能继续成为知识分子终极理想的寄托呢？

因此，高尔泰的所谓"感性动力"与"理性结构"的激烈斗争以及前者对后者的扬弃和超越，便具有重大含义。在他那里，作为"美学热"前提或标志的一系列对立价值的综合统一，那种古典式的平衡，已经严重倾斜和陷落了。美感或美的和谐完满的一面被搁置、被淡化，对峙冲突的另一面则被注意和强

---

① 高尔泰：《美的追求与人的解放》，《当代文艺思潮》1983年第5期
② 李泽厚：《美学的对象和范围》，《美学》第3期（1981年）。

调。审美王国内部出现了裂隙。"美学热"已隐约浮现危机,衰落的征兆已初现端倪,只不过仍旧沉浸在理论热情中的人们尚未察觉而已。

因此,正是在发表《美的追求与人的解放》稍后,高尔泰在为自己的一本论文集撰写"前言"时说道:"'美学热'正在静悄悄地降落下去。"①这大概是最早明察到这股学术思潮已趋于沉寂的文字了。可以说,1983年的高尔泰恰好站在"美学热"盛极而衰的临界线上。如果说李泽厚代表这股学术热潮的上升阶段,那么,高尔泰高扬"感性动力"、贬抑"理性结构",便已标志着它的下降期的开始。他们分别走着"美学热"的上升的路与下降的路。

在上一部分,我们描述了80年代中叶以后文艺界、知识界的创作和思想背景,认为布景更换,焦点转移,"美学热"已经越来越失去生存的土壤。实际上,除去外部环境的剧变,美学内部也已出现上述裂解的征象。应当认为,"感性动力"与"理性结构"的对峙冲突,已经从学科内部预告了"美学热"的鼎盛期行将终结。

这种美学理论内部的倾斜和陷落,与上一部分所论述的80年代中期一系列平衡的打破,即新潮小说与报告文学的形式与内容、性格组合论的善与恶、主体性理论的主体与客体等一系列关系的破裂,具有大致相同的意义。它们互为背景和注释,共同推动着理论领域从新时期初叶转向急进躁动的后期。

高尔泰把美学看作"人的解放"的一种途径,认为美学应当介入现实,"应当配合当前进行的一系列体制改革,对亟须改革的一切旧体制、旧思想、旧作风、旧方法等等进行深刻的批判。"②在这里,似乎已能听到知识界激烈批判传统的狂飙突进式的吼声。美学已遥遥指向日后的文化讨论和其他有关议论。美学的这种内在指向注定了它迟早要让位于那些更为贴近时代问题的有关理论和学科。

因此,与李泽厚美学相比较,高尔泰的上述理论无疑更切合于80年代后期知识界的激进氛围。由此,他在新生代理论家中间产生强烈共鸣,便是必

---

① 高尔泰:《美是自由的象征》"前言"(一),人民文学出版社1986年版。该前言写于1983年11月初。
② 高尔泰:《美的追求与人的解放》,《当代文艺思潮》1983年第5期。

然的。

举一个偏激的例子大概更能说明问题。刘晓波说:"任何理性因素的介入都必然在某种程度上损害文学的审美的纯洁性。在中国就是不能谈什么感性和理性统一这类字眼,人类就是永远处于这种感性与理性、灵与肉、本能与文明、自然人与社会人的这种二律背反之中,它们之间是没法调和的。""在和传统文化对话的时候,就是得把这样一些东西强调到极点:感性、非理性、本能、肉。"①这种情绪化的议论已经很少有什么学理内涵了。也正是同一个作者不久便咄咄逼人地向李泽厚提出了挑战,使高尔泰的上述理论迅速滑向极端。

顺便指出,高尔泰对"积淀"的批评日后引来了李泽厚的"回敬"。他针对前者"美是自由的象征"这个命题说:"我把美看作自由的形式,而不看作是什么自由的象征。因为'象征'是种符号性的、意识观念的标记或活动,而自由的形式恰恰首先指的是掌握或符合客观规律的物质现实性的活动或活动力量。"②其实,这种批评几乎是无的放矢。因为,这仍是在用本体论的实践哲学代替美学本身,用物质生产实践代替个体的美感经验,它在方法论上的困境已如本书第3章所述。

(二) 从意识形态到科学

1983年的美学界似乎一片繁荣。为纪念马克思逝世一百周年,有关马克思美学的文章骤然增多。《手稿》仍是论述的热点,关于中译文和原文关键段落的不同理解也在争论之中(程代熙、墨哲兰)。

这年10月,中华全国美学学会在福建厦门召开了有150人参加的第二届年会。在"美学在社会主义两个文明建设中的地位与作用"这样相当空泛的中心议题下,会议围绕以下五个专题进行:美学基本理论,门类艺术美学,审美教育,《手稿》美学,以及中西美学史。美的本质仍是众所关心的主题,有关《手稿》的热烈讨论也大多与这个问题相关。

---

① 刘晓波:《危机! 新时期文学面临危机》,《深圳青年报》1986年10月3日。
② 李泽厚:《谈美》,《李泽厚哲学美学文选》,湖南人民出版社1985年版,第465页。

在80年代中期前后，基于传统实践哲学和认识论立场的美学原理文章仍不断问世，但它们在新潮知识界主导下的思想环境中，已越来越显得空疏浮泛和陈旧不堪。在这一时期的美学界，与以往形成对照，"方法"成为集中谈论的话题，有关文章相继涌现，如《美学研究的方法论问题》(蒋冰海)、《美学和系统方法刍议》(凌继尧)、《美学研究方法的过去与未来》(曹俊峰)、《关于美学研究的哲学方法》(李丕显)、《美学研究的方法应当多元化》(朱立元)，等等。"方法论"取代前一阶段的"美的哲学"，成为瞩目的中心。应当说，这是基本理论的自主性建构日益匮乏窘迫之际，美学界的一次自我反思。

曹俊峰的《美学研究方法的过去与未来》是一篇较早论述方法问题的文章。文章开宗明义地指出："近几年来，我国的美学研究逐渐从冷门变成了热门，但研究方法的陈旧却严重地影响着研究的深入发展。"①当然，这只是"美学热"面临困境的另一种婉转的表述罢了。作者简要回顾了几种"美学史上较早出现并长期使用的传统方法"，主要是哲学思辨、历史归纳、现象描述和美感经验的心理分析。

文章临近结尾时指出：近几十年来，控制论、信息论、系统论等在自然科学和社会科学的许多部门得到了广泛的应用，显示了巨大的优越性。"我们要坚持和发展马克思主义美学，也应当自觉地引入这些新方法。"作者举例说：

> 例如，要揭示某一审美范畴的深层结构，就只有从审美信息入手才有可能。抓住审美信息，分析信息，把它的特点、结构、层次、功能，形成条件、信源和信宿的关系都搞清楚，那么无论是基础理论还是审美工程都会有重大突破，甚至有可能解决审美的本质这个几千年的理论之谜。②

无论今天如何看待上述想法，在当时它们的确传达了人们的普遍心声。美

---

① 曹俊峰：《美学研究方法的过去与未来》，《复旦学报》1983年第5期。
② 同上。

学界在经历了几年的辉煌之后，正步入徘徊和停滞的局面，人们在当时"寄极大的希望于三论——系统论、信息论、控制论……"①无论如何，这是新时期人文学术史上的一个重要事实。

1985年前后，运用新方法研究美学问题一时间成为风气，一大批文章相继发表，例如《从控制论观点看美的客观性》（1984）一文，依据粗浅的控制论知识回顾了"主观的、客观的抑或主客观的统一"三种美学观点，认为"美是生成的。它的生成过程与能够欣赏它的主体的系统发育与发展过程有同步性和耦合关系，它是适应主体系统发育与发展过程中的自调节的需要而产生，并在与能够欣赏它的主体系统相互作用中而发展的。"

《论审美趣味自组织的协同性》（1985）以德国物理学家H.哈肯的协同学为理论基础，重新界定了"审美趣味"。作者指出："审美趣味是一个完整的系统，其自组织形成的过程，实际上也就是内部诸要素（子系统）之间的一种协同过程。"

《信息论美学初探》（1985）把一切美的现象都看成一种信息，而不讨论它们的价值方面。文章以一部文学作品为例，"在信息论美学中，创作的素材就是信源，创作过程就是编码，读者的感受系统就是信道，阅读过程就是译码，作品的最后接受就达到了信宿。"

"新方法论"的确近于一场"学术群众运动"。高尔泰是美学界较早引用自然科学观念和方法的学者，但在新方法一片喧哗之际，他却指出："现在有些文章虽然用了新名词，但整个理论体系还是旧的，丝毫也没有变。如果要改变的话，那就是新名词在这里获得了旧的涵义。"他举例说："模糊数学和模糊逻辑中的'模糊'概念，在这样的美学文章和文学评论文章中，变成了'含蓄'、'多义'、'意在言外'等等的同义辞和通用代号。"②

新方法论的弊端和它在书面文化及知识分子当中的深层根源，上一章已有

---

① 章建刚：《美学：进展和趋势》，《哲学研究》1985年第9期。
② 高尔泰：《关于文学评论的随想——为"社会学的评论"再辩》，《中国》1986年第3期。

所涉及，这里不再赘述。应当注意的是，在各式各样的方法被匆忙引进之际，美学界耳熟能详的各种原有问题，已经不再是人们真正关注的中心所在，新的"方法"似乎已取代了旧的"问题"，成为当时真正的主题。实际上毋庸讳言，在一段时期，美学领域已沦为人们演示新方法的一座靶场。

新方法在美学界来去匆匆，开出了一朵无果花。尽管如此，这个运动仍然表露了当时美学界的一种真实意图。在80年代中期，人的本质、自然的人化、感性与理性的统一等理念已日渐空洞乏味。由于几年来的大量重复，它们已经失去最后一点新意。但更重要的是，在1985年前后，抽象的人性复归理想在知识界已经被搁置，这一趋势从内部抽空了上述理念的意识形态内涵，美的哲学被空心化了。因此，人们此时普遍希望走出空洞的思辨哲学的阴影，就是一种学术思想史的必然。他们将目光转向陌生的自然科学领域，试图寻找到一种绝对稳固、绝对可靠，因而绝对有效的科学方法论基础，使开始黯淡下去的美学再度辉煌。他们试图确立一种以科学方法论为基础的美学，以代替原先的意识形态。因此，从美的哲学到新方法论的转移，应当看作是美学从意识形态回到科学的一种尝试。

### （三）美学史

80年代中叶，越来越多的人已经察觉到美学面临的困境。有评论者指出，美学已显出"气力不足"的迹象，因而担心我们"正处于两峰之间的低谷"。[①]与此同时或稍后，便不断传来有关美学热"沉寂"和"降温"的呼声。到1987年，《哲学研究》杂志明确断言：美学"已进入一个滞徊的状态"。[②]至此，"美学热"陷于低谷的情况，总算在学术界取得了共识。

本书第3章指出，支撑"美学热"的三个基本因素分别是：

(1) 50—60年代美学讨论的学术积累；

(2) "文化大革命"的记忆；

---

① 章建刚：《美学：进展和趋势》，《哲学研究》1985年第9期。

② 《哲学研究》1987年第3期为《语言和语言之外》（赵汀阳）所加的"编者按"。

(3) 新时期知识分子的人性复归理想。

到80年代中后期，这三种因素均发生重大变化。

第一，"美学热"的鼎盛局面持续数年，涌现了大量专业人员和学术论著。在大致相同的知识背景下，尤其在基础理论领域，各种可能的观点和立场似乎已被穷尽，呈淤塞、饱和状态。从学术发展的周期看，不可避免要进入一个"滞徊"的时期。这也是一个新的酝酿和积累的时期。新的突破，不仅需要假以时日，等候新的契机，而且更需要在经历、观念和知识结构方面迥异于前辈的新一代学人。他们将在变化了的时代和思想环境下，形成新的问题和方法。

第二，经过新时期初叶的拨乱反正，社会政治环境呈现建国以来罕有的宽松局面。1984年第四次文代会之后，一片欢欣乐观的情绪在文艺界、知识界迅速弥漫开来，"文革"阴影似乎消退殆尽。

第三，在这种日益开放的社会环境下，知识分子的思想轨迹发生剧变。他们不再倾向于抽象、隐晦的思想方式，普泛的人性学说让位于更具体的中西文化讨论。遥远的乌托邦式的人性憧憬，已在新时期中叶迅速消散，一种以西方国家发展模式为目标的社会政治理想取而代之。这种变化已在上一章做了简要交代。

因此，随着80年代后期的展开，知识界不断追寻着时代的当下问题，在美学之外连续形成新的热点。相形之下，美学领域则犹如一块弃地。

回想1980年前后，许多相邻专业（如哲学、文艺学等）的学者纷纷加盟美学，在使其阵容庞大的同时，也导致了学科边界的含混和学术规范的松弛。那时，美学专业主要设于哲学系和中文系，其硕士研究生大多是来自哲学、中文、外语等专业的本科毕业生，往往竞争激烈。80年代中期以后，这种情况颠倒过来，受"美学热"吸引而围拢来的人群渐渐散去。不仅如此，即使在本专业内部，美学也备受冷落。硕士生们轻视专业课程，对学业漫不经心，其中的好学深思者则往往将兴趣和精力转向现代西方哲学（所谓"现外"），作为一种普遍现象，从分析哲学、现象学直到解构主义受到青睐。这固然与当时知识界的西化思潮及其崇洋心理有关。但从学理层面看，与相对稳定的传统西方哲学（从笛卡尔到康德到黑格尔）不同，自19世纪末以来，西方哲学经历了一个

145

深刻的解体与转型的过程,在这一过程中,西方哲学一向被掩盖着的内在问题和困境都暴露得比较充分。经过以尼采、海德格尔、维特根斯坦和雅克·德里达等为代表的传统哲学的反省者和批判者的工作,西方哲学已获得了一种深刻而全面的自我意识。围绕他们的一小批经典名著,分布着大量阐释性的二三手文献,经过几代西方学者的渐进积累,到80年代,已形成了一套秩序井然的规范,使人们能够循序而渐入堂奥。因此,这的确是一个初学者获取知识、训练思维的理想的学术领域。

相形之下,中国当代美学则日益空泛含混,充满彼此纠缠不清的概念和命题,稍一深入便使人疑窦丛生,无所适从。从学术水准看,它与现代西方哲学相比不啻有霄壤之别。这样,它被本专业的年轻一代摒置不顾便似乎是必然的。但是,应当认为,美学的困难局面实际上已使它成为一个更艰难的思想领域,需要具有真正原创性的思想者出,才能指点迷津,开辟出一条真正的思想之路。因而从长远看,美学专业的初学者们转向西方现代哲学固然暂时导致了本学科的人才流失,但这未尝不是一种迂回的成才之道:经过这一"学习时代",他们将获得较高的思想维度和学术水准,从而在未来某个时期重返美学。当然,这一周期目前尚未结束。

纵观整个80年代后期,美学领域可以说是两"无"两"多":无中心、无热点,多方面、多样化。有评论者在总结1986年的美学状况时指出,在普遍的沉寂之中,只有"中国美学史的研究近几年有较大突破"。[①]可以说,这也是整个80年代后半期的状态。基础理论已面临枯竭,新方法又缺乏期望中的成果,在喧闹了一阵之后,日益门庭冷落。在这种形势下,有关中西美学史——特别是中国美学史的研究则相对活跃,在质和量方面都值得一提。

首先是西方美学史。由于美学是一门近代从西方引进的学科,因此,有关西方美学的研究总是先行一步。朱光潜的两卷本《西方美学史》早在1963年便已问世,而在当时,中国美学史的编纂尚未被列入日程。进入新时期,西方美

---

[①] 刘树元等:《一九八六年美学研究述评》,《江海学刊》1987年第1期。

学史一直是美学研究的一个重要领域。在前期，有关研究侧重于古典美学，即从柏拉图、亚里士多德到康德、黑格尔以及19世纪的俄国美学。到80年代后期，由于有关译著的相继出版和新一代学者的成长，也由于新时期古典人道主义传统下的美学在基本理论方面陷于困境，尼采、精神分析、现象学、西方马克思主义、接受美学等现代理论，得到热情的介绍和评述。这些评介兼有为中国当代美学寻求出路的意向。总体来看，由于地域、文化、知识和语言等方面的原因，西方美学史研究并未取得应有的学术水准，不要说与西方学者，就是与日本同行相比，也存在着相当大的距离（尤其在细节方面）。因此，对于中国学者来说，西方美学史与其说是一个自主研究的专业领域，不如说是他们的一种学习的途径。

自新时期以来，中国美学史一直是一个稳步渐进的领域。但在"美学热"鼎盛时期，它似乎只占据一个边缘位置。在前期，中国美学史领域以古代美学家的个案研究为重点，从先秦到明清以至近代已全面展开。到80年代中叶，当"美学热"渐渐消歇的时候，几部重要的美学史著作相继问世，如《中国美学史》第一卷（李泽厚、刘纲纪，1984）、《春秋前审美观念的发展》（于民，1984）和《中国美学史大纲》（叶朗，1985），等等。同时，受当时知识界关于中西文化讨论的影响，宏观地涉及中西美学比较的文章成为一时的热点，例如《中国的潜美学》（萧兵，1984）、《中西美学的嬗变与美学方法论的革命》（邓晓芒等，1985）、《中西方对自然美的发现》（王一川，1985）等。

同一时期，专题论文的数量也明显增多，甚至大大超过了基础理论文章。

总体来说，有关中国美学史的研究尚未建立起必要的学术规范，缺少共同的问题和传统，在个案研究方面重复劳动的现象比较突出。与此同时，有关美学史的研究也缺少基础理论方面的开掘，因此尚未提出富有思想性的观点，以使沉寂中的美学获得一份思想史的资源。但尽管如此，相对而言，有关中国美学史的论著大多材料翔实，方法素朴，相对而言更经得起时间的检验，因而可以说是80年代后期美学界较有学术分量的一个领域。

至此，我们可以总结说，从"美的哲学"到"方法论"，再到"美学史"，美学领域的重心不断迁移，这似乎是一个从"思想"（意识形态）不断向"学术"

（专业学科）回归的过程。在新时期初叶，当美学成为人性复归的某种注脚的时候，它仍然是哲学的附庸。这样，摆脱意识形态、回到专业学科，便成为美学学科发展的必由之路。这种转变不可避免地要使它以"沉寂"为代价。

## 六、散文时代

### （一）边缘化

自新时期以来，知识分子的历程从伤痕和反思中起步，并以审美为理想，中间经过报告文学对现实的关注，经过文化讨论对传统的激进批判，到80年代末终于仓皇结束。对于"中国向何处去"的重大时代课题，精英知识界提出的答案在严峻的现实面前"土崩瓦解"。在灰淡萧条之中，部分知识分子体味着严重的失败感和虚无感，一时无所适从。一部政治幻想小说《黄祸》便正是部分知识分子的内心崩溃感的表达。然而另一方面，随着苏联、东欧的裂解及其动荡不安局面的持续，社会各阶层却逐渐调整了自己的观念和心态，取得了清醒的共识。

在90年代，知识分子的创作和思想已明显收缩为一个局部的边缘的现象，不再成为社会关注的焦点。这种情况令人联想到西方国家的某些先例。

自1968年"五月风暴"以来，法国知识分子渐渐重新反省自身，并对传统的知识分子角色提出质疑。例如，米歇尔·福柯指出，长久以来，知识分子被公认为代表真理和正义而发言，成为知识分子就意味着成为公众的良知。他称这类知识分子为"普遍的"知识分子（the "universal" intellectual）。他指出："典型的知识分子以前常常是著作家，作为一个普遍的意识，一个自由的主体，他对立于那些仅仅服务于政府或资方机构的知识分子——技师、文职官员、教师。"福柯认为普遍的知识分子正在消失，而让位于一种"特殊的"知识分子（the "specific" intellectual），即科学家、文官、精神病医生、社会学家、工程师。他们在自身的领域内面对和解决专门的问题，并以此方式承担他们的社会责任。[①]在福柯之后,更激烈地否弃传统知识分子角色的是让-弗朗索瓦·利奥塔。利奥塔1983年发表了《知识分子的坟墓》,指出传统意义上的知识分子是"完全过时的",后现代社会的多元境况已经使全能的知识分子——萨特被认为是最后一个代表——让位于专家、艺术家和公民。利奥塔甚至宣称:"不应再有知识分子"。[②]总之,传统知识分子的时代结束了。

实际上,知识分子承担社会良心角色——这一现象本身就意味着社会体制缺乏这种"良心",意味着社会体制的不健全或者没有健全的运作,意味着社会存在普遍的、共同的困境(如社会创伤、传统断裂、制度性危机等等),还意味着其他社会阶层的非主体地位,意味着他们的被动和沉默。严格地说,作为社会良心的知识分子并不是一种产生于正当程序的合法权威。他们在公共事务方面之所以受到社会公众的信任和期待,并不是由于这些事务属于这些知识分子的合法职权、责任、义务范围,而是由于这些知识分子引人瞩目、异乎寻常的天才、品格、成就和声誉。因此,他们仍然是一种charisma——魅力型人格。其思想基础仍然是一种人本主义哲学:所依靠的不是普遍有效的客观化的制度,而是个人及其内在的意识、激情和道德感。显然,在这个意义上,知识分子是"非现代的",日益趋向合理化、制度化的现代社会必然要消除这个"自由漂浮的"因素,至少,也要将他们限制在有限的范围内。

因此,当转型期的社会渐渐开始步入正轨,当人们的心态渐渐适应商品经济的生活方式,当人们开始转向各自的切身利益、事务、旨趣,这时,原先统一的社会空间便被无限分割了。社会语境具体化、日常化了,不再适合原先的宏大而抽象的"问题"(如人道、现代化、民族性、自由与民主等等),宏大而抽象的问题被分解为各种具体的、专门的问题,可由各种专家提供咨询、指导

---

① 米歇尔·福柯:《权力/知识》(*Power/knowledge*,1980),第126—128页。
② 让-弗朗索瓦·利奥塔:《知识分子的坟墓》,见《政治著作选》(*Political writings*,1993),第6页。另参看Keith A. Reader:《1968年以来的法国知识分子和左派》(*Intellectuals and the left in France since* 1968, 1987),第107页。

和服务。在一定程度上，各司其守的公务员、律师、教员、记者、心理医生以及其他社会工作者开始履行正当职责，"信念伦理"让位于"责任伦理"。因此，在这个意义上，知识分子的社会良心角色被制度化地分担并消解了。当然，这是一个渐进的、长期的过程，但1989年无疑是一个转折点。

因此，从上述背景来看，电视系列剧《围城》和《渴望》在1990年先后播映，真是恰逢其时。它们不自觉而又相当深切地折射出此时此刻知识分子的思想和生存境况。

小说《围城》写作于抗战后期的沦陷区上海，1947年初版，解放后便销声匿迹。1980年，小说再版，并在几年里多次加印，虽然不无反响，但从未形成热点。1990年，为庆贺作者钱锺书八十"华诞"，小说被改编成电视系列剧播映。此后，小说《围城》也不胫而走，一时风靡。

《围城》并不是一部杰出作品，但的确颇具特色。

这是一幅知识分子的自画像。他们在风云激荡的时代大背景下，空虚落寞，既无生活的热情，也缺乏事业的寄托，而唯有在智力上调侃所遭遇到的一切人、事、习俗、体制、观念……同时自我拆解、自我嘲弄，贯穿着一种全方位的讽刺性立场。作品开篇的情景是富于象征性的（小说和电视剧均如此）：主人公方鸿渐初次亮相的舞台，是一片浮动的甲板（法国邮船三等舱甲板）。这是一块不断"漂移的立场"，它没有根基，远离大地（故土、历史、民众、深情，等等），漂行在一种浮泛的表面上。

《围城》对知识分子阶层的描绘可谓入木三分。在20世纪，自科举制罢废之后，知识分子们便中断了传统的进入权力阶层的合法途径，而沦为一个松散的"在野"集团，从统治阶级中游离出来。另一方面，他们又不能幡然转向，寻求与广大底层民众结合的道路。因而，他们似乎真的成了一个"独立的"阶层，孤悬在统治阶级与广大民众之间，从而往往滋生着、体味着一种孤立、虚弱和失重的感受。他们既丧失了传统，又偏离了基础，找不到自己存在的位置和意义。于是，鸿儒蜕变成犬儒，冷嘲似乎成为他们的生存之道。

这种种形象、境况、情绪相当恰切地喻指了90年代初知识分子的状态，因而成为他们的一部新的经典。与之相比，《渴望》便很难赢得知识阶层的认同了。

这部五十集室内电视剧以"文革"十年和改革十年为背景，涉及知识阶层与平民阶层的纠葛冲突。在其表层的故事之下，我们看到：刘慧芳这一至善至美的人物，作为一种"绝对价值"的象征，在"文革"时代曾首先倾心于当时的知识阶层（以王沪生为代表），而随着"文革"结束与改革时代的展开，到80年代末，这一"绝对价值"最终又回归于平民阶层（以宋大成为代表）。

如本书第1章所论，在"文革"环境下，知识分子的自由主义传统已经作为潜流在低徊中悄悄涌动。在他们身上凝聚着知识、理性和自我意识等价值，这些价值尽管尚处于萌生阶段，但却指向着新的历史时期。在接下来的时代，知识分子率先跨入历史舞台，并在80年代后期日益偏激的思想氛围中，一步步走向险峰。在这一过程里，他们的局限和问题应该说都暴露得比较充分。而此时，一向被他们忽略的平民阶层的文化和价值则逐渐抬头，并在90年代蔚为大观。因此，《渴望》相当完整地概括了知识分子与平民阶层在当代史上的彼此消长。这部家庭系列剧的面世，它向传统道德的回归，对平民价值的礼赞，以及所引起的持久的轰动，的确标志着80年代的终结。

《渴望》是由多人策划的，王朔也是其中之一。王朔的创作起步于80年代中叶，到1988年前后已引人瞩目，几部小说被改编成电影。但真正形成热点，应该说还是在华艺出版社推出四卷王朔文集的1992年。

王朔小说以及他笔下的流氓主人公，如今已是一个过时的话题。这里应当指出的只是，在新时期十年，知识分子占据主流，其他阶层相对沉默，王朔式的社会边缘人则更受到主流意识形态的排斥和压抑——这正是王朔小说酝酿与创作的基本背景。因此，应当从知识分子阶层的长久优势来理解王朔式的愤怒。而一旦这种愤怒宣泄殆尽，他的创作源泉也就行将枯竭。

因此，王朔的作品是知识分子时代压抑的产物，他的风靡也只有在一个知识分子时代结束之后，才有可能。值得注意的是，尽管王朔与前述的何新有某些表层的相似，如他们二人都缺少正规教育的经历，自学出身，同属于新北京人，有较丰富的底层经验，并长期受主流知识界的排斥等等，而且，他们二人都参与了上述知识分子时代的终结，对知识阶层的价值、思想和风气均持激烈的批判态度。但是，何新与王朔的批判却各出自截然相反的立场。

在90年代，王朔式的主人公频频活跃于影视界，他们就是家喻户晓的一系列"丑星"。顺便指出，建国以来，银幕上的男性主人公形象大致经历了三个阶段。在新时期以前，占据主流的是"浓眉大眼"的工农兵。他们英武有力，正气凛然，同时又不失文明风范，在他们身上，的确达到了一系列价值的综合。此后，这些价值便分头片面发展。在新时期，男性形象曾经历了一个为时不长的"奶油小生"阶段，表达了一种唯美主义的旨趣。到90年代，充满市井趣味的"丑星"以粗鄙和嘲讽为其特征，在这里，"丑"具有一种明确的意识形态含义，执行着一种针对主流文化的颠覆、消解的社会功能。因此，从浓眉大眼的工农兵，经过"奶油小生"直至"丑星"，银幕上的"脸"的确成为时代变迁的标记。

"丑星"在90年代成为时尚，其视觉形象和语言随处可见。这些王朔式的主人公作为"痞子"，具有特殊的社会学意义。

"痞子"作为一个社会集团，一般不从事生产，不构成一个正当的社会阶层，而是滋长于、寄生于、游栖于城市各阶层之间的缝隙中。他们无恒产、无恒心，游手好闲，以各种不正当的手段谋生，是一群社会的边缘人。他们被排斥在主流文化之外，构成了一种亚文化或反文化。"痞子"居于社会底层，植根于特殊的口语语境和经验，这使他们常常能指出依托于书面文化的知识分子的某些弊端。但是，由于远离书面文化，又使"痞子"严重地拘囿于口语和直接经验，使得他们在自身环境之内游刃有余的同时，又视野狭窄，鼠目寸光，认知和理解能力受到极大限制。"痞"是对社会及其正面价值的"病态的否定"，它亵渎一切、破坏一切，毫无建树。"痞"作为一种生存方式在90年代初期逐渐弥漫开来，渗入了各阶层（包括知识分子），成为知识分子文化沉寂之后，取而代之的新的社会主人公。

### （二）散文、人文精神与国学

在上述背景下，在知识分子小说和报告文学分别度过了各自的鼎盛期之后，散文作为一种体裁悄然上升，在90年代初赢得日益增多的作者和读者。在文学自身已处于边缘位置的时代，散文这种边缘文体却走向文学的中心，这是有意味的。

本来，在新时期，散文的"蹒跚"和"落伍"，它的"难堪和寂寞"，一直作为一个有目共睹的事实而引发人们的关注和评论。① 这当然与小说和报告文学等体裁占据主流的情况有关。但是，从80年代末到90年代初叶，情况却在发生变化。例如，"80年代文学新潮丛书"中的《群山之上——新潮散文选萃》（老愚编选，北京师范大学出版社1992年版）所收入的优秀散文作品大多发表于1989年之后。到了90年代，各文学期刊的散文栏目均相当活跃热闹。同时，在出版界，中外散文的名篇佳作被大量编选翻印，占据图书市场，销量惊人。当然，散文命运的戏剧性变化并不能挽回整个文学的颓势。毋宁说，边缘文体的上升本身就是文学整体倾斜的一个表征。

散文是一种形式自由的片段式文体，它的开端和结尾都带有某种随意性，因而缺少明确的边界。在那些具有代表性的作品中，唐敏的《心中的大自然》忆述了一去不复返的作者童年时代的鹰、虎和彩虹，斯妤的《心灵速写》是转瞬即逝的生活细节、情绪和感慨的漫笔，苇岸的《大地上的事情》记录了个人的观察和默想，史铁生的《我与地坛》则是苦涩的人生体味……散文敞开了自己的体裁界限，小说家、诗人和一般学者知识分子都在参与散文的创作。在80年代前叶的小说和晚期的报告文学之后，90年代的散文成为最后一种知识分子的共同语言和普遍体裁，成为他们共同境况的文学表达形式。

在这里，我们看到的是个人经验和感受的描述与抒发，是清新、朴素、隽永、细腻的趣味的恢复（女性作者比例很高），个人的情感、回忆、沉思以及种种日常琐事呈现出意义，并在娓娓道来的讲述中充满了意味。林语堂曾把散文归结为"一种不经意的，闲适的，亲切的态度"，称散文是"familiar style"，即"闲适笔调"或"娓语体"②。可以说，散文的复兴反映了90年代初期这样的现实：越来越多的知识分子逐渐远离以往普遍而空泛的宏大观念和意识形态，而回到个人切身的经验和感受，转而关注和吟味眼底身边的琐事、细节和悲欢。在新时期十年，知识分子谈论了太多他们身外的社会、传统和政治经济问题，

---

① 参看沈天鸿：《中国新时期散文沉疴初探》，《百家》1988年第6期。
② 林语堂：《论谈话》、《论小品文笔调》。

现在，他们开始讲述自身。他们退出原先堂皇的社会政治角色，而回归平易亲切的日常身份。因此，散文的盛行意味着原先知识分子的"堂皇叙事"（grand narrative）的结束。文体的变迁传达着知识分子地位沉落和角色转型的消息。

应当在同样的历史背景下看待小说领域的新写实主义。新写实起源于80年代后期。1989年8月18日《文汇报》曾以"新写实小说在文坛兴起"为题，称这种小说"吸收了传统现实主义精华，又融进了现代小说的表现手法"。实际上，新写实恰恰是以区别于传统现实主义和现代小说的姿态呈现在世人面前的。《烦恼人生》（池莉）、《单位》（刘震云）、《一地鸡毛》（刘震云）、《白涡》（刘恒）……以超然的态度或冷淡的口吻讲述着平凡琐屑的故事。在这种"平民艺术"中，先前社会问题的揭示（问题小说）或艺术形式的实验（先锋文学）都被有意识地淡化乃至放弃，文学知识分子以往的社会责任感或前卫意识已荡然无存（被"还原"掉了），剩下的是平庸世相的琐碎细部的放大特写，以及无奈的嘲讽与慨叹，是对平凡的日常世界的认同和屈从。与此相关，新写实小说中的男性主人公总是那么委琐和懦弱，并常常受制于女性，例如《一地鸡毛》中的小林、《伏羲伏羲》中的杨天青、《红粉》中的老浦、《烦恼人生》中的印家厚、《行云流水》中的高人云……这些男性主人公作为作者心理的某种投射，反映了知识分子在现实面前无能为力的失败感。因此，新写实的所谓"低调叙事"或"零度叙事"的本质便是：文学知识分子先前指涉现实、干预生活的职能，终于被新一代作家搁置起来了。

理论界对90年代知识分子境况的回应，是稍后有关"人文精神"的议论。1993年第6期的《上海文学》，引人瞩目地刊发了王晓明等人的《旷野上的废墟——文学和人文精神的危机》一文，明确提出了人文精神失落的问题。《读书》杂志随后以"人文精神寻思录"为题，连续发表有关文字，其他报刊很快也参加了讨论。在此后两年里，"人文精神"遂成为理论界的一个主要话题。

这场讨论刚刚沉寂，余音犹在，这里似不必做过详的叙介。值得指出的只是，如果说这次讨论是知识分子自我反省的一种形式，那么，应当说是极不彻底的。例如，关于"人文精神"的涵义，讨论者们指出："我理解的'人文精神'，是对'人'的'存在'的思考；是对'人'的价值，'人'的生存意义的关注；是对人类命运，人类的痛苦与解脱的思考与探索。""我们所谓'人文精神'，主要指一种追求人生意义或价值的理性态度，即关怀个体的自我实现和自由、人与人的平等、社会和谐和进步、人与自然的同一等。"应当说，这仍然是在以"抽象的"方式谈论问题，从而把一个相当具体的问题普泛化了。

实际上，"人文精神"具有十分特殊的含义。从词源来看，它显然出自西文的"humanism"。而"humanism"的词根"human"来源于拉丁文"humanus"，意为"属人性的"、"宽仁的"、"受教育的"、"文质彬彬的"等，应当说，这就是所谓"人文"的基本含义。在这里，海德格尔的一段话可以提供参考：

> 在罗马共和国时代，humanitas（按：humanus的名词形式）初次在人的名义上被思考和追求。"人文的人"对立于"野蛮的人"。在这里，"人文的人"意味着罗马人，他们通过"身体力行"来自希腊人的教育，高扬和尊敬罗马式的德行……罗马人的真正的罗马品性就存在于这种humanitas之中。我们在罗马见到了最早的人文主义：所以，它实质上仍是一种特殊的罗马现象，而这种现象是在罗马文明遭遇晚期希腊文化的时候产生的。①

海德格尔接着指出："14和15世纪意大利的所谓文艺复兴是罗马品性的复兴……文艺复兴时代的罗马人仍对立于野蛮人，只是现在的野蛮是中世纪哥特人的经院哲学。"②因此，"humanism"有着特殊的起源，并且应当说，这种特殊性始终伴随着它日后的每一种形式。

如前文所述，新时期十年，知识分子阶层在一定程度上曾是全社会思想和价值的中心。在90年代，知识分子文化退守边缘，而正是在这一时期，"人文精神"作为一种基本范畴被广泛使用和谈论，因此，其涵义也只有放在此种背景

---

① [德]海德格尔：《论人文主义的信》，见《基本著作集》(*Basic Writings*,1993)，第224页。
② 同上，第225页。

下才能理解。值得注意的是,"人文精神"突出了一个"文"字,实际上,它乃是一种必须借助书面文化来保存、阐释和弘扬的价值取向,是一种知识分子所特有的超越性的态度和立场。从人文精神所涵盖的内容(理性、良心、宽容、审美和形而上追求)来看,它主要是一种知识分子的阶层意识,更准确地说,是自由主义传统下的阶层意识。因此,它迥然有别于左翼知识分子在90年代的社会意识,例如对日益严峻的国际环境,对国内的阶级差异现象和社会主义命运的关注。在这个意义上,今天的所谓"人文精神"不同于文艺复兴时代的"人文主义"(赞美世俗生活,研读古代经典),也区别于新时期初叶的"人道主义"(控诉"文革"暴政,呼唤人性回归),尽管这三者在词源上和思想内涵上存在着同一之处。这是因为,历史上的"人文主义"和"人道主义"更多的是一种与广大社会阶层共享的价值。

这样,讨论者们关于"人文精神"危机和失落的种种忧愤、抱怨之辞,便常常显得无的放矢,从而把一个自由主义知识分子的特殊问题普泛化为一个全社会的问题,以至于要求全社会与知识分子一道,来共同分担"人文精神"的持守之责。

理论界对"人文精神"的议论令人失望,它不但缺少必要的学理辨析内容,而且也缺少知识分子承担自身职责的勇气。相形之下,在部分学院知识分子那里,对上述境况的回应则采取了另一种更有效的形式,这就是"纯学术"的回升。

90年代初叶的学术文化疾速转向,知识界原先关注现实的政治化立场,以及它所依恃的"新观念"和"新方法"已成明日黄花,重实证重考据,重视学术史的清理爬梳和渐进积累,强调学术规范和纪律,蔚然形成风气。已故的陈寅恪和健在的钱锺书等人,换下从尼采到德里达等西方圣哲,成为知识界新的偶像。

例如,《中国文化》在躁动的80年代末筹备创办,问世于萧条的1990年5月。其"创刊词"写道:"本刊确认文化比政治更永久,学术乃天下之公器,只求其是,不标其异。新,固然是人心所想往;旧,亦为人情所依恋。"从观念到语言已明显向传统学术文化倾斜。创刊号编发了庞朴、李学勤、季羡林等名师宿儒的文字，涉及古历、古书和吐火罗文文本的译释等"专门之学"。《中国文化》倡导"回到中国"，重申"以中国文化为本位"的主张，在90年代，这种学术和价值取向日益成为人文知识分子的共识。随后创办的《国学研究》、《学人》、《传统文化与现代化》、《原学》、《原道》等一批刊物，使在80年代中叶曾一度受到"西化"思潮抑制的传统学术文化重焕异彩，成为90年代知识界的重要现象。

知识分子的这种根本转向，可以看作是他们从最高职能（社会良心）向最低职能（书面文化）的一次退却。理想破灭，激情冷却，在"思想"被消解之后，他们寻求"知识"。在"西化"道路中断之后，他们转向"传统"的途径。在社会动荡之后，知识范型发生重大转变，这种现象从秦汉到明清，在中国学术思想史上曾屡见不鲜。在这里，纯学术的追求背后仍隐约有一种意识形态的动力。

在接近90年代中叶的时候，这种意识形态的内涵已经明晰，其核心就是回归于以儒学为主干的中国传统文化。知识分子似乎已经恢复了元气，重新从最低职能向最高职能回升。"昌明国粹，融化新知"的《学衡》派理论被重新高扬，"只有'天人合一'能够拯救世界"的宣言则直接承续梁漱溟等人的新儒学传统。文史哲领域的不少青年学子们在这股"国学热"中形成或调整着各自的学术、思想立场，甚至以中国文化的继承人自居。

这种情况不可避免地引起了马克思主义者的警觉与回应。青年学者罗卜在对"天人合一"等观念进行了分析和批驳之后指出："不排除有人企图以'国学'这一可疑的概念，来达到摒社会主义新文化于中国文化之外的目的。"[①]尽管作者对中国古代哲学的解释尚有可商榷之处，但这一论断却抓住了"国学热"的要害。

本来，在新中国，"国学"这种清末民初时代的陈旧术语如果被沿用，那么，高居于"国学"席位的也理所当然地应是作为国家学说的马克思主义，而

---

① 罗卜：《国粹·复古·文化——评一种值得注意的思想倾向》，《哲学研究》1994年第6期。

决非已被五四时代所扬弃了的传统学术文化。但是，应当看到，今日这股回归传统的学术思潮并非空穴来风，而拥有着从蒙学读物《新三字经》直到农村宗族势力复兴等一系列复杂的社会基础。

自"五四"以来，由于内忧外患的现实压力，在近代化过程中步履维艰的中国传统文化被临时搁置起来。这反映在思想意识层面，便是当时的知识阶层对传统学术、伦理和价值取向的激烈批判。但是，当现实的生存压力解除之后，传统经过一个时期的潜伏、汰选，便会重新显示它的曾经悠久历史考验的价值和活力。在多种经济成分并存，港澳地区即将回归，台湾问题也已成为愈来愈紧迫危急的时代课题的今天，与十七年、"文革"时代以及新时期相比，国际国内环境均已发生重大改变。在海外，包括大陆、台港澳甚至所有海外华人在内的所谓"大中华"（greater China）概念，已经日益频繁地被使用和谈论。那么，在跨向21世纪的时代，全体中国人（他们从地域、观念到语言都充满歧异）将趋向统一并作为一个巨大的政治经济文化实体崛起于东方——在这样的时代，究竟何种学说能够成为这种"统一"的思想和意识形态基础呢？

这的确是一个令人困惑的问题。也许，中国共产党历史上有关民族统一战线，有关党的最低纲领和最高纲领的一系列理论与实践，能够为人们提供一种启示吧。不过这已经超出了本书的题旨。

总之，"国学热"绝不仅局限于学院知识分子内部，也不是以他们为中心而向全社会层层传播的过程。"国学热"不是孤立的现象，而有着广阔的社会及时代的基础。如果它尚未构成当前美学的思想背景，那么，它或许能够成为我们推测未来美学发展的某种依据。

### （三）人民形象

在90年代，美学所面临的新形势，首先是大众审美文化的勃兴。而要理解这一现象，我们有必要通过追溯当代审美文化的流变，从中透视知识分子与人民（大众）关系的历史。

如前所述，20世纪初叶以科举制罢废为标志，中国传统的知识与权力统一于士大夫阶层之手的局面，终于宣告结束。这种情况，一方面导致权力丧失知识内涵,从而迅速腐败(例如北洋政府及其继承者),①另一方面,则使得知识分子群体流入社会,成为一个在野的集团。这两个方面反过来促使知识阶层对现实的态度,乃至一般的社会政治观点日益趋向激进,并在民族和阶级矛盾急剧激化的历史条件下,成为他们转向与广大底层阶级相结合的一个重要动因。

那些直接从事物质生产的、匿名的、非个体的广大劳动群众,就是"人民"的基本内涵。他们主要存在于前工业社会的东方国家的广大乡村,存在于传统的书面文化(知识分子)和官方体制(权力阶层)之外。在中国现代革命史上,人民作为主力军进行着反抗外来侵略和颠覆原有体制的革命。在这种民族解放和社会解放的事业中,如前文所述,部分知识分子作为"党的文化工作者"一批批加入进来,成为这一事业有机的一部分。

因此,在新时期以前,在由党的文艺工作者创作的文艺作品(文学、电影、戏剧等)中,人民倾向于被塑造成历史的主体,这与那个时代的人民观(人民"是创造世界历史的动力")是一致的。落后、愚昧、麻木的群众从不占主导地位,而仅仅被当作一种暂时的、非本质的现象,按照当时所信仰的历史的逻辑,这样的群众必将经历一个从"自在"到"自为"的革命性飞跃。因此,当时无论何种题材或体裁的作品,都倾向于将人民表现为已经或正在觉悟的、具有素朴或自觉的阶级意识的革命性社会群体。例如《红旗谱》(小说1958年,电影1960年)里的朱老忠、《苦菜花》(小说1958年,电影1965年)里的母亲、《红灯记》(1964)里的李奶奶……他们都不是个体的人,而是人民群体价值的集中凝聚和体现。

在各种矛盾交摩激荡的国际国内环境下,人民往往能够焕发出内在潜藏着

---

① 明末意大利传教士利玛窦的《中国札记》写道:"标志着与西方的一大差别而值得注意的另一重大事实是:他们全国都是由知识阶层,即一般称为'哲学家'(指儒生)的人来治理的,井然有序地管理整个国家的责任完全交付给他们来掌握。"1847年,英人麦杜思《留华札记》也极力主张仿行中国的"公职竞争的考试制度":"中国的国脉之所以历久不坠,纯粹地完全地是由于政治修明,政治之所以修明是由于起用贤能有学识的人。"(转引自金铮:《科举制度与中国文化》,上海人民出版社1990年版,第2、6页)

的全部优秀品质。因此，作为历史主体的人民堪称人民成长史上的最高阶段，是英雄的人民（人民"是真正的英雄"）。

进入新时期，尤其是初期，上述类型的人民形象在一定程度上被延续下来。十七年电影和小说的大量复映和再版，说明了两个时代的继承关系。在新创作的作品中，例如长篇小说《黄河东流去》(1979)里的李麦，就直接承续新时期以前的同类形象。但是，值得注意的是，与此同时，罗中立那纪念碑式的巨幅作品《父亲》(1979)却已向人们提供了一种新的、令人震惊的人民形象。这个悲苦的、麻木的、软弱的和驯顺的"父亲"，与此前作为历史主体的人民判若两人，形成强烈对照。因此，"父亲"左耳上方那支后来添加的竹竿圆珠笔（代表文化甚至政治觉悟），作为画家妥协的产物（为参展而接受别人建议）便完全外在于其整体形象。因为，在这幅画面中，人民已由历史主体转变为陌生的注视对象，它对应于一种新兴的"主体"——劫难之后日益获得崇高社会地位的新时期知识分子，如本文第4部分所述。实际上，《父亲》的确暗含着艺术家的一种惊异、悲悯、审视的目光。这种目光以及作为注视对象的人民形象，不同程度地出现在同一时期的其他文艺体裁中，例如周克芹的小说《许茂和他的女儿们》(1979)和北岛的诗歌（"沉默依然是东方的故事/人民在古老的壁画上/默默地永生/默默地死去"）。

电影《黄土地》(1984)极大地强化了这种作为陌生注视对象的人民形象。翠巧爹作为含辛茹苦、寡言少语、消极被动的人民形象的典型代表，使人们不约而同地"想起了罗中立的油画《父亲》"①。同时，在《父亲》那儿被暗含的艺术家的惊异、悲悯和审视的目光，在这里则直接呈现了，这就是前来采风的八路军文艺工作者顾青的形象。值得注意的是，顾青自始至终保持着一种凝视和沉思的神情，保持着一种旁观的立场，从而完全区别于传统的同类形象——即那些发动群众、开展对敌斗争的八路军干部。顾青的这种姿态，令人感到他与身旁因袭着传统重负的人民之间，隐含着一种无法弥合的距离。摄影机镜头

---

① 金鸡奖评委何钟辛语，见《话说〈黄土地〉》，中国电影出版社1986年版，第3页。

是顾青目光的延伸,而当时影评界关于影片摄影技术(摄影机位不动,多"静止的画面")的争论,也反映了同一个问题。因为,固定的机位和"静止的画面"所暗示的仍然是一种注视主体与被注视对象之间的认识论意义上的"对峙",即一种距离化的反思态度。实际上,在影片中,顾青的身份已发生微妙而根本的转换,即从一名八路军干部经由文艺工作者的中介而转变成一位沉思的知识分子,一位文化反思者。《黄土地》同步于上述80年代中叶的中西文化比较,二者具有一种互文的关系。

在人民作为主体的时代,知识分子一般不倾向于具备独立的视角和身份,他们作为党的文艺工作者,作为革命事业的宣传员辛勤创作,并不断进行自我反省和批判。在新时期,如前文所述,部分知识分子试图摆脱这一角色。他们向作为对象的人民形象投射其主观的爱憎、沉思和幻想,他们匆忙地赋予具体的、特殊的事物以一般和普遍的意义。部分知识分子张扬个性,倡导主体性理论,愈来愈习惯于用一种悲天悯人、居高临下和救世主式的主观目光看待人民、传统和历史。

然而,出人意料的是,在知识分子的主观目光和思想范围之外,人民依照自身的轨迹悄悄发展着。简略地说,随着改革开放的普遍进程,部分逐渐脱离贫困趋向富裕的人民(尤其是在沿海大、中城市),在某种程度上已经"中产阶级"化了,倾向于成为某种"市民阶级"。在这个意义上,原先的人民——无论是作为历史主体,还是作为注视对象,都已日趋消失,或转型为大众。应当指出的是,人民尤其是英雄的人民,并不是一种恒定的"实体"(固定的社会群体),而毋宁是一种"功能",一种价值和精神。这种"人民"作为理念蕴藏在"大众"之中,一旦遭遇严峻的历史时刻,大众则仍将呈现出"人民"的特征:那种非个体的、匿名的、遵从集体主义道德的社会群体。

### (四)审美文化

在人民转型的时代,我们看到的是商品经济中的消费大众,以及大众文艺的兴起:大众作为消费主体涌入审美领域。应该说,这一过程从70年代末,随着廉价的大众传媒的逐渐普及即已开始。新时期十年是它的一个稳步成长的过程。而到了90年代,在知识分子阶层退居边缘之际,这些以音像为主要媒体的大众文艺终于异峰突起，成席卷之势。影视节目、流行音乐、通俗文学、广告艺术、时装和装饰等占据主流，它们与广泛的五光十色的世俗生活、欲求、情趣密切结合。审美领域扩展并泛化了，远远逾越了传统的纯审美范围，呈现出口语文化的特征。它们不仅偏离了官方意识形态的正统规范，表达着自己独立的旨趣，而且将传统知识分子文艺排挤到寂寞的角落。这是一个"审美"与一般文化现象彼此交叠的部分，它的迅速崛起，形成了当代审美领域不断扩展的新的中心。

这就是"审美文化"概念和理论产生的基本前提。在中国，随着大众审美文化的日益成长，这个概念大致出现于80年代后期和90年代初，《对美学和文化学研究的历史反思》（李欣复，1987）、《现代美学体系》第五章"审美文化"（叶朗主编，1988）、《关于美学的文化学思考》（邹广文，1989）等论著，均不同程度地涉及了这个问题。应该说，这是一个在传统美学之后（在它的视野之外）形成的概念，它的被采用具有新的美学史意义。

审美文化泛指具有审美特征的文化产品以及与之相适应的一整套经验－行为方式，由于这个概念的非纯审美性质，因此它常常特指大众审美文化。这是一个具有明确时代内涵的概念，它的出现和确立意味着传统美学所借以立论的一整套概念、范畴，已经无法界定和解说新时代大量涌现的审美事实。同时，即使是知识分子的传统的纯审美现象，一旦被纳入到审美文化的范畴内，它们的"纯粹性"也将受到严重消解。因为，从审美文化概念出发，研究者将着眼于纯审美纯文艺与一般文化及其构成因素的内在关联，将置纯审美纯文艺于传统、语言、技术、生产、习俗、历史、政治、经济、民族性和意识形态等一般文化因素所构成的语境中，从它们相互联系的角度予以综合性的考察，因而将大大超出传统美学的原有立场。

如本书引论所述，当我们进入典型的纯审美经验时，日常生活的伦常日用体系便中止了作用。文艺作品作为审美对象以其感性的形象、色彩、细部、意蕴等使人的感觉、想象、情感和理解交流互动，使我们遁出日常情境，进入并沉浸在审美的"出神"状态中。

但是，与此相反，审美文化则倾向于重新进入日常生活。例如，电视系列剧经常以平易的日常世俗生活为题材，并由一个家庭的成员们共同观看和谈论，成为他们共同生活的一个内容。电视系列剧的情节、语言和立意明白晓畅，节奏徐缓，因而在观看时尽管常常被日常其他活动和闲谈所穿插或打断，却并不影响理解。一部电视系列剧往往在一段时期内定时播放，这也似乎使它们成为日常生活的一个固定组成部分。再例如，流行音乐一般也不是专门观赏的对象，而是类似于一种装饰性的音响环境。它们的旋律简单易懂，为人们所喜闻乐见，经常在人们进餐、乘车或购物时作为"背景音乐"，起到对活动、情绪和气氛的调节作用。

审美文化与一般文化因素如技术、习俗、时尚、价值观和生活方式等有着更为直接和明显的联系，它们在本质上是对日常生活的增益和美化，具有入世的积极乐观的基调。对审美文化的欣赏无须凝神谛视，无需全身心地投入，而是经常与世俗生活中的其他活动相互交叠，彼此杂糅，在心理意识上具有浅层的（无深度）、时断时续的（非专注）特征。同时，审美文化常常与感性的欲求以及个人的情感有着更为显著的直接的关联，因而完全不同于纯审美纯文艺的那种距离化的、非功利的和孤立绝缘的经验状态。这种情形令人联想起新时期以前的状况。因为，在十七年和"文革"时代，文艺的创作和欣赏曾被一种功利主义的美学所主导。进入新时期，知识分子则曾一度回归于所谓"艺术本体"，倡导本阶层的那种高雅纯粹的唯美旨趣。而到了90年代，大众文艺却又重新打破了这一精致的趣味模式。

从历史上看，天才的、个人灵感的纯文艺有着漫长的发展历程，迄今为止，它们已经形成了一整套完备的创作方法和技艺体系。与此相对照，审美文化并不以天才或原创性为自己追求的目标，它们的策划和制作往往要考虑到大众口味和市场行情，是理智的和集体的产品。审美文化不是传统纯文艺在新时代的继续发展，它与传统纯文艺之间是一种单方面的、消费性的关系。审美文化产品常常现成地承袭、借用经典文艺的某些方面，对之加以改造，为己所用。例如，通俗小说对传统纯文学在叙述手法、人物塑造和心理描写等方面的成果经常尽取所需；轻音乐则常常选取古典音乐中的优美旋律，作为再创作的主题；MTV的制作则大量借用电影蒙太奇的手法；而作为商品廉价出售的美术品与古典写实主义油画技法之间的继承关系也是一目了然的。

审美文化占据了传统纯文艺的大部分原有领地,将它驱逐到大众视野之外。因而,审美文化也在相当大程度上取代了传统文艺的社会职能。例如,传统小说的功能几乎已经让位于今天的电视系列剧。电视系列剧拥有广大社会阶层的"读者",成为他们新的共同阅读和关注的虚构性体裁,成为他们观察生活、交流情感并取得共识的新的媒介。

大众审美文化占据主流地位,在社会文化生活中几乎无孔不入。在这里,"审美"已经演变为一种感性的文化,一种感性的生活方式、娱乐方式、消费方式。"审美"的纯粹性和超越性荡然无存。面临这种境况,传统的知识分子文艺发生了畸变。事实上,我们看到,在高技术时代,以大众审美文化为一端,以先锋文艺为另一端,审美领域已经裂解为无法弥合的两个部分。

在中国,先锋文艺可以顾城的无意义诗、徐冰的伪汉字和谭盾等人的前卫音乐为代表。这些文艺作品深奥晦涩,含意茫昧,出人意表。它们拒消费大众于殿堂之外,只有少数天才式的专家才有可能恍然神会。作品的涵义决非通过语言、形象或旋律直接呈现,而是深藏遁隐,惘然若失。因此,与大众审美文化的感性化和浅表化趋势相对立,先锋文艺表现出一种极端抽象的理念化倾向。

在传统美学中,审美和文艺向来被视为体现了内容与形式、感性与理性的和谐与统一。然而,在新的时代,如上所述,审美和文艺已发生重大变化。可以肯定的是,传统美学所据以为立论基础的经典的美感心理已经趋于瓦解。例如,18世纪的古典主义和浪漫主义文艺曾是柏克和康德美学的经验基础。但是,对传统美学所界定和维护的优美、崇高和悲剧等基本范畴的相应的经验内涵,我们只有在十分特殊的场合——例如在音乐厅聆听19世纪以前的音乐作品时——才能重新领略。应当认为,这是一种过去时的记忆式的经验状态,它们已不具备当下时代的特征。

新时代的大量审美现象是传统美学不曾面对的,对它们的描述和阐释需要一种介入的、批评型的理论范式,这构成了90年代美学的新内容。

### （五）美学话语转型

本书第5章指出，新时期十年，美学的发展在侧重点上表现为三个不同阶段的前后交替，即从80年代早期的美的哲学，到1985年前后的新方法论，再到后期的美学史研究。这一学术演变的深层涵义则是一个从意识形态回归于专业学科的过程，这一过程顺延到了90年代。美学的这种状况区别于知识分子文化的其他方面。经过1989年事件的震荡，知识分子文化大多发生转向甚至断裂，从而迥异于80年代。当然，产生这种区别的原因非常简单：美学作为知识分子的话语，早在80年代中叶便已完成了其意识形态使命，它的转向在那时已先期完成了。

因此，90年代初叶的美学大致延续着80年代后期的状况，即基本理论相当沉寂，研究的重心仍在美学史方面。毋庸讳言，这些研究往往承袭80年代的原有材料、问题和方法，特别是滞留在原有的思想层级上，大多毫无创意。

在这种境况下，中国美学的"出路"和"前景"成为美学界的共同话题。

1991年初，《福建论坛》和《学术论坛》两家杂志，以"当代中国美学研究的出路"为题，相继编发了一组由北京等地中青年学者撰写的笔谈。稍后，在福建厦门，中华全国美学学会和全国青年美学研究会等联合主办了"当代中国美学研究前景展望"学术讨论会。在笔谈和讨论会上，美学的沉寂局面再次得到确认。

在沉寂中，作为一种新动向而涌现的是90年代审美文化批评的肇兴。这种新式的批评不仅是对上述大众审美文化崛起的回应，而且也具有打破本学科僵局的意义。

比较早地切入这一领域的似乎是高小康。他在1990年发表了《反美学：当代大众趣味描述》和《当代美学与大众趣味》（两文有部分重复），通过相当细致的观察和体会展开论述，对比了传统艺术与当代大众艺术及其审美趣味的特征和规则，并时时注意理论的归纳。他说："当代大众的审美趣味同经典美学观念在许多基本观念方面是背离或分歧的，在这个意义上，关于大众趣味的理论可以称作'反美学'。"①这位作者以对各种艺术现象的熟稔和理性分析见长，区别于专业美学家的高头讲章。

1992年，"当代审美文化研究"作为国家哲学社会科学八五重点规划课题正式立项，对这一问题的紧迫性，官方和学界似乎已取得了共识。

1993年秋，由广东汕头大学和《文艺研究》杂志联合发起了"93当代审美文化研讨会"，北京和汕头的美学界、评论界数十名中青年学者参加了会议。年终，中国人民大学美学研究所等单位又联合举办了"大众审美文化问题与对策"研讨会。会议从"当代大众审美文化的发展"、"大众审美文化的基本特征"以及"知识分子在当前文化环境中的地位"三方面展开讨论，其中倡导知识分子走出80年代的宏伟叙事，"与大众文化走向合谋"，"参与到大众文化的潮流中"的论调引人瞩目，且符合新潮评论界的最新时尚。

1994年5月，中华全国美学会青年学术委员会与《东方学刊》编委会在山西太原联合召开"大众文化与当代美学话语系统"学术研讨会。同年9月，中华全国美学学会组建"审美文化学术委员会"，并以"当代中国审美文化前瞻"为题，在北京怀柔召开研讨会。

上述趋向反映在学科意识上，就是众多笔谈、对话、文章所谈论的所谓"美学理论的转型"。有评论者回顾了20世纪中国美学的历程，认为："90年代的中国正处在一个全新的文化转型时期，一种新的美学理论的出现是它的必然要求。"他们注意到"近一两年来'审美文化'这个词突然大量地出现在美学话语中，这暗示了美学转型的一种动向。"②

这些评论者认为，今天的美学作为审美文化理论具有三方面特点：第一，从哲学的基点转向文化的基点；第二，从一种绝对普遍性美学转向具体历史性的美学；第三，从思辨性转向可操作性。总之，这种审美文化理论的要点是关注当代文化状况，承认审美的多元性、历史性和难以通约性，以及注重美学与门类艺术

---

① 高小康：《反美学：当代大众趣味描述》，《天津社会科学》1990年第4期。
② 张法、王一川：《从纯美学到文化修辞学》，《求是学刊》1994年第3期。

和实用领域的关联。"文化修辞学"成为拟议中的新美学的另一个名称。①

稍后,又有学者发表《审美文化批评与美学话语转型》一文,同样认为:"从根本的意义上说,在当代文化的特殊环境中,当代美学研究只有超越经典形式的美学话语,在巡视、切近当代文化现实的过程中,才有可能产生出自身新的理论对象、理论规范。"并断言:"当代美学的话语转型,其从根本上所指向的,应是一种具有建设性的审美文化批评。"②

在1980年前后的"美学热"鼎盛时期,美学以人性理念为中心,注重理论的自足性和体系内部的首尾连贯。它以排除、隔离异化了的社会现实及其经验为前提,对众多审美现象采取主动剔取、规范的态度。这种理论形态,与当时处于上升阶段的知识分子的社会地位是密不可分的。

然而,对于90年代审美文化批评的倡导者来说,理论的自足性已经是一个过时的观念。审美文化批评以当下文化流动不居的表象为依托,对它们进行随机性的描述和阐释。这种批评注重对个别现象的感受和分析,相对忽视理论的严整性和思想层级的开掘。90年代,知识分子的意识形态沉落,作为市民阶层的大众成为审美文化的消费主体。身处边缘的知识分子以审美文化批评作为新的理论话语,这种选择在归根结蒂的意义上,正是变化了的知识分子生存境况的反映。

但是,应当指出,审美文化批评尽管前景可观,实际上却很难真正入主美学学科。90年代中期,出版了一系列可归属于审美文化批评的著作,但它们的作者都不是以往美学界人物。例如,高小康的三本书《大众的梦》(1993)、《人与故事》(1994) 和《世纪晚钟》(1995) 分别以"当代趣味与流行文化"、"文学文化批判"和"当代文化与艺术趣味评述"为副题,在内容上相当符合上述理论家对"美学话语转型"的构想。这些有关当代审美文化的散评,以对大量文化现象的悉心观察和深度理解为特征,涉及当代文化的各个方面和层次,的

---

① 张法、王一川:《从纯美学到文化修辞学》,《求是学刊》1994年第3期。
② 王德胜:《审美文化批评与美学话语转型》,《求是学刊》1994年第5期。

确已远远溢出了美学学科的范围。在这里，审美文化批评本身已构成一个相当专门的领域，它毋宁是美学的一个分支，但却很难取代美学本身。作为一门理论学科，美学有其观察事物的特定角度和层级。这种角度和层级使美学具有一种超越庞杂的现象界，抵达事物本质领域的根本倾向。这一超越的倾向植根于前述书面文化的涵义，植根于依托于书面文化的知识分子的本性，因此它可以沉寂于一时，但最终却是无法被消解的。转型不同于断裂，它毋宁是一个合理转化的过程。因此，在未来新的社会文化语境下，美学作为一门理论学科仍将追问和思考自己的问题。

美学话语转型不应当是以往学术史的中断。从这一观点看，审美文化批评在依托于90年代文化的同时，已同上述新时期美学的进程失去了逻辑关联。因此，从学术史进程的立场着眼，90年代的美学似乎应有另一种可能。

### （六）一种推测

从90年代后半期到21世纪初叶，在美学领域，一种非常可能的学术动向大概是中国古典美学的兴盛。上述推测所依据的理由如下：

首先，如前文所述，一种悠久的文化传统，在受到现实压力的抑制，被迫潜隐一段时期之后，有可能在新的变化了的历史条件下恢复活力。这其中当然也包括中国古典美学。古典形态的中国美学起源并展开于独立的文化生态之中，它从基本理念直到表述方式，都截然区别于西方美学而自成一体。

前文指出，在80年代后期，中国美学史的研究便已开始取代以往的美的哲学和新方法论，成为美学领域的重心和用力最勤的方面。从先秦直到明清，整部中国美学史已被学者们多次爬梳清理，这里包括大量专题论文、多部通史、专史和断代史，也包括大量资料的编选和释读。但是，由于中国古典美学卓然独立的特性，总体来看，以往的阐释工作不同程度地以西方美学的眼光和标准为依据，因而在这种阐释过程中，中国古典美学的真谛往往被删削掉了，它实际仍隐伏在某种原初的自在状态中。尽管如此，当代学者筚路蓝缕的草创工作仍然是功不可没的，它已初步完成了对浩瀚的历史材料的梳理和归纳。因而，在未来时代，中国美学史便成为一个虚席以待的理论领域，期待着一种具有穿透力的成熟的理论阐发。一旦学者们获得了恰当的进入方式和思想构架，中国古典美学将被重建,并作为一种东方的古典理论范式,为未来美学提供一份重要的思想史资源。从新时期美学的进程看,这将是一个回溯的过程,即透过美学史的研究,重新回到基本理论和方法,并将这三者(历史、理论和方法)综合起来。这是中国古典美学可能兴盛的学术理由。

其次是社会时代的动力。上文指出,自90年代以来,"国学热"方兴未艾,并势将持续到21世纪。在未来,如果中华文明与基督教、伊斯兰等文明并峙于世界,那么,对传统的阐释、回归和弘扬,便有可能成为中华政治经济腾飞的文化内涵。因此,不论持何种态度,我们都可以断言,"国学热"真正的高潮目前尚未到来。从这一历史前景看,各种对传统的研究和阐释(国学)将日益深入与成熟,它们将造成一种优越的学术及思想环境,并作为相邻学科促动和支撑中国古典美学的重建。同时,古典美学的重建也将成为"国学热"的组成部分。在这种崇仰中华文化的总体背景下,古典美学的回升将会获得一种深厚的社会时代的土壤。实际上,任何一种学术繁荣,都不会仅仅是学术自身渐进积累的结果,它们不可避免地都要借助于某种外部的——例如社会意识形态的动力。

最后,这种古典美学的重建关系到知识分子的阶层旨趣。中国古典美学在上包含儒、道、禅三家哲学理念,在下则以诗赋、书画乃至园林建筑等为经验依据和论述对象,这些哲学理念和文艺体裁均是古代知识分子阶层的思想意趣直至生存方式的体现。在这里,对古典美学的研究不仅仅是一种理性的认知或知识体系的一个领域,而且,研究对象本身已经蕴含、承载着知识阶层的旨趣和理想。在传统学术文化重新被确认的时代,古典的审美趣味和观念将在某种程度上回升,并渗透到当代知识分子的创作和鉴赏活动中去。这样,中国美学史与其研究者(知识分子身份)在知识和价值上的关联将是双重的。古典美学采用一种简约的、言近旨远的诗意语言表述,往往语焉不详,只可意会。因此,对它阐发和重建将是一种深度的解释工作。当古代作者的原初"意图"以理论化的现代语言大白于天下的时候,将会有一种"代圣人立言"历史感,知识分子将在其中获得一种超越的经验和寄托。

## 结束语　过渡时期的现象：人、知识分子与美学

（一）

马克思说："人的本质并不是单个人所固有的抽象物，实际上，它是一切社会关系的总和。"1845年春写于布鲁塞尔的笔记上的这段话，大概是马克思关于"人"的最著名的论断了。这种对抽象人性论的批判，至今仍是无可置疑的。

在马克思的论断中，我们可以看到两种"人"的对立：抽象的人（人本身）与具体的人（作为社会关系的总和）。抽象的人之所以区别于具体的人是因为它被剥离了一切具体的规定：社会的、阶级的、性别的，等等。应当指出，所谓抽象的人或人本身并不仅仅是费尔巴哈及其继承者们的理论虚构，实际上，它们同样与社会关系密切相关，或者更准确地说，是社会关系发生变动时期的产物。

在十七年和"文化大革命"时代，人们曾普遍地栖身于政治化的社会关系中。在当时，人们的身份首先不是一个个人，而是高度组织化的阶级队伍中的成员，这种阶级队伍具体化为各级组织和单位，深刻地规范着他们的工作、生活直至思想情感。在这种阶级的和集体主义的关系模式中，个人的愿欲、个性与自由不可避免地受到忽略和抑制。在这里，"人的本质"作为"社会关系的总和"，具有明显的、直接呈现的意义。在那个时期，随着社会生活的日益政治化，整个社会关系逐渐僵化为束缚、压抑人的桎梏。如前文所述，人的这种生存状态只有放到当时复杂的历史背景下，才能被公正地理解。

"文革"结束以后，中国社会开始了一个转型时期。随着中西壁垒的解除，原先的阶级队伍趋于解散，政治化的社会关系随之松动。由于原有社会关系对人的长期羁縻，人们倾向于否定地评价它们，相反，脱离了社会关系的"人本身"则受到礼赞。旧的社会关系日益消解，新的社会关系尚待建立。在这样的时期，"人"脱颖而出，进入了一个"自由"的空间。人的存在的各种可能性呈现出来，并在长期政治化的社会关系的宰制突然间松弛之后，体验到一种前所未有的解放感。这是一个社会关系变动和重组的时期。在这样的转型时期，"人"由于脱离重重关系的网络而经历了一个自然的"抽象化"过程，并

常常赋予自身以"自由"、"主体性"等超越性的内涵。在这一时期,各种有关"人"的理论纷然杂陈,成为占据学术思想主流的意识形态。

然而,曾几何时,这个过程已经趋于终结。在90年代,人们开始重新被纳入到一种以市场经济为轴心的社会关系中,新的阶层分野再次将"人"分解开来。在十七年和"文化大革命"时代,社会关系体现在每一个人的政治身份上:他们被划分为干部、党员、工农兵乃至地富反坏右。到90年代,新的社会关系则赤裸裸地物化为金钱。"人本身"被金钱这种价值尺度(一般等价物)重新分类,被划归各个等级,过渡时期的抽象人学失去了存在的依据。

因此,抽象的人作为一种理论构想,是一种(政治的)社会关系解体,并向另一种(经济的)社会关系转型时期的产物。尼采借查拉图斯特拉的嘴说:"人是一条系在兽与超人之间的软索"。我们可以说:"人"作为软索是一个时代的社会关系向另一个时代的社会关系过渡的桥梁。

(二)

知识分子作为抽象人学的倡导者,同样也是一种过渡现象。这种情况最晚近的一例是新时期。在这个新旧递嬗的转型时代,原先政治一元化的社会体制转变为以市场经济为基础的新体制。此前,在十七年和"文革"时代,知识分子居于"党的文化工作者"的固定角色内,忠诚报国,勤勉工作,由于各种复杂的原因,他们在社会生活中并未得到应有的评价,甚至是一个备受抑制的阶层。"文革"结束后,知识分子的社会地位和影响迅速上升。作为社会代言人,知识分子介入现实,引导舆论,从思想文化到社会政治领域,搬演出一幕幕历史活剧,在特定时期甚至成为某种"领导阶级"。然而,到了90年代,在逐渐定型的商业化社会中,知识分子重新退出公众视野。他们回到学府,回到各自的专业领域,居于沉寂的边缘。

大凡社会转型时期往往同时是一个知识分子的时代,这究竟是什么原因呢?

我们知道,所谓社会稳定时期,意味着经济基础、上层建筑与意识形态彼此整合与适应。在这样的时期,知识分子作为一个掌握书面文化的社会阶层,往往据守在各自的专业领域,作为社会正常运作的环节而发挥作用。但是,在社会生活急剧变动的时代,旧的体制已经衰解,新的体制尚未建立。在这样的过渡时期，历史前景迷离莫测，时代彷徨于多种可能的十字路口，各式各样迥然相异的新思想、新观念、新道德往往随地涌出，然后又倏忽而逝。各种对立的意识形态彼此交磨激荡，相争不下。在这样的转型时代，意识形态往往承担着构拟、界定和范导未来社会的历史使命，从而具有超出以往时代的特殊重要性。由于这种原因，作为意识形态的制造者和传播者，知识分子也就相应地占据了引领时代潮流的特殊地位。等到社会转型完成之际，知识分子将再度被纳入到新的体制中去，作为新体制的一个环节，失去原先特殊的重要性。

马克斯·韦伯曾区分了三种权威。相信传统是神圣的，依据传统来确定行使权力的人，这属于传统的权威。相信规章制度的合法性，服从合法任命的人的统治，这属于理性的权威。那种既不是以合乎程序的法制，也不是以公认的传统，而是依靠个人的德行和天赋赢得人们的服从，则是超凡魅力的权威。在这三种类型中，传统的和理性的权威都具有稳定的、超个人的性质。实际上，那种超凡魅力的权威往往是从传统权威到理性权威之间的过渡形态。在社会转型时期，传统的规范已经崩溃，建立在理性基础上的法制尚付阙如，在这种权威真空的状态下，具有超凡魅力的个人便承担起一种临时的、替代性的领导职能，以引领社会、民族和时代渡过暂时的危机。应当指出，如果现代知识分子在公共事务方面赢得社会公众的信任和期待，那么，这既不是由于历史传统，也不是由于理性的制度合乎程序地赋予了他们这种殊誉，而是由于他们异乎寻常的人格、天才、成就和声望，他们仍然属于一种超凡魅力的权威，一种过渡形态的权威。

（三）

20世纪初叶，蔡元培提出了颇具影响的"以美育代宗教"说，这种理论的呼吁实际反映了一种历史状况。也就是说，宗教性价值的衰微与文艺或审美价值的崛起往往前后相继，或者说是同步的。在历史上，最著名的一例是经历漫长中世纪（基督教时代）之后的文艺复兴运动。狂信的宗教让位于自由愉悦的美的形式，这种价值转换现象的最晚近的例子仍然是中国的新时期。

从"文化大革命"个人崇拜的宗教情绪中解脱出来，在70年代末，中国大陆的文学、美术、戏剧、音乐以及审美活动的理论方面——美学，迅速走向繁荣。审美甚至被尊奉为人类终极价值和理想的寄托与承担者。但是，在历史上，欧洲文艺复兴运动在取代了中世纪之后，最终又消泯于更为世俗化的工业革命以及伴生的资本主义精神之中。同样，中国新时期的上述各门文艺以及美学，也在经历了各自的黄金时代之后，在90年代方兴未艾的商业化浪潮中，不约而同地归于沉寂。从宗教式的激情经审美愉悦到物质消费主义，这是一个神圣价值从人格化的实体（毛泽东），到美的形式（美学热及文艺繁荣），再到商品拜物教（市场经济）的三个阶段。这些"崇拜"的不同形式映照着"神性"逐步衰退的全过程。因此，审美形式或美学，不过是宗教性价值向彻底的世俗生活平缓过渡的一个中介状态。

在本书第3章，我们曾援引美学鼎盛时期的一段有关人性的著名论述，这段论述从美学角度重新阐释了人性："这种异化了的理性（社会性）倒恰好与前述异化了的感性（动物性）成了对应，把人性理解为、归结为异化了的社会性（如宗教观念、禁欲主义、人成为生产的奴隶等等），正如把人性理解为、归结为异化了的动物性、自然性（如原始情欲、纵欲主义、人成了消费的奴隶等等）一样，它们实际都不是人性。人性应该是异化了的感性和异化了的理性的对立面，它是感性与理性的统一，亦即自然性与社会性的统一。"在"美学热"时期，这种"统一"普遍地被理解为"美的本质"。

然而，从上述神圣价值的历史变迁来看，这种"美的本质"与其说是一系列对立事物的最终"统一"，不如说是对立事物之间的一个历史性的过渡环节，是一种类型的价值向另一类型价值嬗替过程中刚好达到的平衡状态。

在新时期，人、知识分子与美学三者密切关联，相互依因。美学的繁荣局面以抽象人学为依据、为主题，它作为知识分子的共同话语，表达着他们超越现实的根本倾向，成为他们在新时期初叶的一种意识形态。人、知识分子与美学，这三者作为过渡时期的社会文化现象，在从"文革"结束到市场经济的逐步确立期间，相继度过了各自的鼎盛期，完成了各自的意识形态使命，从而也使有关这三种现象的相对完整的叙述成为可能。

（中国广播电视出版社1998年版）

## 穿越文艺　抵达哲学

### 一

小时候喜欢画画，大约从小学三四年级到初中二年级，持续四五年时间。为什么画画呢？是因为喜欢看"小人书"。

小人书是我们广大60后的第一读物。那时候，尤其让我着迷的是"文革"前出版的古今战争题材的那几种，像《三国演义》、《岳飞传》、《杨家将》、《水浒传》，还有《平原枪声》、《敌后武工队》、《铁道游击队》，等等。小人书学名连环画，一般采用单线白描，配以简练的文字，64开，方寸之内布局造型，常常是形神兼备，颇具匠心。五六十年代是中国连环画艺术的黄金时代。这是因为，新中国的文化政策是摒弃大、洋、古，而偏向基层，侧重普及，在这种很特殊的时代环境里，适合青少年和其他低文化读者的连环画受到空前的重视，国家投入了许多人力和物力，加上当时图文作者精益求精的工作伦理，使得连环画成为那个时代极重要的文艺部类。

小时候看到的第一本小人书是《三国演义》中的《长坂坡》，是一册旧版残书，前无封皮后无封底，故事也被掐头去尾——当时小屁孩们手中传看的连环画大多如此。那会儿大约三四岁或四五岁，不认字，全靠大孩子讲解。印象极深的是赵云，英武神勇，一人一骑出入于曹军重围，枪挑剑砍，所到之处，威不可挡，而且在这同时胸前还抱护着婴孩阿斗。常山赵子龙，那真是集勇武与慈柔于一身的英雄啊。

后来，上学识字，陆续又看了几本。但是，这类旧版连环画家里一册也没有，正值"文革"期间社会上也难得一见，只能偶尔从小伙伴那里借着看；而且，一般最多借一晚，次日早上必须还。由于魔障了一样爱不释手，渐渐地就想着照葫芦画瓢，把英雄的形象留下来，于是就试着临摹。

那时候画画，在动机上实在与美术无关，主要是出于一种原始的崇拜英雄的心理。

可是，因为偶尔能得到家长或邻居或同学伙伴有口无心的几句赞扬，便有了上进心，再加上为了画得像，也不得不讲求画艺技法之类，于是渐渐有了那么点意思，除线描外，还琢磨着敷色，并逐步尝试静物素描、水彩画和水墨国画。上世纪70年代前期，功课负担无从谈起，课余时间弹球，爬树，养鱼，打鸟，滑冰，游泳，下棋，粘知了，春夏秋冬轮着玩，当然也有大把的时间画画。后来，不知不觉也结识了几个小同道，四五个人一起玩，一起画。那段时间，做梦都想当画家，什么齐白石徐悲鸿黄胄，诸如此类，整天挂在嘴上。

当然，那些年，除连环画外，还有红歌、样板戏、露天电影等等，也是60后耳熟能详的文艺形式，对他们的成长有莫大影响。只不过它们对于我来说，毕竟不具有决定性的意义，仅仅构成了临摹连环画的一个文化环境而已。

1976年，大事件接二连三，刚好在10月6日晚上，清秋夜色，我家从北京东城搬到朝阳。转学，到新环境，因为落了单，画画的事就慢慢搁下了。原来一起的几个玩伴，有两个后来考了美术专业，其中一位现在是颇有成绩的工笔画家，在一所著名学院里教书。我想，如果当时不搬家，很可能会沿着美术的道儿再往前走。

## 二

老版连环画很稀缺，可遇不可求。于是只能退而求其次，大约从小学三年级开始，便硬着头皮啃那些感兴趣的"字书"——都是我托老爹从单位图书馆借的。第一本是长篇小说《连心锁》，写淮北新四军，从抗日战争讲到抗美援朝，至今还有印象；第二本叫《渔岛怒潮》，感觉平平；第三本是什么忘了。不久，又磕磕绊绊地读半文半白的《三国演义》，聊补连环画之缺。以后，陆续看过《平原枪声》、《林海雪原》、《烈火金刚》、《草原烽火》、《李自成》（第一部"文革"前出版），等等。那时候趣味狭窄，非战争题材不看，因此，就很少读到真正好的作品，包括《三国演义》，在四大古典名著里也是相对浮泛粗糙的一部。所以，在我这儿，读小说也和画画一样，同文学趣味无关，主要是为了满足幼稚的战争想象。还有，看小说和画画一样，最初都源自对小人书的饥渴——因为看不够或者看不到。

真正感受到文学的深度，的确比较晚。高中一年级，没心没肺的战争审美告一段落，可能是由于青春期发作，学会了感时伤世，对古典诗文尤其喜欢，最膜拜的是《前赤壁赋》。

这篇赋体散文其实不过五百来字，却相当集中地表达了中国传统文化特有的关于繁华易逝、世事空幻的苍凉感慨。这是一种所谓"悲凉之气"，贯穿于整个中华古典文明，塑造了其独特的世界观：它总是在事物兴盛之际看到其衰败，在事物起始之际看到其终结，从绚烂中看到平淡，从春看到秋。它把情感主要赋予了秋天这个摇落之季，即使吟咏春天也往往偏爱暮春这个落花时节。它与秦皇汉武所代表的王霸之气彼此交织、对冲、互动，极大地平衡了后者，并对一切原始的生命力，对一切欲求、奢望、奇想和雄图给予有效的抑制和消解。

有趣的是，《前赤壁赋》感慨摩挲的那段历史，恰好就是《长坂坡》故事的前后背景。从《长坂坡》到《前赤壁赋》，巧合总裹挟着必然，对于我来说，相隔十几年，文学的世界的确突破、颠覆了之前平面展开的二维世界，使内心向深处伸展了那么一点点。所以，当初即使不搬家，即使能够继续画画，随着年龄增长，最终也会遇到内心的这个关口。

这样，高中时期，又顺理成章地做起了文学梦，不久便考进了大学文学专业。

## 三

我1980年上大学，刚开始还是延续高中时期的趣味，读的多半是古典文学，特别是王维，那种简淡幽远的境界，很对胃口。

不过，周围环境却是另一番面貌。当时在校园里，各种社会或文化思潮、学说、知识一片嘈杂，漫无头绪地传播、更迭、碰撞，像人道主义、存在主义以及各派现代主义，等等。同时，入学不久，刚好赶上选举区级人大代表，几乎一夜之间，校园里涌现出十几个竞选班子，都是红卫兵、老知青一代，每晚必有演讲，各路人马轮番登台，宣示各种政治设想和改革方案，彼此辩难质疑。这当然是社会进入变动期的征象。

这个时候，单纯的文学，又能够提供什么呢？

文学所承载和表达的情感，是一种飘浮、绵延、弥散的软体，沉浸其中，时间久了，常会让人有茫然自失的感觉，因此需要某种有硬度和韧性的概念、命题和理论框架来约束和范导，通过抽象、概括和解说使其定型，成为确定之物，借此获得内心的稳定感和归属感。在一个社会的急剧变动时期，内心的这种需求就更为强烈。

那时，美学界也正围绕"美的本质"等玄学问题展开大论战，吸引了相关专业的许多学者，围观者甚众，成为一时之显学。这就是当时的"美学热"，其实质是：在60年代的政治理想破灭后，知识分子群体正在构建一种新的审美理想，以取而代之。

由于对文艺的爱好，相邻学科的这股理论热很快抓住了我，渐渐地其疯魔程度便可比于当年追看连环画的情形。那时，隔三岔五，定期必到图书馆翻看各种新出期刊上的有关文章，对各家各派的代表人物及其思路观点了如指掌。同时，按计划系统地阅读美学史上的各部名著，从柏拉图、亚里士多德到休谟、康德、黑格尔、克罗齐，再到别、车、杜，等等。当然，青年马克思的《1844年经济学—哲学手稿》这部有名的佶屈聱牙之作，更是反复再三地研读过。

美学兴盛于18、19世纪的德国，特别是成熟于康德，一般是作为某个哲学体系的一个有机组成部分。所以，通过美学，我很自然地对哲学发生了浓厚兴趣，本科毕业时，便取经美学专业，考进了哲学系读研究生。

以后几年，不可抑制地沉溺于哲学，特别是德国哲学，并渐渐锁定海德格尔，有时恍惚觉得，全部真理似乎都包藏在海德格尔的艰深晦涩的句子里。为此，曾拼命自学德文。而且，为看懂海德格尔，先去读在方法论上给他以重大启发的他的老师埃德蒙特·胡塞尔的现象学，为理解胡塞尔，又去读笛卡尔。回过头来，刚好在1989年，以每小时4页、每天20页的蜗牛速度，大半年如一日地逐字逐句通读了由John Macquarrie和Edward Robinson英译的海德格尔的《存在与时间》，感觉思路还跟得上。接着，又读了他的《形而上学导论》、《论艺术作品的根源》、《论物》等的英译本。以后，又读解构主义哲学。

通过几年的系统阅读，总算闹明白了自笛卡尔到康德、胡塞尔、海德格尔，再到德里达，从17世纪到20世纪，三百年来所谓欧陆哲学究竟在干什么，简单说就是：在上帝隐遁之后，代替上帝，以概念为砖石，在一个绝对可靠的具有终极意义的支点上重新构建整个世界，最后，再把这个世界打碎，完成了一个思想史的循环。其实，这个哲学的循环也预示着西方现代文明从起源、兴盛到衰落，直至解体的过程。

## 四

在德国古典时代，康德、席勒、黑格尔都以不同的方式表述过：审美作为感性与理性混而未分的统一体，是人类从感性上升到理性的中介、过渡或桥梁。

自己上述的一点点经历，刚好符合这个重要的美学原理——以原始的英雄情结为契机，进入文艺，浅尝之后，再从这里转向哲学，由此形成了自己从感性到理性的前半个循环。后半个循环——从抽象回到具体，即通过学习历史和社会科学，从那种偏离本土经验的哲学观念，回到中国的现实——这个过程大体在90年代中后期完成，我前些年在一篇题为《我们这一代人的思想曲折》的文章里曾经涉及，属另一个话题，这里不再赘述。

研究生毕业后，几个偶然原因凑一起，进了现在这所艺术科研单位，一待就是二十几年。回顾起来，的确乏善可陈，尽管如此，还是有一点关于艺术的体会，或许值得一说：

与人类的其他领域相比较，文艺这种精神样式对应的是更精致、更细腻、更敏感的内心，如果任由其按自身逻辑片面发展，可能会使一个人的心性变得过分柔靡和脆弱——对于一个社会和文明体来说，同样如此，例如中国历史上的两晋、南朝和南北宋。因此，需要其他文化样式来平衡和校正艺术能力的发展，例如哲学，例如历史和社科，更重要的，还有各种形式的社会实践。也只有这样，才能在一个更高、更综合的立场上来理解艺术。

（原载《艺术广角》2014年第2期）

# 反传统主义与现代化
## ——以中国革命为中心

一、中国近代工业化失败的三个原因 / 181

二、政治路线与意识形态 / 203

三、反传统主义：民主与科学 / 215

四、反传统主义：奴隶史观 / 228

五、反传统主义与中国工业革命 / 246

## 一、中国近代工业化失败的三个原因

20世纪的中国思想界以全盘性的反传统主义为旗帜。

从五四运动到"文化大革命",尽管持论的立场多有变化,但反传统话语的激烈性格始终如一。需要指出的是,中国20世纪反传统主义思想的根须深植于19世纪后期的政治、经济、军事层面,两者之间有着明确的历史因果。具体地说,20世纪中国思想界的全盘性反传统主义,是以19世纪后期以来在原有社会的政治-文化框架内的现代化运动屡屡受挫——这一严峻的现实为前提的。可以设想,假如中国在19世纪后期通过洋务运动,在同治中兴的景气中较为顺利地完成了工业化,实现了富国强兵之梦,借此完成了中国近代史课题,即摆脱日益深重的半殖民地和殖民地之命运——犹如明治维新以后的日本,那么可以断言,全盘性的反传统主义便不可能主导中国20世纪思想文化的空间,正如近代以来日本思想大致走了一条与传统相妥协与调和的道路那样。因此,中国自19世纪后期以来政治经济层面现代化运动的连续挫败,便成为理解意识形态领域全盘性反传统主义的前提。

近代以来,中国现代化运动的连续挫败,归结起来大致有三个原因。

### (一)中心国家

1. 在欧洲,罗马帝国崩溃后,再也没有一个权力中心有能力扮演原先中央政府的角色:罗马教廷不过是罗马帝国的影子,查理曼大帝的统一则过于短命。在封建主义的欧洲中世纪,政治权力和经济剩余由教会和大大小小的封建领主所分割。由于没有一个中央政权来整合全社会的资源（这是统治阶级力量薄弱的表现），自治城市和商人阶级便获得了相对自由的生长空间。

中世纪后期，统一的民族君主国开始崛起，商品经济也趋于繁荣。新兴的民族君主国一方面挑战罗马天主教廷的权威，另一方面则着手剪灭境内众多封建领主的地方势力。在激烈的政治角逐中，引人瞩目的是君主与商人阶级的联合："欧洲君主新权力的获得，极大程度上取决于同新兴的商人阶级的非正式联盟。自治市的自由民向君主提供财政援助和管理才干，成为国王的内侍、监工、账目保管人和皇家造币厂经理等作为回报，君主向自由民提供保护，以反对封建领主和主教的频繁战争和苛捐杂税。他们还为商人利益服务，废除了五花八门的地方自治政权；这些地方自治政权各有其自己的关税、法律、衡量制和货币。"①

统一的民族君主国为商人阶级的成长壮大准备了条件。一方面，封建的地方自治政权的消灭为开辟统一的国内市场扫清了道路；另一方面，由日益强大起来的民族君主国所资助的海外冒险事业，则为商人阶级获取了不断拓展的海外市场，以及源源不断的原料和人力（奴隶）资源。早期探险者们绝大多数是意大利航海家，但他们故乡那些弱小的自治城市是无力向他们提供海外冒险所需的人力物力支持的。值得注意的是，海外扩张事业在使西欧收取经济利益的同时，也使其获得了政治利益：世界的财富源源流入西欧，使一个商人－资产阶级在教士、王权和贵族阶层之外迅速成长，并提出了他们的政治要求——近代政治民主和人权观念随之诞生。欧洲各国相继爆发资产阶级政治革命，为同期稍后的工业革命和现代化准备了社会政治的条件。商人－资产阶级曾经由王权所庇护，现在则反过来吃掉了王权。②

---

① [美]斯塔夫里阿诺斯：《全球通史——1500年以前的世界》，吴象婴、梁赤民译，上海社会科学出版社1992年版，第467页。

② 商人－资产阶级消解王权（军事独裁政权）的过程在20世纪东亚各国将以另一形式重演（见后文）。

上述发生在中世纪末叶民族君主国内部的中央政权、封建领主和商人阶级三者间的政治斗争，在欧洲范围内，直到19世纪才以商人－资产阶级上升为社会唯一的统治阶级而告结束。然而，与此相类似的中央政府、地方封建政权和商人阶级的政治角逐，在中国历史上，早在一千多年前就已经发生过了——尽管结局在中国大相径庭。

这绝不是耸人听闻之谈。简言之，在中国，从春秋战国到西汉王朝，一方面是传统封建制彻底瓦解后商品经济的蓬勃发展，另一方面是政治强权（先是秦，后是汉）与地方割据势力（先是战国群雄，后是同姓异姓诸王）之间长期的政治军事较量。从秦始皇兼并六国到汉景帝平定"吴楚七国之乱"，再到汉武帝进一步削弱封建诸侯王国，地方割据势力终被彻底清除，皇权－官僚阶级大一统的中央集权制度宣告完成。与此同时，通过西汉中央政府实行的土贡制度、官办工业制度和禁榷制度等一系列"排富商大贾"的抑商政策，商品经济和商人阶级亦遭致命打击。[①]就这样，中央集权的皇权－官僚阶级不仅统一了政治权力，而且控制了社会绝大部分的经济剩余。

从战国到西汉，皇权－官僚阶级两面出击，在横扫封建割据势力的同时，也长期抑制了商品经济和商人阶级的成长。需要指出的是，皇权－官僚阶级之所以长期坚持抑商政策，并非仅仅出于意识形态的偏见，而是有其深刻的政治经济原因。反过来，有关的意识形态偏见之所以能长期绵延不绝恰恰是由于这些政治经济因素在深层发挥着作用。简言之，在古代社会，商人阶级不仅聚敛钱财，富可敌国，而且跨地区、跨阶层，具有相当强的组织动员能力。他们在平时大量兼并土地，瓦解社会经济秩序，并腐蚀各级官员。而在历史危急时刻，商人阶级则可能脱颖而出，与皇权－官僚阶级争夺政权。中国历代农民起义中，多次都有商人阶级（例如盐商）参与组织发动，不是偶然的。正因为如此，商人阶级在中央集权制度看来，无论是对其经济剩余的垄断，还是对其政治权力的控制，都是一种潜在的威胁。皇权－官僚阶级要维系自身的统治，抑

---

[①] 参看傅筑夫：《中国古代经济史概论》，中国社会科学出版社1981年版，第208－219页。

制商人阶级的成长就是一种必然的选择。

在政治经济层面建立大一统格局之后，皇权－官僚阶级在同期的思想文化领域则罢黜百家，确立了儒学的支配地位。因此，与罗马帝国崩溃后欧洲在政治、经济和社会文化诸领域的长期分裂局面不同，经过中央政府、地方封建势力和商人阶级三方的上述角逐争斗，中国社会历史性地导向了统一的中央集权制度。在中国，这种极为完备的中央集权制度正是造就两千年辉煌的古典农业文明的前提条件之一。强大的皇权－官僚阶级不仅垄断了社会全部政治权力和绝大部分经济剩余，而且垄断了意识形态话语，借此窒息了一次次社会内部的资本主义萌芽。但与此同时，它也成功地整合了全社会各种资源，从而有能力抵御自然灾害，并抗击来自北方蛮族的持续不断的南下攻势，[①]维系着辽阔的强盛帝国，在它一次次解体之后成功地予以修复，使之避开了欧洲在罗马帝国灭亡后分崩离析的命运。

2．中国的中央集权制度与欧洲封建制度在整合与动员社会资源能力方面的差别，可通过郑和下西洋与哥伦布海外冒险的比较而得到生动的说明。

从1405年（明永乐三年）到1433年（明宣德八年），郑和奉明朝皇帝之命率船队七次出使西洋。[②]船队在到达东南亚各地后，又驶抵印度，并远达波斯湾、阿拉伯半岛和非洲东海岸。最后一次远航时，船队拥有官校、旗军、火长、舵工、班碇手、通事、办事、书算手、医士以及各种工匠、水手、民工等2万7千余人，共乘大船63艘，其中最大的船长44丈4尺，宽18丈，可容一千余人，是当时世界航行海上的最巨大的船只。其他各船平均也可容四五百人。船上有航海图、罗盘针，并且满载有金银绸缎和瓷器等珍贵货物。

在郑和最后一次远航的约60年后，1492年，意大利航海家哥伦布在西班牙

---

[①] 反过来，这两者也促成了统一的中央集权国家的持续存在。毛泽东："中国统一，为河与外族进攻二事。"见《毛泽东读文史古籍批语集》，中央文献出版社1993年版，第274页。

[②] 根据明张燮《东西洋考》（1617），明代人以婆罗洲（加里曼丹）为界，婆罗洲以西称西洋，婆罗洲以东称东洋。

王室资助下,组成了仅有87人的远征船队。远征船队的旗舰"圣马利亚号"长仅12丈,宽仅2丈5尺。但是,这艘小旗舰与船队的另两艘船"平塔号"和"尼娜号"相比还要大一倍。哥伦布船队与郑和船队在规模上的这种差别,缩影式地表明了欧洲刚刚崛起的民族君主国与当时中华帝国在综合国力上的差距。

与拥有强大中央政府的中国不同,在封建时代的欧洲,政治权力和社会生产的剩余被罗马教廷以及大大小小的王公和封建领主所分割,而这种支离破碎的政治经济结构,在使中世纪后期的自治城市和商人阶级享有较大生存空间的同时(这是近代资本主义起源于西欧的原因之一),也造成了欧洲在长时期内政治上软弱无力,经济上则无法积累大量的社会剩余,因而难以动员足够数量的人力物力资源(这使得西欧在中世纪长期处于落后状态)。

在漫长的前资本主义时代,西欧长期处于欠发达状态,是古代文明中心的边缘或外围地区,而中国在各个方面则堪称古代文明的中心和典范。这一历史事实早已为扬弃了欧洲中心论的西方史学界所承认。斯塔夫里阿诺斯指出:"早在汉代,中国已成功地赶上欧亚大陆其他文明,而现在,即中世纪时期,中国则突飞猛进,仍是世界上最富饶、人口最多、在许多方面文化最先进的国家。……从6世纪隋朝重新统一中国,到16世纪西方人开始由水路侵入中国,这1000年是中国政治、社会和文化空前稳定的时期。……整整1000年,中国文明以其顽强的生命力和对人类遗产的巨大贡献,始终居世界领先地位。"[1]而另一方面,"1500年以前,西欧几乎一直是今日所谓的不发达地区。西欧诸民族地处边缘地带,从那里窥视内地。"[2]

萨米尔·阿明是当代激进政治经济学派的集大成者,他把现代依附理论和世界体系理论的中心—外围(边缘)概念系统地用于解说古代社会的状况。阿明把前资本主义时代的中国列为成熟的纳贡制社会形态之一,把奴隶制的希

---

[1] [美]斯塔夫里阿诺斯:《全球通史——1500年以前的世界》,吴象婴、梁赤民译,上海社会科学出版社1992年版,第429页。

[2] 同上,第7-8页。

腊－罗马、中世纪的封建主义欧洲和以远途贸易立国的阿拉伯地区等，均列为欠发达的外围地区。他的结论是：

> 前资本主义形态，不问其种类如何，都是由一个占统治地位的中心形态（纳贡制形态）和一系列外围形态（奴隶制、封建和贸易形态）所组成的。……围绕两个很早出现的充分发展的纳贡制形态的中心，即埃及和中国，以及后来出现的第三个中心，即印度，各类外围结构逐渐形成并相互间沿着动荡的边界建立关系。因此，人们可以列出地中海和欧洲各外围地区（希腊、罗马、封建欧洲、阿拉伯和奥斯曼世界），黑非洲，日本，等等。①

中国由于巨大的人口、物产、社会经济剩余、丰富的文化创造和高度复杂的行政组织，作为古代文明的中心向周边辐射着重要的政治、经济、社会和意识形态影响。在亚洲地区，"中国是各方面都已完备的模式——只要自然条件许可，这种模式就忠实地再生产出来：在越南、在高棉时期的柬埔寨，以及在朝鲜"。②古代世界与现代世界的一个区别是，由于技术的限制，中心国家与众多外围国家不可能构成任何意义上的国际经贸体系，它们之间主要是一种政治和文化关系。但另一方面，在古代世界，中心国家－外围国家的关系与现代国际关系一样是不平等的。例如在中国，中国－四夷观念几乎同中华文明有文字记载的历史一样久远。③中国的皇权－官僚阶级把国内的纳贡制度象征性地延伸到国外，册封藩国并接受定期朝贡，形成了中国学者所谓的"东亚封贡体系"或者日本学者所说的"华夷秩序"。在郑和下西洋的时代前后，这个"东亚封贡体

---

① [埃]萨米尔·阿明：《不平等的发展——论外围资本主义的社会形态》，高铦译，商务印书馆1990年版，第44页。
② 同上，第42页。
③ 于省吾：“以金文和典籍互相验证，则中国这一名称起源于武王时期，是可以肯定的。……自商代以迄西周，中国与四夷还没有完全对称。自东周以来，才以南蛮、北狄、东夷、西羌相对为言。”见《释中国》，《中华学术论文集》，中华书局1981年版，第2页。

系"或曰"华夷秩序"也臻于极盛：

> 从十四世纪末到十五世纪初，亦即欧洲西部的葡萄牙亲王亨利刚刚着手筹备航海探险事业之时，或者说，比巴托罗缪·迪亚士到达非洲大陆南端还要早一个世纪左右，在东亚，以明朝为中心，已经形成了一个国际秩序，其范围之大，包括从苦夷（库页岛），经日本、琉球、吕宋（菲律宾）、东南亚各国、直到印度洋周围各国，还有包括东北亚和中国的北方以及西方各地在内的广阔地区。①

作为古代世界无与伦比的强大政治－经济－文化实体，中国长期处于东亚封贡体系的中心，高居在这个国际体系的金字塔顶端，其皇权－官僚阶级长期坚持"国际统治阶级"的观念、立场和自我意识，以一统垂裳的姿态君临四方。封贡关系或者"万国衣冠拜冕旒"的模式，是他们在处理国际关系时唯一承认的方式。欧洲近代国际法中各国在法律上彼此平等的思想，对于中国的皇权－官僚阶级来说，是难以理解的。

3．然而，就在明王朝维系着幅员辽阔的东亚朝贡体系之时，从14到15世纪，在意大利境内，那不勒斯王国、罗马教皇辖地、佛罗伦萨共和国、米兰王国和威尼斯共和国由于彼此实力旗鼓相当，而只能维持一种"均势的状态"（balance of power），由此形成了一种新的国际体系。这一新国际体系不断向整个欧洲扩大，包容了越来越多的国家。西班牙－荷兰80年战争和德国30年战争结束后，1648年，《威斯特伐利亚和约》的签订标志着近代欧洲国家体系（European states-system）正式形成。这个国际体系以"国家主权"观念、"国际法"原理和"实力均衡"政策为三大支柱。新的欧洲国家体系形成之际，也正

---

① [日]信夫清三郎编：《日本外交史》上册，商务印书馆1992年版，第12页。"东亚封贡体系，包括中国和它周围的国家。这些国家的统治者很久以来就与中国的统治王朝保持着一种特殊的封建从属关系。"见王绳祖主编：《国际关系史》第一卷，世界知识出版社1995年版，第1页。

是前述各新兴民族君主国从事海外扩张和东西方贸易，建立其世界范围的殖民主义体系的时代。随着欧洲殖民主义的海外扩张一步步逼近东亚，西方与东方两种截然异质的国际体系和观念不可避免地发生了冲突。

远在东方的中国作为前资本主义社会形态的中心国家，以其富饶的物产，对于欧洲殖民主义者来说，一直神话般地扮演着其海外扩张之终极目标的角色。欧洲早期海外冒险起源于伊比利亚半岛。1492年，哥伦布首次做横渡大西洋的远航，即随身携带着西班牙国王致契丹（中国）大皇帝的国书——从此亦可知其探险的主旨所在。但是，真正通过开辟新航路到达东方的却是葡萄牙人。1597年，万斯科·达·伽马率4条帆船从葡萄牙起航，绕过好望角首次抵达印度西南海岸的卡利卡特港（明朝以来中国史籍称古里佛、古俚或古里）。16世纪初叶，葡萄牙人先后在印度西南海岸的科钦（中国史籍称柯枝国或固贞）和坎纳诺尔建立商馆，接着占领了果阿。1511年，攻灭了明王朝的"敕封之国"马六甲（中国史籍称满剌加、麻六甲等）。1513年，第一艘葡萄牙商船驶入广州港。

西方在海外冒险事业中，以从美洲掠取的大批金银，通过新航路换取东方的丰富物产。以此为起点，全球财富源源流入欧洲，世界格局为之一变：由于新航路的开辟和旧商道的废弃，介于东西方之间、以远途贸易立国的阿拉伯文明走向衰落；中国和印度保持自给自足的原状；欧洲则稳步上升，成为世界范围的统治阶级。

继伊比利亚半岛之后，西欧诸国也开始了海外扩张事业。到16世纪末，西班牙"无敌舰队"被英国击败，葡、西两国的海上霸权让位给了后来居上的荷兰、法国和英国。另一方面，在西欧诸国通过海路开始向外扩张之后，沙皇俄国也从陆路向东推进，并翻越乌拉尔山脉，于17世纪征服了广袤的西伯利亚。

值得注意的是，在西方殖民主义扩张的早期，它们曾被有效地遏制在当时尚且强大的中华文明的边缘地区。在海路，1661年，被称为"海上马车夫"的荷兰被郑成功击败于台湾——此后直到1840年的中英鸦片战争，西方殖民势力从海路对中国的入侵被延缓了近180年；在陆路，1685年，康熙派军攻克雅克萨城，肃清了扩张到黑龙江流域的俄国势力，并签订了中俄尼布楚条约，此后沙皇俄国的南进也被阻止了大约170年。当时的西方殖民主义国家在火器和航海技术等方面占据优势,并控制着许多海外殖民地。而当时的中国则拥有巨大的人口、领土和资源,拥有高效的行政组织能力和伟大的文化传统。东西方文明之间的这种暂时的平衡在后来的一百多年里被工业革命彻底打破了。

1793年,正值英国工业革命进入高潮期,英政府派遣马嘎尔尼(George Macartney)为特使,以庆祝乾隆帝80寿辰为名前来中国,要求增开通商口岸,降低税率,给予租界,并允许英国派公使长驻北京。英政府的要求被清廷驳回。当时的《乾隆皇帝谕英吉利国王敕书》这样写道:

> 奉天承运皇帝敕谕英吉利国王知悉:尔国王远慕声教,向化维殷,遣使恭赍表贡,航海祝厘。朕鉴尔国王恭顺之诚……赐尔国王文绮珍玩,用示怀柔。……天朝物产丰盈,无所不有,原不借外夷货物以通有无。特因天朝所产茶叶、瓷器、丝筋,为西洋各国及尔国必需之物,是以加恩体恤,在澳门开设洋行,俾得日用有资,并沾余润。今尔国使臣于定例之外,多有陈乞,大乖仰体天朝加惠远人,抚育四夷之道。①

这种以上国自居、轻蔑外邦的"国际统治阶级"立场,由于有中国千百年来作为东亚封贡体系的中心国家这一历史事实为依据,因而成为整个皇权-官僚阶级世界观念中一个根深蒂固的组成部分。这种囿于传统的国际关系理念一以贯之,到鸦片战争时期毫无改变,即使像林则徐这样"洞悉夷情"的开明派大臣亦不能例外。禁烟之后,林则徐在照会英王的《拟谕英吉利国王檄》中写道:

> 我大皇帝抚绥中外,一视同仁……贵国王累世相传,皆称恭顺……是以天朝柔远绥怀,倍加优礼,贸易之利垂二百年,该国所由以富庶者,赖有此也。②

---

① 《高宗圣训》卷二百七十六,转引自傅筑夫:《中国古代经济史概论》,第266页。
② 《林文忠公政书》乙集,转引自傅筑夫:《中国古代经济史概论》,第267页。

甚至到第二次鸦片战争前后，中国的皇权－官僚阶级仍不肯放弃这种"国际统治阶级"的立场。咸丰年间，理藩院仍要求俄国使节普提雅廷按照贡使礼节到午门行三跪九叩大礼。英法联军之役后，英法公使要求驻京，咸丰帝甚至有意以全免英国商品关税为条件，换取英法撤销该项要求。1861年外国使节进驻北京后，清政府为维护天朝皇帝至尊无上的形象，仍拒绝其觐见清帝。

前已指出，以西方为中心的近代国际体系以"国家主权"观念、"国际法"原理和"实力均衡"政策为三大支柱。中国皇权－官僚阶级的"世界统治阶级"立场以传统的东亚封贡体系为依据，在资本主义世界体系[①]扩及东亚的时代，既悖于理，又输于势：一方面与近代国际关系中"主权平等"观念和"国际法"原理相抵触，另一方面由于已完全不具备相应的政治－军事力量，而在弱肉强食的国际社会中无法与列强保持"实力均衡"。同时，骄矜虚妄的"世界统治阶级"立场使皇权－官僚阶级妄自尊大，麻木不仁，长期无视西洋文明由于工业革命而获得的强势地位，因此不能及时学习、引进西洋文明的有益成分。

历史的悖论就是如此。向近代工商社会的转变只有在古代文明的边缘地区（它的薄弱环节）才最易发生。封建主义的欧洲由于中央政权（无论是罗马教廷，还是神圣罗马皇帝）的软弱无力，因而无法整合全社会的资源，致使在教会和大大小小的国王、诸侯及领主们之间，存在着可供自治城市和商人阶级生存和发展的异质的社会空间。当地理大发现和随之而来的大西洋贸易及东西方贸易蓬勃展开的时候，巨额财富源源流入欧洲，使一个商人－资产阶级便迅速

---

[①] 最早提出"世界体系"理论的似乎是斯大林。他在《论列宁主义基础》(1924年) 中说："加紧向殖民地和附属国输出资本；扩大'势力范围'和殖民地领土，直到占领整个地球；资本主义已经成为极少数'先进'国对地球上大多数居民进行金融奴役和殖民压迫的世界体系——所有这些，一方面使各个民族的经济和领土变成所谓世界经济的整个链条的各个环节，另一方面又把地球上的居民分裂成两个阵营：一方面是剥削和压迫广大殖民地和附属国的极少数资本主义'先进'国，另一方面是不得不摆脱帝国主义的压迫而斗争的占极大多数的殖民地附属国。"见《列宁主义问题》，人民出版社1973年版，第19页。这里不但提出了"世界体系"概念，而且还包含了"中心"与"边缘"的划分。

膨胀起来。同时，不断拓展中的海外殖民地又提供着异常广阔的市场。资金加上市场，使更新技术以提高生产能力的要求历史地摆在了欧洲社会的面前——由商人-资产阶级主导的工业革命便应运而生了。与此相反，中国由于中央集权制度的完备和强大，致使皇权-官僚阶级垄断了社会的全部政治权力和经济剩余。大一统的社会政治结构在促使中国长期居于古代农业文明的中心国家地位的同时，也抑制了商品经济和商人阶级的自由发展，使中国社会难以从内部自发地过渡到近代工商文明。另一方面，由于中心国家地位而形成的国际统治阶级的立场，又使中国的皇权-官僚阶级在东亚封贡体系内故步自封，在欧洲殖民主义体系日益扩及东亚的时代，对根本变化了的世界局势长期不能形成客观的认识和判断，久久沉浸在"天朝尽善尽美的幻想"（马克思语）中，致使赶超欧美列强的工业化战略被一再延迟。

历史地形成的国际统治阶级立场构成了阻碍中国现代化的第一个因素。

**（二）王朝周期**

1. 妄自尊大的国际统治阶级立场作为阻碍中国现代化的第一个因素，在洋务运动之前发挥了主要作用。如前所述，这种立场由于是中国乃至整个世界史长期形成的结果，因而带有某种难以避免的历史宿命的性质。一次鸦片战争的冲击，是不足以使庞大的皇权-官僚阶级放弃中心国家的立场和幻想的。

然而，经过镇压太平天国战争和英法联军之役的经验教训，清政府从中央（奕訢、文祥）到地方（曾、胡、左、李）的实力派们，已清醒地认识到欧美列强在军事和工业技术领域的优势地位。因此，鸦片战争时期经世派学者魏源提出的"师夷之长技以制夷"的策略，此时变成了他们的共识。但是，就在清政府的部分实力派开始有限度地放弃原有立场和幻想的时候，从本时期开始，中国历史上治乱相循的"王朝周期"加入进来，成为阻碍中国现代化的第二个因素。与国际统治阶级的立场相比，这第二个因素是带有一定偶然性的。

在中国历史上，历代王朝大多经过长期政治军事斗争而建立。由此执政的新一代统治阶级由于残酷环境的长期磨砺和汰选，大多具备较强的组织动员能力和行政效率，并对国情民情有较清醒的认识和判断。因此，他们大多能在王朝建立初叶励精图治，采取一系列奖励农桑、予民休息等有效政策，通过恢复经济，以巩固新王朝的社会经济基础。与此同时，经过长期战乱，土地荒芜，人口锐减，土地与人口这一中国社会的基本矛盾亦得缓解，因而也为社会经济的恢复提供了客观条件。

然而，当王朝的鼎盛期过后，一方面，在社会上层，统治阶级日益因循苟且，官僚系统腐败锈蚀，效率低下。另一方面，在社会基层，土地兼并日趋严重，大批贫困人口流离失所。与此同时，随着王朝鼎盛期内社会经济的逐步繁荣，日益挣脱皇权－官僚阶级束缚的商品－货币经济则从上、下两方面推动着王朝的瓦解过程：一方面，商品－货币经济催化着朝野上下土地兼并的进行（各种商业利润投资于土地），致使流民剧增；另一方面则腐蚀着庞大的官僚机器（官商勾结，贿赂公行），导致行政效率低下。当上述过程逼近某一临界点时，社会政治经济体系中任一环节的脆裂，都将启动蓄势待发的社会大动乱。由此，群雄逐鹿的历史活剧再次重演，其结果是另一个王朝的诞生。

因此，一方面是皇权－官僚阶级统治能力的缓慢退化（这是社会权力重新分配过程的表现），另一方面则是生产资料与劳动者关系的日益紧张（这是土地与人口矛盾的实质）。二者从上下两个方面导致了一个王朝的衰落和倾覆。"五百年必有王者兴"，孟子在战国时代的这句名言似乎是对日后两千年中国历史上治乱相循的"王朝周期"的一个预言。

2．从1644年入关到1861年兴办洋务运动，满清政权已维系了217年。从中国历史上看，国运长久的朝代中，两汉分别延续了231和195年，唐持续了289年，两宋合计319年，明延续276年。到19世纪中叶，按照治乱相循的王朝周期，满清的运作可以说已接近尾声了。

实际上，清王朝经过康乾盛世之后，到乾隆末年就已江河日下。中央政府的情况可从财政状况见出：康熙时，府库存银5千余万两，雍正时6千余万两，乾隆五十五年（1790）以前增至8千万两。而到乾隆晚年，由于各项支出以及官吏贪污和乾隆的铺张挥霍，库存已告匮竭，赋税所得，年剩仅2百万两。另一方面，乾隆末年，土地兼并现象已极严重。据史料记载，北京的旗地被旗丁卖掉者已过半数，旗地每亩租银从清初到乾隆末年已增至十几到二十几倍。土地迅速向豪门显贵之手集中，例如，怀柔郝氏占田至"膏腴万顷"，宠臣和坤占田8千顷，广东巡抚百龄到任不足一年，占田达5千顷。因此，至嘉道两朝，社会动乱便接连爆发。川楚白莲教起义，河南、北京等地天理教起义，新疆维族起义和张格尔叛乱等相继袭来，直到爆发席卷大半个中国、持续14年的太平天国运动。

太平天国运动的巨大规模表明了当时中国社会矛盾的尖锐和深刻程度。因此尽管遭到镇压，但这场农民革命却导致了满清王朝社会政治权力和经济剩余的大调整大改组。因为，正是由于在太平军面前满清八旗军和绿营军望风披靡，湘军、淮军才得以在体制的边缘集结和成长，从此开始了地方势力与中央政权在政治、经济诸领域的不平衡发展，导致权力重心从中央向地方转移。中央政权的这种"空心化"过程产生了一系列后果：中日甲午战争期间，北洋舰队孤军作战，南洋舰队和陆军坐视不救，以致出现李鸿章所谓"以北洋一隅之力，搏倭人全国之师"的怪现象；八国联军大举入侵，北京沦陷之际，东南各省督抚却作壁上观，实行"东南互保"（实质独立）政策；直到辛亥革命前后，满洲亲贵众叛亲离，中国历史终于迎来了20年军阀割据的局面。

如前所述，中央集权制度的完备和强大一直是中华文明居于古代社会中心国家地位的基础。在这个意义上，历代王朝的兴衰其实质也就是中央政权的兴衰。在资本主义世界体系扩及东亚，中国在政治、经济、军事诸领域面临前所未有挑战的时代，强大的中央政权更是不可或缺的整合全社会力量的中枢。在西方列强的政治、经济、军事压力面前，分散的民间力量根本无力与之抗衡，只有一个强大的中央政权才有能力统筹全局，实施以工业化为目标的赶超战略。这既是19世纪后期德、日两国的道路，也是20世纪上半叶苏联的经验。

中国早期的工业化，是应清政府对内对外政治军事斗争的需要匆忙上马的。1861年1月20日，"总理各国事务衙门"成立，以此为标志，洋务运动正式登上历史舞台。洋务运动是一场学习和引进西方先进军事和工业技术，兴办和移植近代国防工业乃至一般工商业，并相应地发展西式文化教育的"自强"运动。它以"采西学制洋器"为号召，史称"同光新政"。洋务运动的实质，是以近代西方科技和工业文明为传统的皇权－官僚阶级的统治秩序提供新的物质支撑。这个实质也是"中体西用"的真正内涵（见下章）。这场中国早期的工业化运动在起步之际，正值英法联军刚刚退出北京、太平军和捻军起义尚未平定的内忧外患时期。这种内忧外患导致地方势力膨胀和中央政权衰落。因此，早期工业化的许多重要项目均由各地方督抚分别推动，缺少总体战略和统一规划，因而限制了其规模和层次。在洋务运动的各项举措中，只有京师同文馆由总理衙门直接创办和管辖，其他诸如机器局、船政局、招商局、矿务局等，均由地方经办，各自为政。超出地方权力范围的事宜便难以实施。例如修铁路，1867年秋至1868年初沈葆祯、李鸿章便已建议中国"自行仿办"，但毫无结果。1874年受日本第一次侵略台湾事件震动，李鸿章再向奕䜣"极陈铁路利益"，奕䜣虽亦以为然，但是却谓"无人敢主持"，乃至于"遂绝口不谈"。

中央政权的衰落突出表现为皇权的软弱无力。在传统的中央集权制度内，"乾纲独断"的皇帝本人在行使其至高无上的政治权力同时，还具有不可替代的符号象征功能。特别是在中国，能够与各种纠缠、阻碍现代化的传统势力进行抗衡的最大力量只有皇权。然而，清末的同（治）、光（绪）、宣（统）连续三代皇帝，都是冲龄即位，皇权软弱无力，朝政长期把持在对世界大势茫昧无知的那拉氏手中，从而使晚清的上层权力格局除满汉间的隔阂之外，又增加了帝后间的猜忌和倾轧，中央政权由此进一步削弱。

可以设想，假如西方工业革命提早150年，或者中国历史推迟150年，那么，当鸦片战争袭来之际，则正当康熙平定"三藩之乱"和台湾郑氏政权之后，国势臻于极盛时期。也就是说，假如西方列强挟其坚船利炮与中华文明相遇之时，刚好是一个王朝的鼎盛期，而非衰落期的话，那么，中国近代史乃至世界近代史就可能要重写了。

（三）日本崛起的影响

1. 资本主义世界体系扩及东亚的历史必须从正反两方面予以评估。

在近代，资本主义的西方相对于封建主义的中国来说始终具有双重性质。一方面，资本主义列强拥有先进的物质技术、资产阶级民主政治以及与它们相适应的文化体系。另一方面，其先进性的取得和维系又离不开对落后国家和地区的侵夺与压迫。列强从广阔的海外殖民地和市场所掠取的巨额利润，不但为经济技术的更新换代源源提供着物质基础，而且也滋养着一个日益壮大的市民-资产阶级。西方资本主义的这两面性也传递给了近代中国，使后者的社会变迁具备了双重性质：一方面是一个封建社会转变为近代社会，另一方面是一个中央帝国沉沦为殖民地。所谓的"半殖民地、半封建社会"仅仅是上述两种变迁过程相互交织而形成的一个不稳定的、暂时的、过渡性质的形态，其发展前景或者是一个依附于资本主义中心国家的外围的殖民地社会，或者是一个独立自强的现代新型社会（即两个中国之争）。我们应当从西方资本主义的双重性质以及中国社会变迁的双重性质，从中心与外围的互动性质，来全面、辩证地理解整部中国近代史。

远航而来的西方列强带来先进的军事和工业技术，激发了中国早期的工业化运动。历史唯物论告诉我们，物质生产手段更新的结果将不可避免地导致生产关系以及整个上层建筑和意识形态系统的根本变革。因此，洋务运动的这一步，是迈向近代社会的。

中国传统思想不特重技术，这是由于中国社会以小农经济为基础，家庭农业与手工业相结合，自给自足，扩大规模与降低成本的需求均不急迫；同时，也由于农业社会的生产和生活环境相对稳定——这与航海民族随时面对变化莫测的大海和海盗侵袭的环境根本不同，因此后者围绕航海活动，不得不发展诸如造船、航海术、测绘和铸炮等技术，以及天文、数学、物理等知识体系，并带动其他相关技术和学科的发展；中国传统不重技术，还由于知识阶层通过科举考试，被制度化地引向官僚集团（"学"与"仕"的密切关系），普遍丧失了对"器"的兴趣；当然，中国传统思想不重技术的最重要原因，还在于中国人口众多，劳力密集，强大的中央集权制度能够最大限度地动员、组织全社会的人力资源。因此，尽管中国古代社会曾有多项自发的技术发明，除众所周知的罗盘、火药、造纸术、活版印刷外，中国的技术和发明在古典时期相继传入西方的还有水力轮式碾磨机、水力冶金鼓风机械、水力纺织机械、耕畜挽具、风筝、铸铁、瓷器、船尾舵、运河船闸闸门等等——尽管如此，但中央集权制度组织动员大量人力资源的机制，却一再弥补、掩盖了在漫长时间里各项技术的停滞不前，使技术的发明因缺少动力而受到抑制。

然而，这不是说中国传统社会体制性地拒绝技术。只要有助于加强或者挽救皇权－官僚阶级的统治，技术当然是好东西。进入19世纪后半期，经过太平天国战争和英法联军之役的经验教训，清政府中央和地方的部分实力派排除了朝野顽固派的阻挠，将西方技术与西方价值体系剥离开来（非意识形态化），洋务运动由此迅速展开。其中具有代表性的，在前期是北洋舰队，后期是汉阳铁厂。

北洋舰队由李鸿章集团苦心经营，号称劲旅，以北洋舰队为主力的中国海军当时亦排名世界第八。值得注意的是，北洋舰队曾给明治维新后的日本以强烈震动。

1886年6月，北洋舰队以定远、镇远等巨舰为首，列队从海参崴出发，访问长崎。在岸上，中国水兵与日本当地警察偶然发生冲突，双方互有死伤。"一时舆论沸腾，传出日清断绝邦交、清国军舰大举来袭等传说。"当时日本政府与中国妥协，中国对日本受害者偿付一万五千五百日元抚恤金，日本则对中国受害者偿付五万二千五百日元。当时日本舆论认为，"日本没有一支敌得住北洋舰队的舰队，被它的威力压倒了。"[1]

1891年，北洋舰队再度访日，驶入横滨港，在旗舰定远号上招待日本贵族院、众议院议员和新闻记者，显示威容。日本明治时代的启蒙思想家福泽谕吉当时慨叹说："舰体巨大、机器完备、士兵熟练等，值得一观之处颇多。"[2]

尽管当时日本有人讥之为"驴蒙虎皮"，但就在北洋舰队两次访日之间，1889年朝鲜政府因农业歉收而禁止粮食出口（防谷令），使日商蒙受损失，日本政府要求赔偿，并发出最后通牒，后又接受妥协，"这是因为李鸿章电告伊藤博文首相：'不能默视日本（对朝鲜）的强压'，使伊藤想起了北洋舰队的威力。"[3]事实上，说北洋舰队以其威慑力一度成为中国国力的组成部分并成为中国在国际政治舞台上的后盾，是不过分的。

---

[1] [日]信夫清三郎编：《日本外交史》上册，商务印书馆1992年版，第211页。
[2] 转引自信夫清三郎编：《日本外交史》上册，商务印书馆1992年版，第242页。
[3] [日]信夫清三郎编：《日本外交史》上册，商务印书馆1992年版，第251页。

与北洋舰队顺利成军不同，汉阳铁厂的创办历经坎坷。1889年，张之洞移任湖广总督之后，便开始筹办汉阳铁厂。但是，在选择厂址、勘察煤铁矿山和采购机器设备等方面，张之洞在决策时犯下了一系列知识性错误。例如，铁厂应设在近煤、近铁地点，但张为"督察之便"，将厂址设在远离煤铁矿山的汉阳，距大冶矿山120公里，致使煤炭、铁矿石、锰矿石、石灰石等原料都要溯江长途运来，极大提高了铁厂生产成本。再例如，勘察煤铁等矿山资源应是筹建铁厂的先行工作，但张之洞却因缺少科技知识而头足倒置，先购机，后探矿，在不明铁矿性质的情况下，盲目购入属酸法炼钢的英国贝色麻炉。兴建汉阳铁厂的主要目的之一是为芦汉铁路生产钢轨。但大冶铁矿含磷偏高，酸法炼钢炉无法除掉铁矿砂中的磷，炼出的钢含磷达0.25%，不符合路轨钢材含磷0.08%以下的要求，致使产品大量堆积。直到后来拆除贝色麻炼钢炉，改装碱法马丁炼钢炉，才生产出合格的轨钢。

传统的皇权－官僚阶级在仓促走向近代大工业生产的道路上充满曲折。同时，这也是"中体"与"西用"之间的逻辑矛盾（参见下章关于"中体西用"的讨论）在现实层面的一次暴露。这是问题的一方面。另一方面，尽管"亏折甚巨"，但依靠中央集权制度动员全社会资源的能力，以长远的国家利益为目标，在一段时期内扭曲常规的经济法则——这仍可以理解为实施赶超战略所不得不付出的代价。事实上，汉阳铁厂作为亚洲创建的第一家现代化钢铁联合企业，于1894年投产，比日本的第一家钢铁企业即著名的八幡制铁所（1901）早了7年。铁厂出铁之日，在国内外引起强烈反响：上海洋报馆即日刊发传单，发电通知各国；西方甚至将此视为中国觉醒之标志。据《东方杂志》所译西报称："中华铁市，将不胫而走各洋面，必与英美两邦，角胜于世界之商场……呜呼！中国醒矣，此种之黄祸，较之强兵劲旅，蹂躏老羸之军队尤其虑也。"①日本人更对汉阳铁厂做了细致的观察，在一篇报道中赞叹说：

---

① 《东方杂志》第七年第七期，转引自冯天瑜：《张之洞评传》，河南教育出版社1985年版，第111页。

> 登高下瞰，使人胆裂：烟囱凸起，矗立云霄；屋脊纵横，密如鳞甲；化铁炉之雄杰，碾轨床之森列，汽声隆隆，锤声丁丁，触于眼帘、轰于耳鼓者，是为二十世纪中国之雄厂耶！①

在资本主义世界体系扩及全球的时代，洋务运动作为中国早期的工业化运动，与日本明治维新同期稍早，在性质上亦包含相近内容，即都是皇权-官僚阶级企图以西方近代军事和工业技术，为传统的统治秩序提供新的物质支撑。二者各自的成绩通过中日甲午战争得到了一次检验。从此，即从1894年直到1945年的半个世纪里，日本的崛起及其对亚洲大陆的扩张，一再地牵制、阻挠、侵占着中国的工业化之路，成为阻碍中国实现现代化的最后一个重要因素。必须指出的是，由于远隔重洋，在19世纪末20世纪初的交通、通讯等条件下，西方列强即使凭借资本和技术的优势，也难以完全抑制中国的工业化进程。但是，近在咫尺的日本的崛起，终于扑灭了中国近代工业化的最后一线希望。

2. 在世界殖民主义体系中，近代日本作为唯一的例外，摆脱了殖民地、半殖民地命运，快速走上富国强兵之路。这一事实常常被神秘化，以至被人们称作"奇迹"。但是，从政治经济学的立场，萨米尔·阿明指出：

> 日本"奇迹"的问题从来没有从中心与外围关系的角度来看。可是类似之处是突出的。在日本所处的地区里，中国是各方面都已完备的模式。……可是在日本，自然条件形成了严重的障碍：全国的封建割据，贸易城市的自主性，这些都限制了国家中央集权的程度，因此日本和欧洲之间虽然远隔千里，却具有很大的相似之处。确实，在日本受到外界震动以前，日本社会并不导致资本主义，但是一旦时机到来，它就安然成为资本

---

① 《中国十大厂矿记》，转引自冯天瑜：《张之洞评传》，河南教育出版社1985年版，第111页。

主义。①

　　同样作为古代社会的欠发达地区，日本与前资本主义的欧洲有着相近的社会结构。这使它比之于中国，能够更顺利地适应近代资本主义的生产－生活方式。同时作为外围海岛国家，日本历来不得不关注中心国家的有关动向，因此有重视情报、获取海外知识的传统。例如在17世纪初，德川幕府就曾聘用随荷兰船漂流到日本的欧洲人作外交顾问，并保留荷兰商馆，借以收取海外情报，同时以近代地理、军事、医学等为主要内容的兰学研究也相应成为风气。但是，这些因素并不足以使日本避开沦为列强殖民地的命运。因此，萨米尔·阿明在讨论日本演变为近代资本主义国家的问题之后，又接着指出："事实上，如果日本不幸已被结合进资本主义体系的外围地区（即沦为殖民地——引者）的话，这种演变就可能不会发生。它没有受到这种命运之苦，因为它当时是一个穷国。相反，中国拥有大量集中的剩余，就吸引了欧洲和美国的贪婪。"②

　　需要补充说明的是，中日两国一衣带水，在资本主义世界体系的时代，具有着密切的战略相关性。1842年中英《南京条约》签订后，英方首席代表朴鼎查极其乐观地说：这个条约开辟了"一个如此广大无边的市场，致使兰开夏所有工场的纺织品，也不能充分供给中国一个省的需要"。正是中国以其巨大的国土、人口、资源和经济剩余长期吸引着列强，为东北亚的日本起到了巨大的屏障作用。③甚至同在东北亚的朝鲜，也曾受惠于中国这座巨大屏障的缓冲影响。

---

①　[埃]萨米尔·阿明：《不平等的发展——论外围资本主义的社会形态》，高铦译，商务印书馆1990年版，第42页。

②　[埃]萨米尔·阿明：《不平等的发展——论外围资本主义的社会形态》，高铦译，商务印书馆1990年版，第42页。日本学者从另一方面也指出："19世纪的殖民掠夺主要以矿产资源为主要目的，日本是一个矿产资源贫乏的国家，西方殖民者对其不感兴趣。正由于这样，长期以来，日本不需要用很多的努力去确保它的第一个战略目标，即本土安全。"见日本《信报》1999年1月18日社论。

③　远山茂树："由于日本受培理来航（即1853年美国培理舰队迫使日本开国——引者）的直接外部压力比中国晚了十多年，统治阶层从中国的鸦片战争以来的经验中取得了教训，尽管不很充分，却能够有了对付它的余裕。"见《日本近现代史》第一卷，商务印书馆1983年版，第7页。可以作为参考。

因此，强加给朝鲜的第一个不平等条约不但迟至1876年才签订，而且不是来自西方列强，而恰恰出自刚刚引进西方文明的日本。

近代日本的崛起与近代中国的衰落互为表里和因果。日本崛起得到了英国的庇护。英国受到俄国在欧洲和中亚扩张的牵制，需要日本作为帮手，以遏止俄国在远东的南下，因此在中日甲午战争和日俄战争中，都对日本提供了支持。日俄战后，日本羽翼渐丰，逐渐侵犯到英国的在华利益，但衰落中的大英帝国对此已经无能为力了。第一次世界大战前后，正在取代英国地位的美国开始着手抑制日本，美日在亚太地区的矛盾日益激化，终于走向了太平洋战争。只是由于彻底战败，日本才被迫纳入到美帝卫星国的轨道中。

3．日本是作为传统社会的欠发达地区被猝然纳入到世界资本主义的生产－消费体系中的。由于资源匮乏，市场狭小，更由于缺少长期的资本和技术积累，从而迫使日本只能冒险依恃武力，采取超经济的、赤裸裸的直接军事侵略和占领方式，在列强支配的东亚国际关系的夹缝中掠取殖民地和海外市场，以弥补其技术和资本的先天不足。正是由于这种内在的经济约束，明治维新以后，一条军事冒险主义的路线主导了近代日本的发展方向。

甲午战败后，依照《马关条约》，清政府赔偿日本巨额军费2万万两（后追加3千万两以赎回辽东半岛）。日本利用这笔巨款（收到的是英镑），除了作为日后确立金本位制的准备金外，第一用来抵补甲午战费的30%（7千9百万日元），第二用作扩充军备费用（约2亿日元），第三用来设立钢铁厂和扩充铁路、电报电话事业（380万日元），第四用作经营台湾殖民地的费用（1千2百万日元），第五用作皇室费用（2千万日元）和为水雷、教育、灾害准备的三种基金（5千万日元）。"就是说，以赔款为杠杆，和天皇制军国主义紧密结合的日本资本主义确立起来了。"① 以甲午战争为标志，日本走上了扩军－征掠－积累，再扩军－再征掠－再积累的滚动循环的发展模式，以夺取资本主义原始积累时期所必需的原料和市场。这是一条通过战争以实施现代化的道路。甚至日本的民用产业，

---

① [日]远山茂树：《日本近现代史》，第127页。上述数字亦见该书同页。

例如生丝和棉纱生产,也是以出口创汇来进口武器和机器设备,以便谋求扩军和培植军事工业。日本的这一军国主义-资本主义的发展模式,在亚太地区,直接侵害了英美等以雄厚资本和技术为扩张手段的欧美老牌资本主义的根本利益,因此不可避免地导致了太平洋战争。

前已指出,中国的衰落与日本的崛起互为因果和表里。就在甲午战争后,由于在先前丧失了缅甸、越南、琉球等传统封贡藩国之后,如今又失去了朝鲜,传统的东亚封贡体系终于土崩瓦解,中国的中心国家观念开始彻底动摇。

在中国,有关夷夏之辨的思想集大成于西汉时期的春秋公羊学。公羊学以孔子《春秋》为经,它的流行正值秦汉统一国家形成之后,中央集权制度牢固确立的时期。由于中国长期居于古代文明的中心国家的地位,这种思想自然上升为作为世界统治者的皇权-官僚阶级的意识形态,在漫长历史中,成为儒学根深蒂固的世界观念。但是,既然中国-四夷意识是由中心国家的现实地位来支撑的,那么,这种地位的完全丧失,也就使夷夏之辨的观念无所附着了。甲午战争后,梁启超通过回到孔子《春秋》的本义,否定了中国夷狄的传统区分。他在为徐君勉著《春秋中国夷狄辨》所做序中写道:"然则《春秋》之中国、彝狄,本无定名。其有彝狄之行者,虽中国也,面然而彝狄矣;其无彝狄之行者,虽彝狄也,彬然而君子矣。"①中国、夷狄不再是固定的专名,而转变为价值评判的普泛概念。梁氏接着说:"《春秋》之治天下也,天下为公,选贤与能,讲信修睦,禁攻寝兵,勤政爱民,劝商惠工,土地辟,田野治,学校昌,人伦明,道路修,游民少,废疾养,盗贼息。由乎此者,谓之中国;反乎此者,谓之彝狄。"②对中心国家观念的反省和放弃,在当时绝非梁启超一人之私见,而是整个维新士子的共识。更值得注意的是,由于中日两国此衰彼兴的互动关系,中国对自身中心国家地位的这种反省和放弃的议论,在崛起中的日本则相反相成地换成了另一种谠言高论。

---

① 梁启超:《饮冰室合集·饮冰室文集之二》,第49页。
② 同上。

曾任天皇侍读的日本中国哲学权威服部宇之吉（1867—1939）曾说："儒学之真精髓在于孔子教，然中国于此久失真精神。……今皇国旷古之圣业，着成于再建中国之伟业。"日本近代思想家内藤湖南（1866—1934）在其名著《东洋文化史研究》中则以文化中心移动说立论："正如文化中心从黄河流域迁移到江南一样，在现代，文化中心移到了日本，故应将以日本文化为中心的东亚文化作为新的中国文化加以酝酿。"①这种对传统"中国"地位的觊觎和取代的言论主张酷似15世纪末以后沙皇俄国的"第三罗马"理论，即关于罗马被欧洲蛮族攻陷后，西方文明中心迁移到拜占廷，拜占廷沦陷后又迁移到莫斯科的论述。②

这种觊觎、取代"中国"的思潮是有其现实依据的。明治维新以后，日本相继吞并或侵占了琉球（1879）、台湾（1895）、朝鲜（1910）、中国东北（1931）乃至大半个中国（1937），太平洋战争爆发后又占领了整个东南亚地区（1941），逐步形成一个以日本为中心，包括众多殖民地和附属国的政治、经济、军事体系，即所谓"大东亚共荣圈"。在以中国为中心的源远流长的东亚封贡体系解体后，日本取而代之，建立了一个短命的东亚国际体系。

如前文所述，假如不是一衣带水的日本疯狂掠取亚洲大陆，以军国主义－资本主义的模式寻求扩张，那么，欧美资本主义列强以廉价商品和雄厚资本为主要手段对中国实行的经济、政治侵略，由于远隔重洋，在当时的技术条件下是难以完全抑制中国的工业化进程的。如果说"王朝周期"对中国现代化的阻碍作用并不具有历史必然性质的话，那么，日本的崛起及其对中国现代化的干扰就更是多种历史原因合力作用的结果。

但是，另一方面需要指出的是，日本的每一次军事扩张都无不带有盲动主义性质。例如甲午战争中，日本已倾其所有海陆军力量孤注一掷。因此当时日

---

① 转引自沟口雄三：《现阶段及21世纪日本的中国研究课题》，见《21世纪中国与日本》，北京大学出版社1996年版，第315页。

② 15世纪末东正教修士菲洛修斯最早提出"第三罗马"理论，他在给伊凡雷帝的信札中写道："虔诚的沙皇，前两个罗马虽已灭亡，第三个却依然耸立，而且决不会再有第四个。"转引自斯塔夫里阿诺斯：《全球通史——1500年以前的世界》，第424页。

本外务大臣陆奥宗光说"国内军备殆已空虚",并非虚言。假如当时中国的统治集团有决心打一场持久战,以日本当时单薄的国力,是绝难取得最后胜利的。这种军事上的盲动主义使日本不断铤而走险,连续发动对外侵略战争,最终导致了在太平洋战争中的覆灭,从而彻底打碎了日本军国主义－资本主义的扩张模式。

## 二、政治路线与意识形态

在20世纪的中国,反传统主义思潮兴起的基本背景是:19世纪后期以来,民族危机日益深重的形势下,统治阶级在体制内所主导的、旨在富国强兵的现代化运动一再挫败,因而体制外的被统治阶级才不得已进入政治舞台的中心,承担起原本不属于他们的职责。因此,19世纪后期以降,中国政治的重心或者焦点,呈不断下移的趋势,即从中央到地方(洋务运动),从督抚大员到中青年士子(戊戌变法)和留学生群体(辛亥革命),再到体制外的知识分子和工农大众(五四和大革命)。与此同时,采取的手段也日益激烈和彻底,即从体制内的"自强"运动到对体制本身的改良,再到暴力的种族革命和社会革命。与这种趋势相伴相随的是在思想文化方面也亟须颠覆、打碎统治阶级的原有意识形态体系,以解放广大被统治阶级巨大的政治潜力——这就是反传统主义的实质。因此,作为反传统主义思潮的历史背景,值得特别关注的,一方面是19世纪后期以来统治集团对待被统治阶级的政治策略(所谓"安内")——这种阶级立场与同时期统治集团对待欧美日列强的立场(所谓"攘外")息息相关,"安内"与"攘外"构成了特殊的辩证关系。另一方面同样值得关注的是,在中国丧失其中心国家地位的过程中,皇权－官僚阶级提出了一套新的意识形态理论,这一理论体系最完备地表述在张之洞洋洋2万言的《劝学篇》当中。

(一)"攘外"与"安内"

1. 19世纪60年代初,英法联军之役刚刚结束,太平军在江南仍握有强大军事实力,捻军同时亦转战于中原地区。1861年11月,那拉氏联合奕䜣,通过宫廷政变一举清除了传统排外主义的官僚势力(八大臣),并从此走上了一条对外妥协、对内加紧镇压的政治路线。这个政治路线的战略思想基础由奕䜣的一篇著名奏折明确予以表述。该奏折对内忧外患的内政外交困局所做的总体分析是：

> 发捻交乘，心腹之害也；俄国壤地相接，有蚕食上国之志，肘腋之患也；英国志在通商，暴虐无人理，不为限制，则无以自立，肢体之患也。故灭发捻为先，治俄次之，治英又次之。①

19世纪60年代初，英国在亚洲面临的局势是：作为资本主义世界的头号强国，它联手法国支持土耳其，在克里米亚战争（1854－1856）中已击败俄国，暂时结束了英、俄围绕巴尔干半岛和黑海海峡的争夺。随后，英国镇压、平息了印度士兵的大规模起义（1857），稳定了这块庞大的殖民地。另一方面，同期稍后的第二次鸦片战争（1856－1860）又以英法联军打进北京，签订《北京条约》而告结束。从此，以英国霸权为支柱，亚洲地区维系了一段长时间的相对和平——直到90年代英国霸权遭遇挑战。由于远隔重洋，更由于中国作为古代社会的原中心国家拥有无与伦比的稠密人口、广大地域以及悠久的行政治理传统、统一的中央政府和规模庞大的常备军，当时英国绝无可能变中国为第二个印度。因此，《北京条约》以英国迫使中国再度开放大批口岸，限定超低税率，控制海关行政为主要内容——这是有其内在原因的。

当时的英国经济以出口为导向，严重依赖海外市场。1860年，英国进出口贸易占当时国际贸易的25%。同一年，英国出口产品占其所有物质产品的三分之一，1871年更达五分之三。1861年，在世界总出口额中，英国占34.5%，而另一个资本主义强国法国仅占13.1%。在外贸结构上，英国大量出口高附加值的制造品（1854－1856年度占全部出口的85%），大量进口低附加值的原材料和

---

① 中国史学会编：《洋务运动》第一册，上海人民出版社1961年版，第5－6页。

食品（同期占全部进口的94%），大进大出，两头在外。①广大的海外市场既是大英帝国扩张、征伐的结果，也是这一帝国不得不以武力维系下去的原因。由于英国当时无力将中国纳入其直接统治之下，因此，维持清王朝作为一个主权国家的形式，保持中国的稳定，以倾销英国这座"世界工场"的廉价工业品，榨取中国社会的剩余，对于英国资产阶级来说，就是一种明智和经济的选择。

2．在第二次鸦片战争期间，俄国趁火打劫，强迫清政府割让了黑龙江以北、乌苏里江以东以及新疆西北的大片领土。由于同中国"壤地相接"，沙俄与远航而来的欧美列强相比，对清王朝的威胁尤其严重。值得注意的是，由于中原地区的优越环境和大量的经济剩余，以及北亚严酷的气候和生存条件，自周秦时代以来，北方民族南下的威胁就一直是中国历史反复出现的一大主题。这种威胁作为长久的压力甚至从一个方面塑造了中国的政治制度和社会结构，促使皇权－官僚阶级一再修复和加强中央集权制度，以动员、组织全社会的人力物力资源（从修建长城到供养庞大的常备军），来抵御北方的侵略。

俄国作为一个半欧洲半亚洲国家，在从拜占庭帝国接受宗教（东正教）、政体（君主专制和礼仪）和文字（斯拉夫字母）等文明遗产的同时，又是蒙古金帐汗国的继承者。它不但融入了这个蒙古帝国的人种血脉，而且也兼并了其巨大的版图。近代崛起的俄国向东方的扩张由于那里异常稀少的人口而极为顺利。这种扩张，直到与康熙朝代强盛的清帝国发生冲突（1685－1689），才被暂时阻止于人口稠密的中华文明的外缘。但是，问题并没有解决。

由于同样的环境压力，俄国继承了古代北方民族的南进传统。因此，随着中俄之间力量对比的逐渐变化，俄国终于在170年之后，打破了《中俄尼布楚条约》的限制，再度南下。另一方面，除去环境的压力，在近代资本主义列强的国际竞争中，俄国作为一个半亚洲的后进国家，同前述的日本一样，也不得不借助直接的军事侵略和占领，以弥补其技术和资本的先天不足。这些因素加在

---

① 以上数字见米歇尔·博德：《资本主义史：1500－1980》，吴艾美等译，东方出版社1986年版，第121－123页。

一起，使"南进"成为近代俄国坚定不移的国策。一方面，俄国南下征服中亚地区各伊斯兰汗国，直到被印度和阿富汗境内的英国势力所阻遏；另一方面，俄国则通过修筑西伯利亚铁路，控制中国东北和朝鲜。到19世纪末和20世纪初，俄国乘中国甲午战败和八国联军入侵之际，已逐步控制了中东路、旅大、东北全境和山海关至北京的铁路，"肘腋之患"将及"腹心"。而20世纪初期的中国已落到衰败的谷底，那时起而遏制俄国南下的是后来居上的日本。

需要指出的是，近代日、俄两国极为相似。一方面，两国都是后进的资本主义国家，与欧美列强相比，面临资金匮乏、技术落后的窘境；另一方面，日本地域狭小，资源稀缺，在工业化时代亟须广大市场和原料的情况下，难以通过自身完成资本主义的积累和扩大再生产，因而尽管与俄国具体情况不同，但同样也感受到另一种"生存环境"的压力。所以，自明治维新后19世纪70年代的"征韩"开始，"大陆政策"就成为近现代日本国家发展战略不可或缺的一环。实际上，随着20世纪初日俄战争以俄国在中国东北地区的溃败而告结束，19世纪60年代初满清统治集团所谓"壤地相接"的"肘腋之患"已不再是来自俄国，而是来自日本。

3．奕䜣关于国内阶级矛盾与外部民族矛盾之轻重缓急的判断，实际已开近现代中国统治集团"攘外必先安内"思想的先河。从奕䜣到后来的蒋介石集团，历届统治者无不恪守这一信条，其原因，与其说是由于他们的昏聩，不如说是由于其深谙自身之利益所在。从中国历史看，国内敌对政治集团对中央政权的角逐一旦尘埃落定，一般地说，正统性与合法性问题亦迎刃而解。而外族入侵，一方面由于地域相隔，另一方面由于其挑战对象是拥有巨大人口、资源和经济剩余的整个汉民族，因而很难取得最后胜利。从清王朝最终覆灭于武昌新军起义的过程看，亦可证奕䜣关于"心腹之害"的判断是有先见之明的。

更重要的是，当同时面临国内阶级矛盾和外部压力的复杂局势的时候，由于统治集团仍掌握政权，因此他们往往能采取转嫁矛盾的方法，暂时缓解外部压力，以设法保有政权。这一方法往往能够奏效。然而，无论是割地赔款，还是开放口岸、降低关税（拱手让出国内市场），妥协和绥靖的办法在缓解外部压力的同时，也造成了另一种结果：这就是因国内财政紧张而导致的税赋剧增，以及因原有市场被挤占而引发的大批生产者流离失所和经营者的破产。因此，外部强敌压力的缓解是以国内局势日趋动荡，阶级矛盾日益激化为代价的。这是近现代中国各小朝廷或半殖民地政权苟延其性命的基本状态。

"攘外必先安内"政策使统治集团不断将外部民族矛盾转化为国内阶级矛盾，并使统治集团对被统治阶级的抗暴行动采取严厉措施。其结果，必然使推翻上层统治阶级的社会革命不可避免。这是民族矛盾必然引发国内阶级斗争的一个原因。

与此同时，民族矛盾还从另一更基本的方面促成了国内社会革命风暴的来临。

如本书已经指出的，民族独立或者重建中国的中心国家地位，是近代中国历史的基本母题，从这一母题派生出了一系列子题，例如现代化问题，社会革命问题，反传统主义问题，等等。这些子题根据国际国内情况或者时代的需求有时会超越、覆盖母题，这时，母题便在深层间接地发挥其作用和影响力。

值得注意的是，中国作为半殖民地国家，在资本主义世界体系的时代，其现代化之路已经不可能沿用英法等经典资本主义国家的原有模式。更进一步说，在一切后进国家，由于先进工业国拥有资本、技术和海外殖民地的强大优势，其廉价工业产品的倾销必将窒息后进国家民间资本所赖以成长的国内市场，因此在这些国家，工业化进程已经不可能由民间力量自下而上地积累和推动；在其现代化过程中，国家或者说中央政府必须发挥主导作用，以最大限度地动员全社会的人力物力资源，实施赶超战略。因此，19世纪后期，德、日两国的工业化或者由国家官僚阶级联合土地贵族和资产阶级完成，或者由萨摩、长州系掌握的中央政府领导工商阶层完成。在20世纪，则先后出现了苏联模式和中国模式。

上一部分指出，中国近代半封建、半殖民地的社会变迁过程具有两重性质：一方面是一个传统社会发展为一个近代国家的过程，另一方面是一个中央帝国沦为殖民地的过程。在19世纪资本主义世界体系扩及东亚的时代，实现工业化不仅是一国迈向近代社会的必由之路，而且也是避免沦为殖民地，在列强环伺中取得民族生存权的先决条件。不幸的是，在实施工业化的道路上，中国的统治精英们一败再败，长时期不能发挥正常的领导职能，致使民族危亡的局面日益深重。因此，人们耳熟能详的是，在甲午战争后的1896年至1898年间，列强对中国已成瓜分局势：中国大部分主要地区均已被划分为各国的势力范围，中国主要铁路干线也已落入外人之手，中国海岸线上甚至已找不到可以作为自己海军基地的港口。统治精英完全丧失领导职能之际——所谓"天下皆知朝廷之不可恃"（康有为语），便是体制外的广大被统治阶级揭竿而起，登堂入室，进入政治舞台中心的时候了。

义和团尽管是纯粹的底层民众运动，但已具有接管国家政权的性质。在八国联军登陆塘沽之后，义和团进入北京。那一时期，王公大臣府邸被监视，外国教堂和使馆被攻毁，宫内不少太监亦同义和团互通声气。同时，进入天津的义和团也受到直隶总督裕禄的曲意逢迎（他原本也是要对义和团"严拿惩办"的），他们在府县大堂设立神坛，派团众看守各城门各衙署。满清朝廷和北洋势力的中枢所在地就这样分别处于义和团群众的控制之下。原统治阶级不能履行社会领导职能，体制外的广大被压迫群众进入政治舞台的中心，承担原本属于国家政权的各项职责——这本来就意味着社会基本结构的根本改变。也就是说，在民族危亡之际，在国家机器已经锈蚀腐朽、无力正常发挥职能的情况下，社会革命，即打碎原有社会结构，解放广大被压迫民众的潜力，以最大限度地完成全社会的总动员——就成为实现民族解放这一母题的先决条件。相反，如果保留原有政治制度和社会结构，被压迫群众即使暂时接管部分国家政权，最终仍不能逃脱被中外统治集团合力绞杀的结局。20世纪之交义和团运动的失败和《辛丑条约》的签订是互为因果的，"攘外"与"安内"的辩证关系在这一轮内忧外患中再次得到清晰的呈现。

### （二）中体西用论

1. 如上所述，从战国到秦汉时期，是中国统一的中央集权国家形成确立的时代。皇权-官僚阶级的中央政权一方面歼灭了地方割据势力，另一方面成功地抑制了商品经济和商人阶级的成长。与政治经济层面的这种变化相适应，在意识形态领域，同期也经历了一个由先秦诸子百家争鸣到汉初儒学定于一尊的过程。

由孔孟创立的原始儒学到西汉统一国家确立之时,经董仲舒杂糅道、法、阴阳诸家,终于被采用为国家官方学说,这是儒学的第一次综合。此后,到中国封建社会后期,以朱熹为代表的理学消化佛道学说,实现了儒学的第二次综合。在中国古代中央集权国家的漫长历史中,儒学始终作为官方意识形态,为历代皇权-官僚阶级的上下尊卑秩序源源提供精神的支持。儒学以"三纲"(君臣、父子、夫妇)为轴心,以宇宙论为根,以伦理学为干,以政治学为果,形成一个完备而自足的思想-价值体系。这种皇权-官僚阶级的意识形态,在资本主义世界体系扩及东亚的时代遭遇到异质而强大的西方文化的挑战。"中体西用"论应运而生,它是传统儒学在杂糅诸子(董仲舒)、消化佛道(朱熹)之后,在近代企图兼容西方资本主义文化的第三次综合的尝试。

2. 如果给西方近代文化做一界定的话,那么可以说,它是围绕资本主义世界体系的兴起、扩张和危机而形成的,以欧洲和欧洲化了的北美大陆为典范的资本主义时代的符号-价值体系。

还是要从头说起。罗马帝国崩溃后,罗马教会作为它的影子继续支配着蛮族化了的欧洲。中世纪后期,以意大利北方诸城市为中心的文艺复兴运动恢复了古希腊-罗马的世俗传统,教会对精神生活的垄断被打破了,早期科学发展起来。

近代初期的海外扩张和远洋贸易推动着航海业的发展。天文学作为与航海术和地理学有密切关系的学科,在近代最先取得进展不是偶然的。哥白尼的日心说首先确立了近代的宇宙论,这种新天文学需要新物理学和数学支持,于是伽利略和牛顿应运而生了。罗马教廷的神学宇宙观被打碎,在哥白尼、伽利略和牛顿们确立的新的宇宙内,形形色色的物质、植物、动物、人种、社会及其运动规律将逐一被重新认识、理解和描绘。

工业革命给近代科学以更大推动。例如,纺织业和冶金业是化学取得显著进展的主要原因。布匹生产的迅速扩大使天然的植物染料供不应求,这要求化学提供人造代用品;分离和处理新矿石和新金属的技术则使化学的一般原理开始形成。更为重要的是,工业革命将科学组织到资本主义积累和扩大再生产的过程当中，使之成为资本主义制度运转的一个内在环节。"渐渐地，它（科学）成为所有大工业生产的一个组成部分。工业研究的实验室装备着昂贵的仪器、配备着对指定问题进行系统研究的训练有素的科学家，它们取代了孤独的发明者的阁楼和作坊。"①

海外扩张和远洋贸易要求新的生产能力，从而引发了工业革命，工业革命后形成的新生产能力又反过来要求更多的海外市场和原料。西方的工业化是资本主义世界体系形成的驱动力，但如果没有海外市场，工业化本身也就失去了牵引力。对于西方来说，工业化与世界体系彼此推动，相辅相成。另一方面，如前所述，同样重要的是，海外扩张和远洋贸易在使欧洲收取经济利益的同时，也使之获得了政治利益。财富源源流入欧洲的结果，使一个商人-资产阶级在王权和教会之外成长起来并提出了他们的政治要求。

宗教宽容、人身安全和私有财产不可侵犯的学说在17世纪英国革命期间被首次明确提出并得到贯彻。洛克论述了统治者与被统治者是一种契约关系，倡导立法权与行政权的分离。他指出，人结合成为国家的最大目的是彼此保全各自的生命、自由和财产，所以社会权力不应超出公共福利之外。洛克的民主政治思想在18世纪法国启蒙学者和卢梭那里得到继承和发扬，启蒙运动终于成为法国大革命的战前思想动员。资产阶级民主学说在经济学领域的对应物是自由放任主义。亚当·斯密对此做出了系统阐述。他论证说，就经济活动而言，自我利益是个人行为的动机；国家的福利不过是个人利益的总和；每个人都比任何政治家更了解自身利益所在。

概而言之，认知上的理性主义构成了近代西方文化的一个主要特征。近代科学相对于中世纪的蒙昧主义来说，的确是人类历史上无与伦比的进步。但另一方面，近代科学及其背后的理性主义理念之所以能够制度化地成为西方社会的一个组成部分，也是因为资产阶级需要先进的物质技术作为他们实现利润最大化和谋求世界霸权，以控制市场、原料和劳力的基本手段。降低成本以击败

---

① [美]斯塔夫里阿诺斯：《全球通史——1500年以后的世界》，第292页。

竞争对手固然需要占优势的生产技术，征服各非欧民族、控制海外殖民地更离不开坚船利炮。对于资本主义世界体系的维系来说，理性主义提供了关键的科学技术的支撑。

价值观上的自由主义是与理性主义相对应的近代西方文化的另一主要特征。世界财富向欧洲的大量输入导致了生产－生活水平的提高、教育的普及和市民阶层的成长。宗教法庭和君主专制制度再也不能为继了。宗教信仰自由、言论、出版和集会自由以及普选制的逐步实现，的确使欧洲社会享受到近代民主政治的果实。但另一方面，资产阶级又是其中的最大获益者。只要保留私有制，在去除了宗教、王权和关税等束缚的自由市场经济中，挟资本和技术优势的阶级自然可以轻易地打败其他阶级，通过大量占有社会生产的剩余而上升为统治阶级，以至于将这种统治延伸到世界的任何一个角落。自由主义为资本主义世界体系提供了观念和制度上的辩护与保障。

理性主义和自由主义作为西方主流文化的两翼，随着资本主义世界体系的东扩先后传播到了中国，然而19世纪的中国统治阶级对这两者却分别采取了截然不同的态度。

3. 如前所述，洋务运动的实质，是在资本主义世界体系扩及东亚的时代，以西方近代科技和工业文明为传统的皇权－官僚阶级的统治秩序提供新的物质基础。"中体西用"论伴随洋务运动而出笼，从一开始就牢牢把握住了这个实质。

受知于曾国藩的洋务派思想家冯桂芬在洋务运动正式启动前夕，写成了《校邠庐抗议》初稿四十篇，曾对曾、李（鸿章）等洋务大员发挥过重要影响。冯氏明确提出的"以中国之伦常名教为原本，辅以诸国富强之术"的论断，作为中体西用论的最早表述形式，也成为洋务派们的共识。1864年（同治三年），李鸿章在致总理衙门的信函中写道："中国文物制度，事事远出西人之上，独火器万不能及。"①他在以后的另一封信中，对此做了更深入的论述：

---

① 同治朝《筹办夷务始末》卷二十五，第9页。

> 中国所尚者道为重，而西方所精者器为多……欲求御外之术，唯有力图自治，修明前圣制度，勿使有名无实；而于外人所长，亦勿设藩篱以自监，其乃道器兼备，不难合四海为一家。①

李鸿章从中央帝国的传统观念出发，将中西文明纳入到宋明理学的"道器"范畴之内，为在传统皇权－官僚阶级的统治秩序内，输入近代国防工业和一般工商业进行了理论辩护。这表明，在主观思想上，中国的上层统治阶级能够相对顺利地兼容西方理性主义思想，并将之移植到儒学原有的"经世致用"的实学传统上来。然而，一方面，随着甲午战败，中央帝国日益沉沦为半殖民地，传统纲常名教的陈腐性质暴露无遗；另一方面，随着近代资本主义工商业和民族资产阶级在中国的初步成长，在维新变法时期，以鼓吹近代民权思想，效法近代民主政体为内涵的西方自由主义理念又成为新时代的浪潮。与洋务运动时期皇权－官僚阶级吸纳西方理性主义的情况相比较，在维新变法时期，以民权、宪政为主要内容的自由主义思潮的传播则反映着截然不同的阶级基础和政治利益，并与中体西用论形成对立局面。

中体西用论的集大成者是张之洞。张以科举探花出身、前清流党背景和后期洋务大员的身份，兼有洋务运动实践者和理论家的地位。梁启超说："所谓'中学为体，西学为用'者，张之洞最乐道之，而举国以为至言。"②《劝学篇》在维新运动高潮期问世，当时光绪帝的上谕是："原书内外各篇……持论平正通达，于学术人心大有裨益。著将所备副本四十部由军机处颁发各省督抚学政各一部，俾得广为刊布，实力劝导，以重名教而杜卮言。"因此，在当时，《劝学篇》的官方学说的性质是不容置疑的。

《劝学篇》分内外两篇，分别阐述中体、西用的宗旨。在《内篇》中，作

---

① 1876年（光绪二年）致友人书，转引自丁伟志等：《中西体用之间》，中国社会科学出版社1995年版，第162页。
② 《清代学术概论》。

者严守作为传统皇权－官僚阶级意识形态的儒学根本立场,这就是"三纲":

> 君为臣纲,父为子纲,夫为妻纲……五伦之要,百行之原,相传数千年更无异义。圣人所以为圣人,中国所以为中国,实在于此。故知君臣之纲,则民权之说不可行也;知父子之纲,则父子同罪免丧废祀之说不可行也;知夫妇之纲,则男女平权之说不可行也。①

在《内篇》捍卫传统纲常名教、抨击维新派民权观念的同时,《外篇》则广泛论述西学,从兴学、译书、办报、留学到改革科举、开矿修路、设立农工商兵诸学等等,均有所设计策划。张之洞将之总结为:"中学为内学,西学为外学。中学治身心,西学应世事。"②在资本主义世界体系东扩的时代,中体西用论作为传统儒学在近代实现的第三次综合,有着明确的时代和阶级内涵。一方面,统治集团需要近代科技文明(理性主义),以为衰落的皇权－官僚阶级提供新的物质支撑,以摆脱彻底沦为殖民地的命运;另一方面,《劝学篇》极力排斥民权、宪政等西方民主思潮(自由主义),坚持儒学核心理念,以维护皇权－官僚阶级上下尊卑的原有秩序。《劝学篇》以为,也只有如此才能致中国于强盛,解决民族独立这一中国近代史的母题:

> 若皆有持危扶颠之心,抱冰握火之志,则其国安于磐石,无能倾覆之者。是故人人亲其亲、长其长而天下平,人人智其智、勇其勇而天下强。③
> 若强中御外之策,惟有以忠义号召合天下之心,以朝廷威灵合九州之力,乃天经地义之道,古今中外不易之理。④

---

① 《劝学篇·明纲》。
② 《劝学篇·会通》。
③ 《劝学篇·明纲》。
④ 《劝学篇·正权》。

由统治精英在传统的上下尊卑体制中担任领导职能以抵御外来入侵，并不必然失败。成功的例子在有清一代有前述的郑成功收复台湾和康熙遏制沙俄势力南下。但是，这种成功是有条件的，它取决于敌我力量对比，特别是执行领导职能的统治精英的素质、能力和效率。而正是这些条件，清末统治集团在甲午战败后的时代，已经完全不具备了。更有甚者，当义和团运动被中外统治集团合力绞杀之后，1901年2月慈禧"回銮"之前，竟以光绪帝名义做出"量中华之物力，结与国之欢心"的宣告。"攘外"与"安内"辩证互动的结果，是上层集团在客观上一步步堕落为资本－帝国主义列强在中国的代理人。这时，在纲常名教的体制内完成民族独立任务的理论主张，便只能是这些代理人的自欺欺人之谈了。

　　以往许多论者对中体西用论多持否定态度，其基本观点之一是认为中体西用论割裂了体和用，因而对郭嵩焘所谓"西洋立国有本有末"的论断备加推崇。中体西用论以二元论的理论结构引人瞩目，在当时就引发了包括启蒙思想家严复在内人士的抨击。[①]然而，从哲学立场看，体与用作为一个矛盾统一体的两个方面，彼此充满差异和裂隙本是该矛盾体发展变化的常态。特别是在事物发展的过渡阶段或危机阶段，体与用的关系就更加错综复杂，难以用一般的"同一性"理论来规范了。相反，所谓"体用不二"的观念从现代矛盾论的立场剖析，由于抹杀事物内部的差异和矛盾，倒是一种形而上学的命题。19世纪后期的中国，一方面是一个传统社会发展为近代国家的过程，另一方面是一个中央帝国沦为殖民地的过程。其前景或者是一个现代新型国家，或者是一个殖民地社会，所谓半殖民地、半封建不过是一个暂时的、不稳定的过渡阶段。在这个过渡阶段，一切都在变化、解体、重组，一切都在酝酿、萌芽和生成。中体西用论作为皇权－官僚阶级的理论武器，映射着时代和阶级的内涵。它的谬误不在割裂体用，而在于反人民的根本的阶级立场。

---

　　① 严复《与外交报主人书》："体用者，即一物而言之也。……未闻以牛为体以马为用者也。"见《严复集》第三册，中华书局1986年版，第559页。

张之洞曾经说:"使民权之说一倡,愚民必喜,乱民必作,纪纲不行,大乱四起。……且必将劫掠市镇,焚毁教堂。吾恐外洋各国必借保护为名,兵船陆军深入占踞,全局供手而属之他人。"①从反人民的立场出发,对后来的义和团运动做了相当准确的预言。整个20世纪,一部中国历史,是以义和团群众运动的兴起开篇的。而它的失败则表明,自下而上的底层民众运动必须引入正确的主导思想。因此,一场启蒙运动便成为题中应有之义——不论是就历史而言,还是就逻辑而言。

## 三、反传统主义:民主与科学

辛亥革命给清王朝致命一击。此后皇权不复存在,整个官僚阶级亦遭受重创。从此,传统的中央集权制度就长期处于涣散、瓦解的状态中。第1章已尝试指出,在中国传统的社会政治结构中,上层结构主要由权力集团和知识阶层组成,下层结构则是广大的底层民众。在20世纪初期的中国,当权力集团陷于衰败萎缩境地的时候,知识阶层渐渐脱颖而出,以西方近代资产阶级的价值理念为号召,开辟了一个以五四新文化运动为标志的短暂的知识分子时代。在五四启蒙运动将人们从传统纲常名教的伦理约束中解放出来之后,随后的时代又以阶级革命的原则将人们重新组织起来,走上了在新的工农联盟的基础上重建中央集权制度的漫长道路。关于五四,已有的研究文献已经汗牛充栋,因此重复叙述其一般过程已无必要。本章只拟提出一些新的问题和看法,并将五四纳入到近代史主题与革命现代化的论述框架中予以重评。

**(一)知识分子与五四**

1. 五四新文化运动是一场现代知识分子运动。因此,有必要先对知识分子阶层的特质做一深入的理解。

从定义来看,知识分子作为"知识体系"的制造者和传播者,与社会现实

---

① 《劝学篇·正权》。

之间构成了一种十分特殊的关系。不论哪一种知识体系，都是以概念符号和理论的方式对实物世界不同层次的原理、规律和价值所形成的认识。它们以感性现象背后的普遍性为对象，试图揭示事物的一般本质，因而并不关注，也不完全适用于某一事物具体的个案情况。知识体系的这种抽象的特质也传递给了它们的制造者和传播者。知识分子总是透过各式各样的知识体系来与社会现实建立联系。因此，比较而言，他们总是倾向于从个人身边狭小的环境和利益中超越出来，以追求和持守更具有普遍性的价值、立场和目标，并以各种知识体系为参照，对现实保持一种反省的批判态度。

然而另一方面，各种各样的知识体系在赋予知识分子上述品格的同时，也常常使他们易于陷入一种空洞、抽象、苍白的普遍性。这种普遍性在使知识分子超越有限的个人环境的同时，往往也在同样程度上使他们缺乏现实的具体针对性。知识分子常常远离生活的大地，悬浮于观念的虚空，倾向于从各种空泛的、教条式的原则和信念出发，误读现实，偏离真正的问题所在。他们常常是语言的巨人，行动的侏儒，习惯于按图索骥，纸上谈兵，所提出的理论和策略往往难以付诸实行。因此，知识分子经常容易陷入普遍原理与具体实践、一般与特殊、方法与问题、西方与中国等矛盾分裂的困境中难以解脱。

2. 由于上述根源性的原因，现代知识分子几乎是先验般地与中国社会现实产生了隔膜。这种隔膜由于他们所掌握、运用的知识体系（即西学）的外来性质而更加深刻化、结构化了。

从全球史的角度，英国历史学家汤因比对那些近代资本主义世界体系外围国家的知识分子，曾做过这样的描述：

> 在任何一个社会里，凡是企图改变人们的生活方式使其适应一个外来文明的节奏时，都需要一个特殊的社会阶级在这个过程中起着'变压器'的作用；为了满足这个要求，这个常是突然而人为地应运而生的阶级，通常总是用一个特别的俄罗斯的名称，称他为知识分子。知识分子可以说是一批联络官，他们很快地就学会了入侵文明的种种本领……第一批知识分子的成员是海陆军官们，他们掌握了统治社会的战争艺术……然后又来了

外交家，这一批人是在战争失败以后不得不同西方政府打交道的时候，懂得如何办交涉的人……然后又来了商人……最后，当西方文明的酵母在它所渗透或同化的社会的生活方式里发生了更大作用的时候，知识分子就发展了他们所最为特有的形式：学会了传授西方学科的教师；学会了根据西方程序管理政府事务的文官；学会了根据法国的司法程序引用一两句拿破仑法典秘诀的律师。[1]

这里，汤因比所说的从最早的"海陆军官"到"外交家"和"商人"再到"教师"、"文官"和"律师"的这一"知识分子"的身份系列，客观上象征、缩影了资本主义中心国家对落后地区从军事侵略到文化征服的全过程。因而，这一身份系列的前后顺序有着深刻的历史必然性。

近代中国同样不能摆脱这个历史必然性。西方文明的传播在这里也经历了从军事入侵到文化征服的全部阶段。从输入西方军事-工业技术及相应的科学知识（洋务运动），到西方社会政治学说的盛行和制度的西化（戊戌变法和辛亥革命），再到20世纪初欧美哲学、文艺作品的翻译介绍和西式教育体系的建立（五四前夕）——也就是说，从洋务运动到五四前夕，西方文明的传播和渗透已大体经历了一个从外部物质技术到知识体系、价值理念和内心情感世界的相对完整的行程。在这个行程的终点，站立起来的是中国现代新型知识分子的群像。因此，中国现代知识分子的形成包含有一条外来的路线，在他们身上一直烙印着鲜明的外来文化的特征。

如前所述，一部中国近代史，始终包含着两种彼此纠缠、对立和斗争的社会变迁过程：一方面是一个中央帝国沦为边缘地区，即从政治经济到文化心理的全面殖民地化；另一方面则是一个传统社会转变为现代新型国家，即整个中华民族的觉醒和解放。从历史分期的角度看，人们曾注意到西文的"modern"一词在中国经过转译，演变成了"近代"和"现代"这两个分别表示不同历史

---

[1] [英]汤因比：《历史研究》，曹未风等译，上海人民出版社1986年版，第191-192页。

阶段的概念。其理由似乎在于，从资本主义世界体系扩及东亚、入侵中国的时代开始，中华民族先后走了一条下降的路和一条上升的路，即沦为世界体系边缘地区的阶段（近代史）和走出半殖民地梦魇的阶段（现代史）。这两个性质截然相反的历史阶段使中国的"近代史"和"现代史"始终无法统合在单一的西方话语的"modern"范畴之下。而"近代"与"现代"的分界点，则以从辛亥到五四之间现代知识分子的形成及其倡导的新文化运动为标记。其深刻原因在于，中国上述两种社会变迁过程之间的纠缠、冲突和斗争只是到了这一时期，才有了越来越明朗的解决的前景。从本时期开始，以现代知识分子启蒙运动为先导的，全民族的觉醒和解放依次以大革命、土地革命、全民抗战等为具体时代内涵，集合成汹涌巨大的历史运动。在这个意义上，由传统士大夫阶层经西方文明冲击洗礼而蜕变为现代知识分子的作家、教师、记者、科学家以及青年学生群体——这一现代知识分子阶层的历史走向，便值得特别关注。更进一步说，中国现代知识分子如何克服该阶层本身固有的前述抽象的普遍性及其身上外来文化的片面性，对于处在半殖民地、半封建历史阶段的中国社会的前途命运而言，具有决定性的意义。

3. 辛亥革命只赶跑了一个皇帝。作为一场单纯的政治革命，它并未触动社会经济结构的基础，更没有主动变革占统治地位的意识形态系统。翻开任何一部中国近代经济史或文化史都可以发现，无论按照哪一种标准，有关的历史分期都与辛亥革命没有什么关联，并未受到它多少影响。皇权的确被打倒了，但传统的官僚阶级依然存在，并时刻都可能酝酿一个新的皇权。因此，袁世凯称帝在先，张勋复辟在后，都不是偶然的插曲。由于民国初年经济基础和意识形态的这种传统性质，政治革命的成果也只能徒具形式。在传统经济结构的支持和意识形态的约束下，压迫性的上下尊卑的社会秩序依然故我。因此才有陈独秀当年的沉痛断言："政治界虽经三次革命，而黑暗未尝稍减……此单独政治革命所以于吾之社会，不生若何变化，不收若何效果也。"① 另一方面，在清王朝

---

① 陈独秀：《文学革命论》（1917），《陈独秀选集》，天津人民出版社1990年版，第48页。

的衣钵继承者北洋政府手中,中国依旧沿着从半殖民地到殖民地的路线下滑,民族生存的近代史课题仍看不到解决的前景。

在资本主义世界体系的时代,像中国这样积贫积弱的半殖民地国家,面对各资本主义中心国家在军事、政治、经济、文化诸方面的强大攻势,必须动员社会各阶层特别是人口众多的广大底层人民的潜力,直至在军事、政治、经济、文化各领域打一场超乎常规的"人民战争",才能完成在常规条件下由国家政权完成的各项使命。特别是在传统政治精英已无力承担社会领导职能的前提下,社会总动员的任务就更为迫切了。而要调动广大社会阶层特别是底层人民的潜力,就意味着使他们在政治、经济、文化各方面获得解放,包括颠覆上智下愚、尊卑贵贱的传统意识形态体系,废除半封建的和资本主义的生产关系,以及改变国家政权的根本性质。也就是说,进行一场自下而上的广泛的社会革命,通过社会革命的途径完成民族生存这个中国近代史主题。

这当然是20世纪整个中国革命的全过程,五四运动只是其中的一个环节。一代先进知识分子愤然打碎以纲常名教为核心的儒教伦理,解除固有文化观念对传统社会政治经济结构的支撑作用,为广泛的社会革命进行先期的意识形态动员——这就是五四启蒙运动的实质。这个以社会革命为最终目标的意识形态动员实际上又分为两步,即打碎和重组。首先是打碎偶像,推翻教义,将人们从传统封建伦理的层层束缚中解放出来;然后是重组,即走出纲常名教的网罗的人们,将以新的阶级革命的原则重新集合起来,汇合成社会革命和民族革命的洪流。实际上,五四启蒙运动只完成了这个意识形态动员的一半工作。

(二)五四与民族资产阶级

1. 五四启蒙运动的开端以陈独秀1915年9月在上海创办《新青年》(原名《青年》)为标志。在《新青年》1卷1号的发刊词中,为塑造新青年人格,陈独秀郑重陈述的"六义"是:

(一)自主的而非奴隶的

(二)进步的而非保守的

(三)进取的而非退隐的

(四)世界的而非锁国的

(五) 实利的而非虚文的

(六) 科学的而非想象的①

五四启蒙运动的主观逻辑是，要取得民族生存权，必须使半殖民地、半封建的中国成长为"西洋式之新国家"；而要实现这一目的，首先就必须倡导与之相适应的新的伦理道德。正如陈独秀在另一篇文章中所说：

> 欲建设西洋式之新国家，组织西洋式之新社会，以求适今世之生存，则根本问题，不可不首先输入西洋式社会国家之基础，所谓平等人权之新信仰，对于与此新社会新国家新信仰不可相容之孔教，不可不有彻底之觉悟，猛勇之决心；否则不塞不流，不止不行！②

五四启蒙运动所倡导的价值理念，直接来自西方主流意识形态。它们作为近代欧美资产阶级政治革命的思想前提，随这些革命的成功和西方殖民主义的扩张而广被于全世界，一度成为人类普遍信奉的价值准则。但尽管如此，这些理念的原初阶级属性仍是一目了然的。五四启蒙运动以"科学"和"民主"为两面大旗，追根溯源，它们同样也出自近代西方主流文化中的理性主义传统和自由主义传统。如本书第2章所述，欧洲近代科学相对于中世纪的蒙昧主义来说，的确是人类历史上的巨大进步。但是，科学及其背后的理性主义理念之所以制度化地成为西方社会的构成要素，也是因为体现理性主义理念的科技文明为资本主义世界体系提供了必不可少的物质支撑。另一方面，宗教信仰自由、言论、出版和集会自由以及普选制的逐步实现，的确使欧洲社会享受到近代民主政治的成果。然而资产阶级又是其中最大的获益者。只要保留私有制，在去除了宗教、王权和关税等束缚的自由市场经济中，挟资本和技术优势的阶级自然可以轻易打败其他阶级，通过大量占有社会生产的剩余而上升为统治阶级，

---

① 陈独秀：《敬告青年》(1915)，见《陈独秀选集》，第11-15页。
② 陈独秀：《宪法与孔教》(1916)，见《陈独秀选集》，第42页。

以至于将这种统治扩张于全世界。

因此,"科学"与"民主"的确具有某种放之四海而皆准的普遍意义和价值,可一旦还原到一个社会具体复杂的政治经济环境中,它们同时也会反映出特殊的阶级利益和需求。五四启蒙运动的初衷是为一个西方式的货真价实的资产阶级共和国摇旗呐喊,它的价值理念也具有明确的资产阶级性质,而且不容否认的是,在深层它还折射着当时中国社会的阶级利益分野。

2. 陈独秀指出:"现代生活以经济为之命脉,而个人独立之义乃经济学生产之大则,其影响遂及于伦理学。故现代伦理学上之个人人格独立,与经济学上之个人财产独立,互相证明,其说遂至不可动摇"①伦理学与经济学、个人人格独立与个人财产独立彼此印证,后者为前者提供了最终的物质支持。与这种理论模式相对应,五四启蒙运动也有其自身的社会基础,其最直接的部分是伴随近代教育体系的确立而大批涌现的城市知识分子和青年学生群体。科举制罢废(1906)和壬子·癸丑学制的颁定和推行(1912-1913),这一破一立,在中国从体制上促成了现代知识分子的正式形成。然而,另一方面,知识分子由于远离物质生产,从来就不是一个能够独立存在的社会阶层。作为不同知识体系的生产者-传播者,他们总是以各种理论和信仰代表其身后的不同阶级利益。

在五四启蒙运动初期,知识分子的理论体系和价值观念所反映的最终的现实运动,是中国民族资产阶级的快速成长。这种成长主要得益于当时的国际环境。

第一次世界大战从世界体系外围的立场看,实际上是欧洲资本主义中心国家的一场内战。战争迫使列强暂时减缓了对中国政治经济的侵略,客观上将不平等条约所强占的一部分中国国内市场,归还给初生的民族工业。同时,战争导致了世界范围内对食品和原料需求的增加,这同样刺激了作为初级产品供应者的中国的经济生产。这样,从1912年到1920年,中国现代工业的增长率达到13.8%。如此惊人的增长速度只是到1953-1957年的新中国第一个五年计划时

---

① 陈独秀:《孔子之道与现代生活》(1916),见《独秀文存》一,第117页。

期才再度实现。①据当时北京市政府农商部统计,历年注册的国内工业公司,在1914年8月以前,共146个,资本额为41,148,205元;而自1914年8月到1920年,在6年多一点的时间里,新注册的工业公司即达272个,资本额为117,434,500元。②与经济繁荣同步的是加速的都市化趋势。例如在上海,华界人口从1910年到1920年增长了3倍。伴随经济增长和城市化的是民族资产阶级的迅速成长,"上层社会中出现了一个狭小的社会圈子,他们献身于振兴实业、自由企业和经济合理化的思想体系:这是一个真正现代化的资产阶级"③。

但是,打击接踵而至。一次大战期间,日本一方面由于远离战火而免于战争破坏,另一方面由于战争景气,国力迅速增长。与此同时,由于欧洲各中心国家无暇东顾,使其在东方的霸权旁落。日本乘机加紧侵略中国,企图分割和控制东亚的巨大市场和资源。从入侵山东到二十一条再到西原借款,日本在政治、军事、财政诸方面取得了在中国的特殊地位。对于民族资本主义来说,当时更直接的威胁来自日本企业的压力。以中国民族资本发展最快的纺织业来说。从1918—1924年,日本在华纱厂的纱锭增加了388%。同时,日本还通过贷款控制中国企业。从1917—1922年间,中国纱厂谈判的19项外国贷款中,有14项是由日本提供的。当中国企业无力偿还贷款时,它们即被日资吞并。④

中国民族资产阶级是在资本主义世界体系扩及东亚之后畸形成长起来的,受到国际垄断资本的压制和蚕食,原料被争夺,市场被挤占,因而具有一定的"反帝"倾向。但同时,他们在技术和资金方面又严重依赖国际垄断资本,在资本主义中心国家的雄厚资本、先进技术和各种政治、经济特权面前,软弱的中国民族资产阶级只能走一条垂直依附式的殖民地、半殖民地道路,不可能提出任何彻底的"反帝"纲领。因此,和传统的皇权-官僚阶级一样,中国

---

① 费正清编:《剑桥中华民国史》(上),中国社会科学出版社1993年版,第839页。
② 转引自彭明:《五四运动史》,人民出版社1984年版,第80页。
③ 费正清编:《剑桥中华民国史》(上),中国社会科学出版社1993年版,第847页。
④ 费正清编:《剑桥中华民国史》(上)中国社会科学出版社1993年版,第883页。

民族资产阶级同样无力承担民族解放的历史使命。建设"西洋式之新国家新社会"的政治理想必然以一个强大的民族资产阶级为前提，而这个前提在中国当时的国内国际环境中是无法产生的。陈独秀们的主观逻辑在现实面前碰了壁。这是五四启蒙运动被中国革命迅速超越的根本原因。由此，20世纪反传统主义思潮中的"民主与科学"阶段也由于背后阶级基础的薄弱而让位于"奴隶史观"阶段。

### （三）从五四到革命

1. 五四启蒙运动发轫之际，正值第一次世界大战初期。从政治经济学的观点看，这场持续4年的世界体系中心地区的内战，不过是资本主义市场竞争及其危机的一种最高形式。只要实行自由市场经济，就必然带来贫富不均和两极分化，就必然导致社会购买力不足、大量产品积压和资金周转凝滞。由此产生的经济循环梗阻必然使银行不良债权剧增，从而引发信贷危机，最终爆发全面的经济危机。此时，社会风潮、动乱、战争或革命便随之而来。这是自由市场经济始终与危机相伴随，并最终必然被社会主义经济制度所扬弃的根本原因。

德国在完成工业化之后，到1914年，其工业产量占全世界总产量的比例已超过英国，这意味着德国需要相应规模的海外市场和原料产地。然而，当时世界范围的殖民地主要掌握在英国手中。因此，大英帝国便成为德国扩张道路上的主要障碍。德国的战略是通过控制欧洲大陆来挑战英国的世界霸权，资本主义市场经济为传统的大陆国家与海洋国家之间的争夺增添了新内容。英国自19世纪末以来一直处于衰落之中，其工业产值先后被美、德两国所赶超。在这个意义上，从1914年一次大战爆发到1945年二次大战结束，这期间的所谓"新30年战争"，实际上是大英帝国遗产在世界范围内的继承权之争。最终，挑战者德国与被挑战者英国两败俱伤，取得大英帝国继承权的是另一个海洋国家美国。

新30年战争作为世界资本主义危机的总爆发，严重消耗、削弱了欧洲各中心国家的政治、经济实力，为社会主义阵营的产生和旧殖民主义体系的崩溃准备了条件。另一方面，在总危机爆发而使资本主义发展模式失去魅力的同时，俄国在十月革命后建立了人类历史上第一个以普通劳动者当家作主的国家政权。这对于正在探索自身解放道路的广大殖民地、半殖民地国家和人民具有强大的示范效应。

从今天的观点看，五四启蒙运动的误区之一，是当世界体系中心地区正在因资本主义固有矛盾的尖锐化而爆发危机、战争和屠杀，资产阶级的生产－生活方式发生严重动摇，甚至濒于毁灭之际，仍然一厢情愿地要将一个半殖民地、半封建社会纳入到经典资本主义的发展模式中，并幻想以此完成民族解放的历史课题。

需要指出的是，17至19世纪西欧各国资产阶级通过政治革命废除王政，建立资产阶级共和国，这是中世纪后期以来特别是地理大发现时代以后，商人－资产阶级长期积累和发展的历史结果。20世纪初叶，中国民族资产阶级的状况以及当时国内国际形势，与当年的西欧完全不可同日而语。中国乃至东亚各国家和地区的资产阶级（日本是唯一的例外）由于资本和技术的薄弱，只能对外依附于国际垄断资本，对内托庇于一个半封建的军事独裁政权。在这种政治经济结构内，资产阶级经过长期积累、壮大，最终才能在国际垄断资本的默许或支持下，以各种方式取代半封建的军事独裁政权——这就是后来80年代到90年代东亚各国家和地区的所谓"民主化"过程的实质。而在20世纪初叶，中国民族资产阶级则完全不具备类似的政治经济环境。

2．实际上，在20世纪初期，国内国际的政治经济结构留给中国对其自身发展道路的选择，范围是十分狭小的。一方面，民族解放的近代史课题在传统上下尊卑的等级秩序中无法完成；另一方面，日本又由于其国内市场狭小、资源匮乏的硬约束以及争霸世界的野心而对中国步步进逼。既然历史留给中国的时间和机会都极为有限，因此中国必须在日本大举入侵之前，改变国民麻木、愚钝和一盘散沙的状态，完成全社会的总动员，即进行一场自下而上的社会革命。在社会各阶层中，这一任务历史性地落在了作为新知识新思想掌握者的知识分子肩上。知识分子阶层对自身道路的选择，对于整个国家和民族有着重要的范导作用和象征意义。

1923年底，鲁迅在北京女子高等师范学校发表演讲，题目是《娜拉走后怎样》。摆脱夫权、走出家庭的"娜拉"，作为个人，面对新的复杂险恶的社会环境将向何处去？鲁迅提问的直接对象，是五四启蒙运动后期的青年知识女性。

但是，在当时中国的社会语境中，这个问题却具有普泛的寓言性质。

在中国，半殖民地、半封建的社会性质在沿海城市和广大内地的结构分布上是极不均匀的。在沿海沿江的所谓口岸城市，那里作为世界体系的外围地区，垂直依附于国际垄断资本的现代工商业已经有了一定程度的发展。以此作为物质基础，包括知识分子在内的一些社会阶层，其生活方式和价值观念中的半封建性质已日趋淡薄。事实上，五四启蒙运动的范围主要限于城市知识分子和青年学生群体。它的反传统主义精神之所以能在短期内席卷整个意识形态领域，正是由于这一运动的主要参加者，其生活方式已经基本上摆脱了传统纲常名教的约束。五四启蒙运动不多不少，只是在相应的社会存在基础之上，完成了其意识形态的分内工作。

在古代中国，皇权－官僚阶级的中央集权制度通过一整套考试制度（科举制）把民间知识分子源源不断地吸纳到体制中来，使其精英分子循序进入权力阶层，知识和权力由此达到了某种程度的统一。但是，清末科举制的罢废作为传统中央集权制度衰败瓦解的一种结果，中断了知识分子进入权力阶层的原有途径，使他们沦于一种集体性的在野地位。另一方面，知识分子在与权力集团分离的同时，也就在相应程度上走出了传统的政治文化结构，使他们有可能摆脱正统纲常名教的束缚。但是接踵而来的问题是：告别传统皇权－官僚体制，走出了传统政治文化话语的知识分子，将向何处去呢？换句话说，"娜拉"走后的个人问题也象征着整个知识分子阶层的问题。

知识分子从传统体制内的出走，其最终指向是体制外的广大工农群众。只是他们那时的身份不再是个人，甚至也不是知识分子，而是新生的政党。五四启蒙运动以"打倒孔家店"为旗帜，破坏偶像，推翻教义，将个人从传统伦理束缚中解放出来。这是"打碎"的方面。另外，"重组"的方面，即从纲常名教的网罗中解放出来的个人们以新的原则方式重新聚集的工作，从运动后期就已开始酝酿了。各种各样的青年知识分子社团，例如学生救国会（1918年5月）、国民社（1918年10月）、平民教育讲演团（1919年3月）、少年中国学会（1919年7月）等相继成立。其中规模最大的少年中国学会以创造"适合于二十世纪思潮之少年中国"为宗旨，兼收并蓄了各种倾向的知识分子。打碎－重组的工作横跨了五四启蒙与中国革命两个历史阶段。因此，尽管从同仁社团到政党组织只有一步之隔，但这一步迈出去，五四启蒙运动就被跨越了。

3．近代中国社会的演变，经历了科技（洋务运动）——政体（戊戌和辛亥）——文化（五四运动）三个阶段。也就是从输入西方科技、振兴实业，以维系皇权－官僚阶级的传统政治－文化秩序，到维新、革命引进西方资产阶级民主政体，再到引进西方民主、科学观念以改造国民素质，一般认为，中国社会的发展遵循了一条层层递进和深入的路线。这种对中国近代史的概括方式早在梁启超的《中国最近五十年进化概论》（1922）中就已经提出，它以西方社会为中国近代变迁的原初中心，从西学东渐的角度理解中国近代史，并主要着眼于中上层阶级的历史运动。由于西方列强作为资本主义世界体系的中心国家，在政治、经济、文化诸方面长期支配着广大外围地区，因此，"西方中心观"在解释外围国家的社会现象时，常常具备一定的理论价值。另一方面，由于太平天国、捻军和西北回民起义相继被扑灭，从洋务到五四，中上层阶级大体上的确是历史舞台上的主要行动者。因此，以中上层阶级为焦点的近代史观占据主流，也并非毫无依据。

但是，在科技——政体——文化这个三段式之外，我们还可以五四启蒙运动为中心，概括出另一种三段式，即义和团——五四——大革命。义和团作为以农民、手工业者和码头搬运工为主体的自下而上的群众反帝运动，成员众多，声势浩大，但由于缺乏正确指导思想和组织原则而迅速归于失败。五四启蒙运动倡导科学和民主，培养了一代掌握新知识新思想的先进知识分子。随后的大革命则把民众运动与先进思想综合起来，初步实现了知识分子与广大工农群众相结合的历史任务。与上述西方中心论的、中上层阶级的近代史观相对立，这里实际是一种中国中心论的、反帝反封建的、中下层阶级的近代史观。只有在这样的近代史观指引下，我们才能更准确地理解早期中共领导人对义和团运动的立场观点。例如，陈独秀在批驳了有关义和团"野蛮排外"的错误观念后，郑重宣告：

义和团的野蛮，义和团的顽旧与迷信，义和团时的恐怖空气，我都亲身经验过；我读八十年来中国的外交史、商业史，我终于不能否认义和团事件是中国民族革命史上悲壮的序幕。①

瞿秋白在五卅运动之后，认为"最主要的是义和团运动里，没有一个先进的有组织有力量的阶级做主干"，并指出："义和团的反抗精神的完全恢复，而打破这种媚外的、鄙视'下等社会无知愚民'反对压迫的心理，一直经过五四运动到五卅的屠杀后方才实现。""五卅运动，实在说起来，是义和团的反抗侵略运动的继续。不过五卅运动的方法、组织、策略，完全与义和团不同了。"②革命的近代史观的观点，新三段式与正、反、合的观点，在这里都已经具备了。因此，不但义和团反帝运动，而且五四启蒙运动，都不可避免地将被超越与综合。

实际上，从五四启蒙运动自身的标准观察，由于启蒙主要局限在城市知识分子和青年学生群体，因而颠覆尊卑贵贱的传统意识形态的任务远远没有完成。因此，中国历史的重心仍然必须继续下移，即从知识分子（五四）到产业工人（五卅）再到农民（大革命及其后）。启蒙运动只有深入到广大工农阶级，社会总动员的任务才能完成。

应该说，民族生存和解放这一近代史课题是从洋务运动到共产党革命，从传统官僚集团到现代知识分子共同关注的问题。例如张之洞《劝学篇》就认为，19世纪末的中国面临着三大任务："一曰保国家，一曰保圣教，一曰保华种。夫三事一贯而已矣……保种必先保教，保教必先保国。"③换句话说，张认为只有依靠清帝国的政治权力结构，才能维系固有的意识形态系统；只有在"保国"、"保教"的前提下，才能完成"民族生存"的近代史课题。然而，现实的

---

① 陈独秀：《我们对于义和团两个错误的观念》，原载1924年9月3日《向导》第81期，见《陈独秀选集》，第204-205页。
② 瞿秋白：《义和团运动之意义与五卅运动之前途》，原载1925年9月7日《向导》第128期，见《瞿秋白选集》，人民出版社1985年，第204、207、209页。
③ 《劝学篇·同心》。

历史运动却把张的这个逻辑顺序颠倒了过来：民族生存的课题即"保种"，恰好是在彻底扬弃了传统的"国"（辛亥革命）和"教"（五四运动）之后，才得以解决的（中国革命）。

## 四、反传统主义：奴隶史观

在传统儒教的价值体系中，"三纲"分别为各种地位的人们，明确规定了在政治（君臣）、家庭（父子）和性别关系（夫妻）这三个层面上不平等的权利义务关系。在这个别尊卑、定亲疏、明贵贱的意识形态体系中，与现实的政治经济结构相适应，数量异常庞大的底层群众向来都是受压抑、被排斥的。五四启蒙运动首先在知识分子和青年学生群体当中，颠覆了这个两千年一以贯之的意识形态系统。随后的中国革命则更进一步，指出并确立了广大劳动群众作为被压迫阶级的内在的优越性，从而为使他们成为社会革命和民族革命的行动主体，奠定了思想基础。由此，也将20世纪的反传统主义浪潮从启蒙阶段推向了革命阶段。

在中国，当传统政治精英无力承担民族解放的领导职能的时候，广大人民群众就义不容辞地成为完成近代史课题的最后的行动主体。如前两章反复指出的，这意味着进行一场自下而上的社会革命。劳动群众从传统社会政治结构中的"看客"质变为社会革命和民族解放时代的"英雄"，从统治的对象转化为政治的主体。这在理论上不是没有疑问的，解决这些疑问必须超越五四的内在局限性，将反传统主义推向最彻底的深度。本章以中国革命进程中的反传统主义为考察对象，将首先讨论"人民"的性质，然后再考察奴隶史观以及相关的其他问题。

### （一）人民：西方与中国

1. 如第一部分所述，在封建制的欧洲中世纪，由于缺少一个统一而强大的中央政权，政治权力和经济剩余在大大小小的国王、封臣和教士之间分割，因而，由此形成的分裂的政治经济结构，为商人-市民阶级的成长留下了相对自由的空间。

在欧洲中世纪，基督教神学家提出并论证了"三等级"理论：基督教社会的终极目标是为教徒进入天国做准备，因而执行向上帝祈祷职能的教士就是最高贵的等级；骑士负责防御和剿灭异教徒，是仅次于教士的高贵等级；从事物质生产的劳动者占人口绝大多数，他们侍奉和养活教士与骑士，是最低贱的等级。组成这个第三等级的首先是在乡村采邑中为封建主提供劳役的农奴，其次是在城市从事工商业的市民。在中世纪，尽管城市也是隶属于封建主的领地，但许多城市随着自身工商业的繁荣，采用赎买方式，从它们所隶属的封建主那里获得特许状，不同程度地取得了自由，成为自治城市：市民摆脱农奴身份，城市组成独立法庭，市民依法纳税，其财产和人身自由受到保护。许多城市还获准选举市政官员，由市民组成市议会，作为市政机构。在西欧中世纪，按照惯例，农奴在城里住满一年零一天即可取得自由身份，因此那时流行一句著名谚语："城市的空气使人自由"。的确，在广大的封建采邑和庄园的包围中，大大小小的自治城市作为一块块政治、经济和文化的飞地，成为中世纪后期西欧新社会形态的萌芽地。

市民的主要成分是商人和手工业者，他们组成商人行会和手工业行会，以保护自身权益，平衡内部利益冲突。城市工商业的发展，使上层市民拥有了较大经济实力，因而在王权与大贵族的利益冲突中日益发挥着重要作用。随着民族君主国的兴起，国王们为削弱贵族势力，纷纷向市民寻求政治的和财政的支持。1295年，英国国王爱德华一世召开"模范国会"，不但包括贵族和教士，而且还包括市民代表。随后，1302年，法国国王腓力四世也召开了三级会议。市民从原先的第三等级中脱颖而出，除自身人口增长外，更多地还不断吸纳、消化第三等级中的其余部分。1378年伦敦人口大约只有4万6千人，到1605年已增长到22万5千人。随着人力和物力的增长，市民在西欧扩大了的政治结构中扮演越来越重要的角色。他们先是配合民族君主们消灭封建制，然后又转而反抗王权。1789年春在凡尔赛宫召开的法国三级会议上，第三等级代表向国王路易十六要求将三级会议改变成国民议会，由此揭开法国大革命的序幕。

在近代西方社会，经过资产阶级政治革命和工业革命之后，各个阶层不同程度地享有资产阶级政治民主，他们的各种权益也受到法律不同程度的保护，从而为个人自由、权利和价值提供了物质基础和制度的保证。近代西方社会中的"公民",其原型可以追溯到中世纪后期自治城市中的"市民"。从这个意义上说,欧洲资产阶级政治革命恰好是将"市民社会"的原则从原先孤立的自治城市扩大到整个民族国家的范围,而同期工业革命所引发的城市化运动则为此提供了巨大的经济和物质的支撑作用。

2. 在中国传统社会结构中,广大农民包括自耕农和佃农,主要以一家一户为单位小规模分散经营,维持简单再生产,在几乎不享受任何政治权利的同时,也缺少受教育的机会。在一盘散沙的小农社会,军队作为武装的政治集团是唯一有组织的专业化的社会力量。历代王朝的创建者无一例外地依靠军队,凭武力夺取政权。皇权－官僚阶级通过掌握政权,坐收经济剩余,并借助科举制在广泛吸纳民间人才的同时,也牢固掌握了意识形态的控制权。因此,在中国传统社会,一方面是强大的皇权－官僚阶级的国家机器,另一方面则是孤立、分散、无组织的农民阶级。后者构成了前者的社会基础:小农阶级不但是国家赋税徭役(经济剩余的主体部分)的来源,而且也为统治阶级源源提供着稳定可靠的兵源(政治权力的基础)。中国皇权－官僚阶级的中央集权制度达到了最完备的程度,致使统治阶级在整合全社会资源,长期维持中国作为农业文明中心国家地位的同时,也垄断了几乎全部的政治权力、经济剩余和意识形态话语。这一点,与西欧中世纪政治、经济和文化资源在教士、封建主和市民之间一定程度地得到分割、分享的情况是截然不同的。在中国官僚体制和民间社会之间,力量对比完全失衡。

皇权－官僚阶级长期采取重农抑商政策,压制了商人阶级和商品经济的自然成长趋势,使困扰中国社会的过剩人口与狭小土地之间的深刻矛盾,无法通过发展工商业来得到解决。在每个王朝末期,因土地兼并和人口过剩而产生的大量流民,由于没有正常发展的第二、三产业予以消化吸收,因而如同泛滥的洪水,终于在农民起义的高潮期彻底冲决了国家机器的堤岸。在这个短暂的时期,孤立、分散的小农结成高度组织化的、英勇善战的政治军事集团,他们平素所失去的政治、经济、文化权利,也在剧烈的政治军事斗争中得到了一定程度的补偿。

因此，中国农民阶级具有深刻的两重性：一方面，在历史常规时期，他们常常是驯顺、麻木和消极的，作为皇权-官僚阶级的统治基础，他们在受到其上层建筑的多重压迫和侵夺的同时，又为这个上层建筑提供稳定的赋税、徭役和常备军的兵源；另一方面，在上层社会腐败没落的危机时期，在常规历史发生断裂的关口，他们又揭竿而起，表现出英勇、积极和高度的首创精神。一方面是历史的看客，另一方面是造反的英雄。缺少政治权利、生活贫困、未受教育，这种卑贱的生存状态使他们不得不忍受庞大的皇权-官僚阶级的统治，同时又使他们的内心深处蕴藏着强烈的反抗意识。这种矛盾辩证地统一在中国传统农民阶级的性格中。这种双重性格也就是中国传统的"人民"的本质。

所谓"人民"，是指那些直接从事物质生产的匿名的非个体的广大劳动群众。人民、民众或群众构成了一种特殊的社会实体。值得注意的是，在半殖民地、半封建的中国近代社会，"人民"这种社会实体的持续存在已经不仅仅是一个社会"内部"的孤立现象了。

从西方历史来看，古希腊城邦民主制是与奴隶制同时并存的。大量繁重、低贱的奴隶劳动所提供的经济剩余，是整个城邦公民阶层维持其优裕生活、参与民主政治并从事文化创造活动——所必不可少的物质前提。民主制与奴隶制并存，这种二元式的社会结构为后来的罗马共和国所继承，并延续到了欧洲中世纪：自治城市与封建采邑并存，市民的工商业活动以大量农奴从事粮食和原料生产为前提。到了以西方为中心的资本主义世界体系时代，这种二元式的社会结构扩展到了全世界。一方面，中心国家（工业化国家）通过控制海外市场和原料产地，在世界范围内收取巨量经济剩余，保证了本社会内部物质生活的提高、教育的普及以及在此基础上民主政治的逐步确立。在这个"市民社会"中，个人财产和生命安全得到法律保障，个人自由、权利、价值和尊严受到尊重。另一方面，广大外围地区（欠发达国家）由于中心国家的资本、技术以及政治、军事强权压力，不得不滞留在生产和提供低附加值的初级产品的地位上。在不平等的国际政经关系中，中心国家通过剥削外围国家和地区，向后者源源不断地、结构性地转移着贫困、落后和愚昧，转移着动荡和暴力，由此也转移着专制政体和军事独裁，从而也就维系着"人民"这个巨大的社会实体的持续存在。从全球范围看，富豪与贫困、民主与专制、西方与东方是互为因果的。

　　人民以群体性为其特征，在中国尤其如此。中国人口很早就达到极高的规模，西汉时期是6000万。以后，人口随王朝周期有规律地循环起落。清代康、雍、乾三朝，由于社会安定和赋税制度改革，以及耕作方式和玉米、番薯等高产作物的引进和推广，总人口由不到1亿激增到3亿，到1840年更突破4亿大关。①以人民为主体的巨大人力资源成为社会革命和民族革命的宝藏。

　　**（二）两种"人民"观：传统与五四**

　　1. 在常规历史时期，人民往往是沉寂无为的。因此，尽管普通劳动群众的数量异常庞大，却基本上没有进入正统儒家学说的理论视野。有时，儒学代表人物例如孔孟，也顺带提及这个阶层，但他们却几乎都是在与上层阶级的鲜明对比——其实质是依据特定的政治经济结构——中展开论述的。例如，孔子说："唯上知下愚不移。"②孟子说："无君子莫治野人，无野人莫养君子。"在与许行（农家）之徒的辩论中，孟子用社会分工的合理性掩盖、偷换了社会分配的不合理性，从而为统治阶级对政治权力和经济剩余的垄断，为普通劳动群众被压制、被剥夺的强权体制，充当了辩护士的角色："或劳心，或劳力；劳心者治人，劳力者治于人；治于人者食人，治人者食于人：天下之通义也。"③

　　至于今天仍然被谈论的所谓孟子的"民本主义思想"，就更是两种基本立场的混淆了。的确，孟子说过："民为贵，社稷次之，君为轻。"④朱熹对此的阐发是："盖国以民为本，社稷亦为民而立，而君之尊，又系于二者之存亡，故其轻重如此。"⑤这当然是忠实于孟子原义的阐释，因为孟子接下来讲的正是"是

---

① 刘铮主编：《人口学辞典》，1986年。
② 《论语·阳货》。
③ 《孟子·滕文公上》。
④ 《孟子·尽心下》。
⑤ 朱熹：《四书章句集注》卷十四。

故得乎丘民而为天子，得乎天子为诸侯，得乎诸侯为大夫"①。这是以君主的长远、根本利益为立场和出发点所进行的谋划和警示。在这里，"人民"依然被看作是统治的对象，而不是政治的主体。近代西方民权思想的物质经济基础，是市民阶级所从事的工商业日益繁荣，其不断增长的经济实力已经可与王权相抗衡。在中国古代社会一向都是缺乏这种基础的。因此，传统儒学对民众的上述态度和话语，既是皇权－官僚阶级的根本立场的表达，也是人民沉寂无为这一历史常态在意识形态观念上的某种反映。

2. 在中国古代，尤其是唐宋以来，科举制的广泛施行使知识以权力为轴心进行整合，使知识分子牢固地依附于中央集权制度的政经结构内。因此毫不奇怪，中国传统知识分子作为一个整体历来都是体制的一部分。

如上一章所述，作为传统中央集权制度衰败、解体的一个结果，20世纪初科举制的罢废使知识分子失去了进入权力阶层的传统途径，使他们戏剧性地沦为一个在野的社会阶层。知识分子与权力集团的分离，使他们有可能接近社会底层，根本调整对待"人民"的观念和立场。对于五四启蒙运动中涌现的左翼知识分子来说，这种调整的需要尤为迫切。我们可以鲁迅为例讨论这个问题。

对于压迫性的传统政治经济体制和意识形态，鲁迅持最激烈的批判态度。② 因而这种社会体制和意识形态最广大的直接受害者，"他们——也有给知县打过枷过的，也有给绅士掌过嘴的，也有衙役占了他妻子的，也有老子娘被债主逼死的"——即劳动群众阶层，不但成为鲁迅关注、思考的基本对象，而且促使

---

① 《孟子·尽心下》。孟子曰："诸侯之宝三：土地，人民，政事。宝珠玉者，殃必及身。"（《孟子·尽心下》）因此，"人民"之所以重要只是作为诸侯或国君的财产。

② 鲁迅的这一态度在90年代的知识界受到讥评："（鲁迅）一心从传统中杀出来，《狂人日记》把中国历史归结为'吃人'两个字，的确痛快淋漓，但事情不可能这么简单。如果'吃人'吃了五千年，文明早完蛋了。"（庞朴：《传统文化能否再写辉煌》，《人民日报》1994年12月6日）但是，以"文明"的名义并不能抹杀鲁迅当年刻骨铭心的体验。而且，即使从抽象人性论的立场，也可以说文明正是在压抑的前提才得以兴起和存在的（可参阅雅克·拉康关于主体建构过程中所经历的创伤的论述）；从社会理论的观点看，文明的前提正是阶级分化和国家机器的建立，是镇压和掠取，政治、经济、文化资源的垄断。"吃人"正是鲁迅从被压迫者立场提出的形象化的文学概括。

他毕生从事"国民性"课题的探索。必须承认的是，鲁迅尤其是前期的鲁迅，更多地关注的是上述"人民"双重性格中的前一方面，即驯顺、麻木、消极的一面。因此，鲁迅常常将"人民"归结为历史的"看客"。他说："群众，——尤其是中国的，——永远是戏剧的看客。"①

广大群众麻木、落后、愚弱的状态所引起的震惊感，是鲁迅早年弃医从文、转向思想启蒙的根本动机。②因而，这种类型的群众形象在鲁迅的一系列小说作品中，也就有了频繁的、鲜明生动的描绘：从《孔乙己》、《药》、《风波》、《祝福》、《示众》直到《阿Q正传》等经典篇什，无不如此。与此相关的是鲁迅笔下反复出现的众生群像描写和这些众生出场亮相的公共空间：《孔乙己》中的酒店，《药》里的茶馆，《风波》中的土场，《示众》里的街头，以及《阿Q正传》中的酒店，等等。鲁迅对沉寂无为的"人民"性格的洞察和描写达到了力透纸背的惊人的深度，他对"人民"的态度被后人概括为"哀其不幸，怒其不争"。③鲁迅萦怀不去的寂寞、孤独和悲凉与他的这种"人民"观有着内在的逻辑关系。

在鲁迅现实题材的小说中，"人民"性格的另一方面，或者说英雄式的劳动群众形象仅仅出现了一次。这唯一的一例是《一件小事》中的人力车夫。绝非偶然的是，这个"高大的"、"须仰视才见"的形象只是一个"满身灰尘的后影"。④

### （三）历史的主体

1. 鲁迅笔下所缺乏的"人民"性格的另一方面——劳动群众的积极、勇敢、智慧和首创精神，即广大被压迫群众的革命性，在毛泽东那里，得到了最深刻、最彻底、最热烈的表达。而在此之前的马列主义在中国的传播，则为此

---

① 《娜拉走后怎样》。
② 见《呐喊·自序》。
③ 《摩罗诗力说》："苟奴隶立面前，必衷悲而疾视。衷悲所以哀其不幸，疾视所以怒其不争。"
④ "我这时突然感到一种异样的感觉，觉得他满身灰尘的后影，刹时高大了，而且愈走愈大，须仰视才见。"（《呐喊·一件小事》）

提供了必不可少的理论前提。

自从被强行纳入资本主义世界体系以来，作为外围国家，中国前后经历了三次世界观和理论基础的重大更替：洋务运动时期的中体西用论，维新变法时期的进化论，社会革命和民族解放时代的马列主义。如本书第2章所述，洋务运动的实质，是以西方近代科技文明为传统皇权－官僚阶级的统治秩序提供新的物质支撑。因此在意识形态的根本理念上，当时的一般封建士大夫阶层仍以"圣圣相传"的天朝上国自居。即使是亲自主持、参与了中国早期工业化运动的洋务派官僚，也仍然固守传统的中国－四夷观念。

甲午战败激发了体制边缘的知识分子。严复自1895年起翻译、评注《天演论》，影响了从戊戌到五四的好几代人。严复以及同期的康、梁、谭等人，引入进化论及其在人类历史领域的应用即社会达尔文主义，强调进化是不可抗拒的普遍规律，宣传"物竞天择，适者生存"的原理，以警示国人正视中国积贫积弱的现实，为变法图强的现实行动提供思想和舆论的支持。与此同时，进化论也成为从戊戌到五四前期的反传统主义思潮的世界观基础。

但是，从戊戌到辛亥，积贫积弱的现实并未改变，中国仍旧沿着殖民地的路线下滑，近代史课题反而更显紧迫。这样，"物竞天择，适者生存"的进化论原理，对于弱小民族而言，就与其说是催人奋起的警世之言，毋宁说是不得不接受的弱肉强食的丛林法则。必须承认，作为古代文明的中心国家，中国在资本主义世界体系扩及东亚的时代，的确需要借助进化论或者说社会达尔文主义的思想武器，以丢弃早已脱离现实的、陈腐不堪的中国－四夷观念。正是从这样的新世界观出发，从维新志士开始，便已形成了一种全新的中国观。因此，梁启超问难说："吾方日兢兢焉求免于《春秋》所谓彝狄者之不暇，而安能彝人，而安能攘人哉？"[①]谭嗣同也指出："今中国人心风俗政治法度，无一可比数于夷狄，何尝有一毫所谓夏者！即求并列于夷狄，犹不可得，遑言变夷耶？"[②]

---

[①] 《〈春秋中国彝狄辨〉序》，《饮冰室合集·饮冰室文集之二》，第49页。
[②] 《报贝元徵》，《谭嗣同全集》上册，中华书局1981年版，第225页。

但是，在19世纪末叶，中国不但已沉沦到资本主义世界体系的底层，而且随时面临着被美日欧列强全面肢解的威胁。这样，弱小民族被欺凌、被吞并、被灭绝的命运，就正是进化论普遍原理的题中应有之义。因此，尽管进化论对于沉湎于昔日中央帝国梦想的中国来说，有其强大的警示作用的一面，但是作为强权逻辑，进化论或社会达尔文主义又恰好是帝国主义列强的意识形态。弱小民族要争取自身解放，中华民族要完成近代史课题，显然需要另一种思想武器。

作为被压迫人民的最彻底的斗争哲学，毫无疑问，马列主义正是这样的思想武器。需要指出的是，在资本主义世界体系的时代，中心国家垄断资本的超额利润主要来自广大外围国家和地区。这样，遭受各中心国家资产阶级最残酷剥削和压迫的劳动阶级也就主要分布在广大的外围国家和地区，在资本主义发展到帝国主义阶段即资本输出阶段的时代，更是如此。因此，外围国家和地区的民族解放运动，如果上升到世界范围看，实际上就是一场全球性的阶级斗争。不仅如此，甚至在一国内部，例如在中国这样的国家，如前文所述，由于中国政治结构中的上层部分已经腐朽，因此民族解放的任务必须通过社会革命的途径，这意味着大规模的阶级斗争。上述两点构成了20世纪中国社会大规模阶级斗争运动的历史背景，也是马列主义在中国迅速传播的根本原因。

2. 进行社会革命的前提，是认清社会内部各阶级的经济状况和政治倾向。毛泽东的《中国社会各阶级的分析》一文，对当时中国社会的6个阶级分别进行了简要分析和判断，明确指出了中国革命的敌人（地主阶级和买办阶级）、中间派（中产阶级）、领导者（无产阶级）和同盟军（半无产阶级和小资产阶级）。这篇不足4千字的短文的正确性和预见性已为后来中国现代革命的伟大成就所证实。这里仅需要指出的是，在马列主义传入中国的早期阶段，一个有待解决的难题是产生于资本主义中心国家的马克思主义如何适用于外围或半外围地区的问题。

马克思主义产生于欧洲工业革命晚期，工业无产阶级与资产阶级的阶级分化已告完成的时代。列宁主义尽管突破了马克思关于在资本主义中心国家率先爆发革命的论断，崛起于欧洲边缘地区，从而打破了帝国主义的薄弱环节，但俄国革命仍然是以工业无产阶级最集中的大城市为中心而展开的。由于横跨欧亚的地缘关系以及既是中心国家（政治军事方面）又是半外围地区（社会经济方面)的双重性质,俄国在东西方之间获得了一个中介的地位,因而在马克思主义自西欧向东亚传播的过程中,列宁主义和俄国革命发挥了关键的过渡和传递的作用。①因此毫不奇怪,就在俄国革命成功以后,列宁便转向东方,对亚洲未来的革命以及这些革命的特色做出了预言:

> 我们的欧洲庸人们做梦也没有想到,在东方那些人口无比众多、社会情况无比复杂的国家里,今后的革命无疑会比俄国的革命带有更多的特色。②

尽管19世纪末美国传教士李提摩太在《万国公报》上已撰文介绍了马克思和《资本论》,但毫无影响。是俄国十月革命导致了马列主义在中国迅速传播。在传播过程中,适应于"中国问题",马恩列的社会主义论被改造成了毛泽东的新民主主义论,从而完成了马列主义的中国化问题。这个问题的关键是农民问题。

中国的少数近现代工业部门主要集中在少数大中城市和矿山,它们更多地同国际垄断资本构成垂直的依附关系,而与国内广大内地乡村的经济生活则缺乏稳定的联系。由于半殖民地、半封建的社会性质,在中国,存在着沿海与内地、城市与乡村、工业与农业之间的断裂与隔阂。在毛泽东写作《中国社会各阶级的分析》一文的时期,中国现代工业无产阶级只有约200万人,占当时全国人口的0.5%,农业人口占了绝大多数,因此中国社会革命的主要力量只能是农民。

无论北洋政府还是国民政府都具有依附(买办阶级)的、半封建(地主阶级)的性质,因而既缺少实现民族解放的意志和能力,更不可能发动农民,释放他们的政治潜力。民族资产阶级的情况也同样如此。因此,动员最广大农民

---

① 列宁说:"俄国是个介于文明国家和初次被这次战争完全拖进文明之列的整个东方各国或欧洲以外各国之间的国家,所以俄国可能表现出而且势必表现出某些特殊性,这些特殊性固然并不越出世界发展的共同路线,但是使俄国革命显得有别于以前西欧各国的革命,而且在转向东方国家时这些特殊性又会带有某些局部的新东西。"《论我国革命(评尼·苏汉诺夫的札记)》,《列宁选集》第4卷,人民出版社1972年版,第690页。

② 同上书,第692页。

群众以完成近代史课题的任务责无旁贷地由共产党承担起来。但是，是否承认农民作为中国革命事实上的主力军地位，在当时以及后来的中共党内一直是有争议的。这个问题的实质，关系到是否承认中共具备中国社会革命和民族革命的领导资格，关系到近代史课题的完成，因此有着至关重要的意义。

需要指出的是，如果否认农民的主力军地位，就会由于中国现代产业工人的极其薄弱，而在理论上主动放弃中共对中国革命的领导地位，由此导致右倾投降主义的路线；另一方面，即使主观上坚持中共的领导，但又无视农民的革命潜力，就势必会夸大产业工人的力量，从而率先采取城市暴动或攻打大中城市的战略，由此导致左倾盲动主义的错误，并在实践中根本丧失掉中共党的领导权。右倾投降主义与左倾盲动主义不仅殊途同归，而且有着同样的症结，即忽视广大农民的存在和潜力。

3. 一旦政治的、经济的和文化的枷锁被解除，沉寂无为的人民便将转化为积极、勇敢和富有首创精神的人民，并起而攻击一切原有的统治势力：

> 农民的主要攻击目标是土豪劣绅，不法地主，旁及各种宗法的思想和制度，城里的贪官污吏，乡村的恶劣习惯。这个攻击的形势，简直是急风暴雨，顺之者存，逆之者灭。其结果，把几千年封建地主的特权，打得落花流水，地主的体面威风，扫地以尽。①

觉醒了的农民们推翻了地主阶级的政权、族权、神权、夫权，并且移风易俗，改造社会："他们自己在那里努力禁牌赌，清盗匪。农会势盛地方，牌赌禁绝，盗匪潜踪。有些地方真个道不拾遗，夜不闭户。"②中国20世纪社会革命的浪潮从知识分子和青年学生（五四运动）流向产业工人（五卅运动等），再流向广大农民（大革命以来）。这是从文化领域到政治领域、从中心城市到广大乡村的

---

① 毛泽东：《湖南农民运动考察报告》（1927年3月），《毛泽东选集》第1卷，第14页。
② 同上，第22页。

历史运动。占人口绝大多数、处在社会最底层的农民的奋起，标志着中国社会革命已经抵达其最深广的边界。大革命已经预示了20世纪整个中国革命的情形。

等级制的、上下尊卑的传统意识形态系统的解体去除了农民身上的精神枷锁。反过来，因广大群众革命潜力的释放而创造的各种奇迹，又进一步确证了传统上智下愚的意识形态体制的荒谬无理。这是一个彼此促进、相互支持的过程。"人民"的上述两方面如同表面与深层的关系，而从表层到深层的转换需要等待一个契机，革命提供了这样的契机。在自下而上的、疾风暴雨式的革命运动中，人民褪去了在历史常规时期表层的麻木、冷漠和消极，摆脱了历史看客的常规角色。因此，才有毛泽东的论断："群众是真正的英雄，而我们自己则往往是幼稚可笑的。"[①]几十年后，毛泽东晚年又一次重复了这段名言，并加上了三个字："包括我。"[②]

这是毛泽东毕生的信念所在，也是20世纪中国反传统主义思想的精髓所在。这个精髓，通过毛泽东这位20世纪中国革命的导师，以文章、讲演、批语和谈话的形式，随时随处地表达出来。他在建国后的全党大会上指出："从古以来，发明家创立新学派的，在开始时，都是年轻的，学问比较少的，被人看不起的，被压迫的。"[③]他援引古今中外的大量实例，并宣称："劳动人民的积极性、创造性，从来就是很丰富的。过去在旧制度的压抑下没有解放出来，现在解放了，开始爆发了。"[④]他在阅读时在书页空白处记下自己的心得感想："青年人比老年人强，贫人、贱人、被人们看不起的人、地位低下的人，大部分发明创造，占百分之七十以上，都是他们干的……结论就是因为他们贫贱低微，生力旺盛，迷信较少，顾虑少，天不怕，地不怕，敢想敢说敢干。"[⑤]他在阅读苏联《政治经济学教科书》时议论道："旧社会的规律是：被压迫的阶级文化程度

---

① 《〈农村调查〉的序言和跋》（1941年3月、4月），《毛泽东选集》第3卷，第790页。
② 《毛主席1975年10月—1976年1月的指示》。
③ 《在中国共产党八大二次会议上的讲话摘要（第一次）》（1958年5月8日）。
④ 同上。
⑤ 《读〈初唐四杰集〉批语》，《毛泽东读文史古籍批语集》，中央文献出版社1993年版。

低，一般地说他们知识少，但是比较聪明些，原因就是他们参加生产劳动，联系社会生活，他们的社会生活知识丰富；压迫的阶级，他们的文化水平高，书读得多，一般地说他们的知识多，但是他们比较愚蠢些，原因就是他们脱离生产劳动，脱离社会生活。"①这一原则甚至也适用于社会主义社会。在苏联《政治经济学教科书》中关于在社会主义制度下"人的地位只决定于劳动和个人的能力"一句旁边，他画下一个问号，针锋相对地指出："说社会主义社会中，人的地位只决定于劳动和个人的能力，这个提法不妥。聪明人往往出于地位低、被人看不起、受过侮辱的人中，社会主义社会中也不例外。"②这种种论述贯穿毛泽东的一生，在晚年尤为频繁。毛泽东总是无条件地、最坚定地站在一切被压迫者的一边。"卑贱者最聪明，高贵者最愚蠢。"③这不仅是他的信念所在，而且已经成为他观察世界、判断是非的基本立场和方法。

这样，20世纪反传统主义的启蒙阶段与革命阶段便划出了泾渭分明的界线。如果说反传统主义在启蒙阶段的思想基础是西方近代的民权和个人主义学说，那么在革命阶段的思想基础便是奴隶史观。在这里，有必要简述毛泽东对经典马克思主义的重要发展，即什么才是毛泽东思想的真正内核与灵魂。

毛泽东思想是在中国社会阶级斗争和民族斗争的复杂漫长的历史中形成的，对比于经典马克思主义理论，它的确在的社会历史环境中诞生了新质。简单说，在马恩那里，生产力与生产关系、经济基础与上层建筑等黑格尔式的抽象范畴的矛盾运动，到毛泽东这里转换成了具体的人与人、被压迫者阶级与压迫者阶级之间的人格化的矛盾运动。于是，唯物史观在毛泽东手中发展为奴隶史观。不是在专业的学术理论研究中，而是在艰苦的革命实践中形成的毛泽东思想，更多地强调的不是无情的历史规律，而是主动地创造历史。"人民群众创

---

① 《毛泽东读社会主义政治经济学批注和谈话》（1998年清样本），下册，第741–742页。
② 同上，上册，第427页。
③ 这是毛泽东为一份报告所写的批语的题目。这份报告于中共八届二次会议上印发，讲述了安东机器厂（一家小修理厂）试制成功30马力拖拉机的艰苦过程。见《建国以来毛泽东文稿》第七册，中央文献出版社1992年版，第236页。

造历史"，这句在新中国曾经家喻户晓的论断也许可以简洁地表述毛泽东思想的内核与灵魂。

在体制主义、精英主义、合理主义又成主流的今天，人们对20世纪中国反传统主义的精髓，对毛泽东思想的真正内核与灵魂，似乎已经很难理解了。即使考虑到"卑贱者""参加生产劳动，联系社会生活，他们的社会生活知识丰富"这些理由，人们也很难认为他们因此就一定会"聪明些"。本书认为，"卑贱者最聪明，高贵者最愚蠢"这一具有丰富内涵的凝练的论断，暗含了一个重要的前提，一个重要的中介环节。这个未经明确表达的前提或中介环节就是"革命"。换句话说，使"卑贱者最聪明"这一论断得以成立的关键，就在于"卑贱者"必须将自己卑贱的现实转化为改变自身现状的革命之动力，这样，他就必将焕发出最大的聪明才智和勇气。更进一步说，一个人愈是被压迫、被侮辱、被歧视，愈是处在贫贱低下的社会地位，他渴望打破现状的革命要求就愈是迫切和强烈。对这一问题，毛泽东从早期到暮年，有着一以贯之的论述。在早期文稿《民众的大联合》的结尾，毛泽东写道："思想的解放，政治的解放，经济的解放，男女的解放，教育的解放，都要从九重冤狱，求见青天……压迫愈深，反动愈大，蓄之既久，其发必速。"①在晚年这种论述更是散见于他的各种演讲、批示和谈话中：

> 从来就是小的战胜大的，弱的战胜强的，小的弱的有生命力，大的强的没有生命力……日本人在北京和我说，很惭愧，过去打过你们。我说你们做了好事。正因为有了你们的侵略，占领了大半个中国，使我们团结起来，领导全国人民打走了你们，来到北京。②
> 
> 中国现在还处在被人看不起的地位……人家看不起我们，对我们有好

---

① 《民众的大联合》，《湘江评论》1919年第二、三、四号。
② 《在中共八届二次会议上的第二次讲话》。

处，逼着我们努力，逼着我们进步。①

美国在越南的兵力还比较少。当然，如果他们增加，就有助于加速把人民武装起来反抗他们……他们（指越共部队——引者）的处境比中国第一次（革命的）内战时期要好一些。那时没有外国的直接干预，而现在越共已经有美国的干预来帮助武装和教育它的官兵……美国教员正在取得成功。②

弱肉强食的进化论在毛泽东那里终于被颠倒为弱小者战胜强大者的革命论。这种颠倒，当然是由整个20世纪的中国革命所完成的，毛泽东领导了这一革命，并将它无比丰富的经验教训总结、升华为理论，即毛泽东思想。毛泽东思想是为一切贫贱弱小者带来解放之希望的革命福音。革命使穷人、贱人、受压迫受侮辱的人重获尊严和自信。革命是将人民的麻木、冷漠、消极的方面转变为勇敢、积极和富于首创精神之方面的枢纽和关键。革命使看客变英雄，使坏事变好事，我们可以将这种新的逻辑叫作"革命的辩证法"。

从哲学基础上说，这种革命辩证法的基础是经毛泽东阐发的矛盾论："事物发展的根本原因，不是在事物的外部而是在事物的内部，在于事物内部的矛盾性。任何事物内部都有这种矛盾性，因此引起了事物的运动和发展。"③因此，在一个社会内部，在一种政治经济结构内部，弱小的被压迫者阶级与强大的压迫者阶级之间的矛盾，就是这个社会和这种结构发展变化的根本原因和动力。因此这种矛盾论又被称为斗争哲学。

从历史传承来看，革命辩证法则可溯源于中国古代思想传统中的某些因素。

关于20世纪中国反传统主义对传统文化批判继承的问题，本书不可能做全面深入的论述。这里需要指出的仅仅是，反传统主义并不意味着完全排斥一切传统文化。在这个问题上，反传统主义者既有明确的理论阐述，也有不自觉的

---

① 《毛泽东读社会主义政治经济学批注和谈话》(1998年清样本)，上册，第427页。
② 《毛泽东1965年同斯诺的谈话》，《毛泽东自述》，人民出版社1993年版，第185–186页。
③ 毛泽东：《矛盾论》，《毛泽东选集》第1卷，第301页。

继承吸收。例如,革命辩证法在老子道家哲学的朴素辩证法诸如"反者道之动,弱者道之用"(《老子》四十章)以及"柔弱胜刚强"(三十六章)等等思想中,就不难看到其萌芽。与此同时,即使是作为传统皇权-官僚阶级意识形态支柱的儒学,其中的思想颗粒也同样为反传统主义者所汲取。例如孟子所说的"故天将降大任于斯人也,必先苦其心志,劳其筋骨,饿其体肤,空乏其身,行拂乱其所为,所以动心忍性,曾益其所不能。人恒过,然后能改;困于心,衡于虑,而后作;徵于色,发于声,而后喻。入则无法家拂士,出则无敌国外患者,国恒亡。然后知生于忧患而死于安乐也。"①毛泽东本人在文章和讲演中就曾多次引用这段名言。在女儿李讷毕业时,他又将这段话的前半部分,作为自己喜爱的格言抄赠给她。孟子的这一思想在中国历史实际已形成一种传统。从孟子到司马迁再到韩愈,人与逆境关系的世俗理性一直成为中华民族生存智慧的有机组成部分,不断向人们提供着激励。之所以如此,其原因也许就在于中国缺少强大的宗教信仰传统,人们在逆境中无法向外寻求超自然的神的慰藉,因而只能反求之于自身,诉诸于当下的主观斗争意志。

4. 革命的辩证法使被压迫阶级一举打碎了被侮辱、被歧视的精神重压,使他们重获尊严和自信,并赋予他们以战斗性的思想意志。不仅如此,革命的辩证法还使整个中华民族在精神上彻底摆脱了从近代以来自卑自贱的殖民地的社会心理。

作为古代农业文明的中心国家,中国在资本主义世界体系扩及东亚的时代迅速沦落为美日欧列强的殖民地和半殖民地。自鸦片战争以来,列强发动的历次战争首先从军事上,继而在经济、政治和文化上打败了中国。中华民族的自我意识,也从天朝上国的世界统治者心态败落为自贬自损、崇洋媚外的殖民地心态。这种殖民地心态即使在五四知识分子那里也可见一斑。陈独秀说:"一国之民精神上物质上如此堕落,即人不伐我,亦有何颜面有何权利生存于世界"。②胡适

---

① 《孟子·告子下》。
② 《我之爱国主义》,见《独秀文存》四,第88页。

说："我们必须承认自己百事不如人，不但物质上不如人，不但机械上不如人，并且政治社会道德都不如人。"①即使承认这是忧愤之语，我们也可以看出其中传达出来的民族精神和民族自我意识的沦落。从传统主义者的中国－四夷观念，到前述梁启超、谭嗣同对夷夏之辨的质疑和批判，再到20世纪初通过陈独秀、胡适等人表露出来的殖民地社会的自卑心态，这就是近代中华民族中上层阶级的精神史的大体脉络。

这种不断下滑的精神史也只有经过"革命的辩证法"才得以根本扭转：这就是说，充满失败和屈辱的中国近代史不再仅仅是一部失败史和屈辱史，而成为激发中国人民最彻底之革命精神的必不可少的前提，成为20世纪中国革命的必要准备。毛泽东指出：

> 由于帝国主义和封建主义的双重压迫，特别是由于日本帝国主义的大举进攻，中国的广大人民，尤其是农民，日益贫困化以至大批破产，他们过着饥寒交迫的和毫无政治权利的生活。中国人民的贫困和不自由的程度，是世界所少见的。……帝国主义和中华民族的矛盾，封建主义和人民大众的矛盾，这些就是近代中国社会的主要矛盾。……这些矛盾的斗争及其尖锐化，就不能不造成日益发展的革命运动。伟大的近代和现代的中国革命，是在这些基本矛盾的基础之上发生和发展起来的。②

---

① 《请大家来照照镜子》，见《胡适文存》三集，黄山书社1996年版，第24页。

② 丸山真男："旧中国由于统治阶级不具有适应新局面的能力，而受到帝国主义列强的侵略，但这反而给反对帝国主义统治的民族主义运动，赋予了根本变革旧社会即政治体制的任务。"（《日本的国家主义》，转引自沟口雄三：《日本人视野中的中国学》，李苏平等译，中国人民大学出版社1996年版，第5页）这是日本战败后左翼学术界的共识。沟口雄三："日本的近代，走了一条由旧统治阶级领导的、自上而下的，因而也就缺少了社会革命的追随西欧即帝国主义的道路；而中国的近代，则走了一条自下而上、进行反帝、反封建社会革命的人民共和主义的道路——这样一种看法，至少在50－60年代是一种共识。……因近代的欠缺而本该落后的中国，却反而以此欠缺为动力，自我更生地实现了世界史上尚无先例的全新的第三种'王道'式近代——这样一种新鲜的震惊，构成了战后认识中国的基础。"（同上书，第6页）

革命辩证法不仅改变了中国近代史上失败和屈辱的性质,而且也使中国革命在国际共产主义运动中获得了一个特殊而重要的地位:"中国无产阶级除了一般无产阶级的基本优点,即与最先进的经济形式相联系,富于组织性纪律性,没有私人占有生产资料以外,还有它的许多特殊的优点。"①这些"特殊的优点"当中最重要的就是:

> 中国无产阶级身受三种压迫(帝国主义的压迫、资产阶级的压迫、封建势力的压迫),而这些压迫的严重性和残酷性,是世界各民族中少见的;因此,他们在革命斗争中,比任何别的阶级来得坚决和彻底。在殖民地半殖民地的中国,没有欧洲那样的社会改良主义的经济基础,所以除极少数的工贼之外,整个阶级都是最革命的。②

中国无产阶级由于处在资本主义世界体系最底层的生存状态,反而使他们因此获得了最彻底的革命性。中国无产阶级的这种特殊性也使中国革命在世界范围的革命中获得了一种特殊而重要的地位。值得注意的是,中国共产党的这种独特的"中国意识"是在经历了艰苦卓绝的二万五千里长征之后,才明确形成和表述的。这种独特的"中国意识"为日后中国成为第三世界民族解放运动的旗帜,为中国成为世界反帝反修的中心,奠定了必要的思想基础。

---

① 毛泽东:《中国革命和中国共产党》,《毛泽东选集》第2卷,第644页。
② 同上。"在这样的敌人面前,中国革命的主要方法,中国革命的主要形式,不能是和平的,而必须是武装的,也就决定了。因为我们的敌人不给中国人民以和平活动的可能,中国人民没有任何政治上的自由权利。斯大林说:'在中国,是武装的革命反对武装的反革命。这是中国革命的特点之一,也是中国革命的优点之一。'"(同上,第634-635页)斯大林这段出自《论中国革命的前途》一文中的论断(《斯大林选集》上卷,人民出版社1979年版,第487页)由于符合革命辩证法的原理,而为毛泽东在多篇文章中反复引用。

## 五、反传统主义与中国工业革命

自从北伐战争后期，新兴的国民党政权便断然抛弃了孙中山联俄联共的中左政治路线，转而采取对外依附西方列强，对内依靠中上层阶级的内政外交方针。应当承认，这种选择并非偶然，而是有其深刻的时代背景。

20年代国民革命之所以采取反帝路线，一方面固然是对孙中山联俄联共政策的继承，但另一方面，同样重要的是：国民党当时的主要敌人直系和奉系军阀分别受到英国（长江中下游流域）或日本（东北及山东）的大力支持。反帝路线可以调动国内广泛的民族主义热情，赢得广大阶层的拥护。应当说，这正是当时北伐迅速获胜的关键之一。至于蒋介石集团叛变革命，原因之一则在于：当北伐接近全国胜利之时，蒋氏集团需要争取欧美列强的承认与支持，而当时社会主义苏联孤悬于北方，尚未形成后来的华约阵营，甚至还没有开始大规模经济建设（第一个五年计划迟至1928年才启动）。因此，蒋氏集团如果继续采取联俄联共政策，势必像后来的新中国那样，遭受西方列强在政治、军事、经济、技术等多方面的长期封锁和围堵，而同时可从苏联获得的经济、军事援助又势必极为有限。这当然是新兴的国民党政权所不愿承受的。因此，北伐愈是接近全国胜利，国民党政权便愈是面临外交战略的重新选择。而外交在一定意义上又是内政的延伸。

在内政方面，国民党政权采取了一条依靠中上层阶级的政治路线。由于它与现存社会的既得利益者阶级并无根本利害冲突，因此不存在彻底变革现有社会结构的需要。这一政治路线表面上是稳健的——在保留社会原有秩序的前提下寻求渐进的富国强兵之路；其实质却暗含深刻危机——土地问题没有解决，站在了人口中绝大多数即农民阶级的对立面。同时，蒋氏集团全面垄断政治权力和经济剩余，不但日益侵害到包括民族资产阶级在内的广大阶层的利益，而且与国民党政权内部的其他集团如冯、阎、桂等派系形成了严重对峙和冲突的局面，<sup>①</sup>从而使其社会基础受到更大的削弱。

由于国民党政权的统治基础相当薄弱，使之难以动员与整合全社会的人力物力资源，因此，它无力承受东西方列强的封锁和围堵，而只能承认和加入现有的国际秩序（由中心与外围组成的世界体系），采取垂直依附的发展模式。这意味着，在外部的政治、经济、军事压力面前采取妥协、绥靖的政策。这种外交局面又不可避免地反作用于内政。

本书第2章指出，当统治集团面临强大外敌的时候，他们往往采取转嫁矛盾的方法，以暂时缓解外部压力。然而，妥协和绥靖的方针路线在暂时奏效的同时，必然造成国内社会矛盾的紧张激化。由此，外部民族矛盾不断转化为国内阶级矛盾，从而使一场推翻上层统治集团的社会革命势不可免。也就是说，外部民族矛盾通过妥协和绥靖的外交路线必然激化国内阶级矛盾。在40年代后半期，民族矛盾和阶级矛盾作为阻碍中国现代化的两种基本因素正是以这种方式联结在了一起。

首先，经过多年抗战洗礼，国内政治力量分化重组，各派力量对比已发生根本变化。特别是在广大的抗日根据地，由于国民党政权在日本入侵面前的全面瓦解，在中国共产党的组织动员之下，底层民众已摆脱半封建的政治－文化束缚，成为民族解放的行动主体。战后，由于国民党官僚资本主义仍竭力恢复和保持对政治权力和经济剩余的全面垄断，因而导致阶级矛盾迅速激化，最终表现为国共内战。

其次，美国在二次大战后全面接管了英国的世界霸权，并在远东地区采取了压制日本、围堵苏联的战略。为此，美国在大力扶植国民党同时，又对中国的政治、经济、军事、文化领域进行全面渗透，根本目的是把中国塑造为实现其亚太地区战略目的的堡垒和工具。而国民党政权为争取美国支持其内战政

---

① 1928年2月，彭德怀在同黄公略讨论蒋氏集团与国内形势时指出："他（指蒋）只控制江、浙、闽、淮四省，对湘、鄂、赣、豫四省只是半控制；东北仍易帜而未改制，西北仍属冯玉祥和地方军阀控制，西南原封未动；两广勾结法国，实行割据。"见《彭德怀自述》，人民出版社1981年版，第74—75页。

策,不惜大量出卖国家利益和主权,与美签订了一系列不平等条约和协定。以《中美友好通商航海条约》为例,条约规定:美国在华的法人和团体享有与中国法人和团体同样待遇;美国国民、法人和团体在华可取得动产和不动产权;美国货物的输入按最惠国待遇征收关税,内地税、运输和销售享受与中国人生产物品同样待遇;美国船舶、军舰可在中国沿海、内地任何口岸、地方航行,等等。战后,在这些条约的支持下,美援和美国投资合计约占外国在华投资的80%,美国的剩余产品和战争剩余物资以排山倒海之势涌入中国,中国成为"美国工业的边疆",致使战后中国经济形势迅速恶化。

中国革命以暴力方式解决了国内阶级矛盾,同时驱逐了西方列强在华长期的军事、政治和经济存在,从而一举扫除了阻碍中国现代化进程的国内与国际因素。中国革命初步完成了近代史课题,它以人民群众的广泛参与为基础,在长期的武装斗争中重建了强大而高效的中央政权,彻底摆脱了其外围国家的地位。其中,从五四到建国,反传统主义解除了广大底层人民的精神枷锁,使其成长为社会革命和民族解放运动的主体。反传统主义作为一种意识形态,在中国革命的进程中始终发挥着巨大的、不可替代的思想动员作用。值得注意的是,这种反传统主义在建国以后大规模的工业化运动中,以一种新的方式延续下来。

(一)工业化与革命伦理

1. 早期资本主义国家是以广大的海外殖民地为依托(劳力、原料和市场)而完成其资本积累和再生产过程的。这一点从英国与印度的经贸关系即可略见一斑。

印度是英伦诸岛的15倍。英国工业革命启动之后,例如在19世纪上半期,英国依仗其宗主国地位,对出口到印度的机器纺织品仅收2.5%的税,而对印度输往英国的纺织品所征收的从价税则高达75%;加之英国机器制品的成本低,印度手工产品无力与之竞争,因此印度从英国进口商品剧增。从1818到1836年,英国销往印度的棉织品总值为300多万英镑;而到1855年英国工业革命完成时期,则增加了1倍,达660多万英镑;与此同时,印度向英国的出口也迅速增长,在1834年到1858年间,出口总额由812万英镑增加到2850万英镑,但输出货物几乎全是低附加值的原料和粮食。①因此，一方面，由于英国工业品的倾销，印度原有制造业趋于崩溃："不列颠侵略者打碎了印度的手织机，毁掉了它的手纺车。"②另一方面，由于粮食和原料出口激增，印度出现了国民经济农业化的倒退现象，棉花、茶叶、咖啡等种植面积大幅度增加，经济结构发生极大变化。英国的工业化与印度的农业化几乎同期发生，二者相反相成，互为因果。

资本主义中心国家通过不平等的国际贸易和分工体系，从广大外围国家和地区源源不断地汲取超额利润，一方面维系着从资本积累到技术更新再到扩大再生产的全过程，另一方面则根本排除了外围国家和地区走上工业化之路的一切可能。

中国革命的成功使之从不平等的国际经贸体系中彻底摆脱出来，但这只是为中国的现代化之路扫清了外部障碍。对于中国这样一穷二白的国家来说，资金与技术的匮乏和落后构成了约束其工业化进程的内部因素。在这方面，可以将中国与同属东亚国家的日本做一比较。

日本是后起资本主义国家的典型。它是作为传统社会的欠发达国家被强行纳入到资本主义世界体系中的。如第1章所述，由于资源匮乏和市场狭小，特别是由于缺少长期的资本和技术积累，日本只能冒险依恃武力，采取超经济的、赤裸裸的直接军事征服和占领的方式，在欧美列强支配的东亚国际体系的夹缝中，掠取殖民地和海外市场，弥补其技术和资本的先天不足。③因此，明治维新以后，与英法美等老牌资本主义列强不同的是，一条向亚洲大陆扩张的军事冒险主义路线主导了近代日本的发展方向。在该路线之下，日本的国民经济呈现出扭曲的结构：一方面，重化工业和运输业主要服务于军事目的；另一方面，

---

① 四川大学南亚研究所：《印度经济》，1982年版，第11－12页。
② 《马克思恩格斯选集》第2卷，人民出版社1972年版，第65页。
③ "正因为不拥有输出资本的能力和无法在经济竞争中战胜欧美各国，所以天皇制的执政者以及与其紧密勾结的大资产阶级，才企图最大限度地利用可以在东亚迅速发动的最大军事力量。这种军事力量的'垄断'与地理方便的'垄断'是日本资本主义结构的必然趋势。"见井上清：《日本帝国主义的形成》，宿久高等译，人民出版社1984年版，第104－105页。

生丝、棉纱和纺织品的生产主要用于出口赚汇，以便进口武器装备及其制造所需的钢铁和机器设备。以这种国民经济结构为基础，日本走上了扩军－征掠－积累，再扩军－再征掠－再积累的滚动循环的"发展"模式。这是一条通过战争以实现工业化的道路。①

与日本模式形成对比，中国选择了一条通过革命实现现代化的道路。

2. 毛泽东在1940年的《新民主主义论》中指出，中国将要建立的是一个新民主主义共和国。"这种新民主主义共和国，一方面和旧形式的、欧美式的、资产阶级专政的、资本主义的共和国相区别……另一方面，也和苏联式的、无产阶级专政的、社会主义的共和国相区别……一切殖民地半殖民地国家的革命，在一定历史时期中所采取的国家形式，只能是第三种形式，这就是所谓新民主主义共和国。"②按照新民主主义论的经济纲领，大银行、大工业、大商业将收归国有，但并不禁止其他"不能操纵国民生计"的资本主义的发展。在农村经济中，则将扫除封建关系，把土地变为农民的私产，允许富农经济存在。③

但是，新中国成立后不久，毛泽东就断然放弃了由他本人提出的新民主主义共和国的设想，对党内刘少奇等高层人士提出的"确立新民主主义新秩序"的观点进行了严厉批评。④与此同时，对国民经济的社会主义改造进程则不断被加快，过渡时期一再被缩短。这是为什么呢？

从快速实施现代化的立场看，如果允许包括资本主义性质的多种经济成分存在和发展，就势必要按照市场经济的规则处理各经济主体间的关系，受到成

---

① 日本的国家发展路线经历了深刻转折。明治维新以后，采取自主的富国强兵的发展战略。在该战略因太平洋战争失败而放弃后，被迫转向一条深度依附美国的发展模式。中国可与日本相比较的是，自建国后发展以重工业为基础的独立自主的国民经济体系，到70年代末则转而与美日欧相协调，以出口导向经济被纳入国际社会。在欧洲，先有德国后有俄罗斯，也都经历了大致相同的转变。这些现象的实质是美国继承大英帝国遗产，上升为世界霸主后，为防范欧（德、俄）亚（日、中）强国的崛起而采取打压措施，迫使其改变发展战略。

② 《毛泽东选集》第2卷，第675页。

③ 同上，第678页。

④ 毛泽东在中共中央政治局会议上的讲话，见《毛泽东选集》第5卷，第81页。

## 反传统主义与现代化
### 以中国革命为中心

本－利润原则的根本限制，从而使国家控制经济的能力大为削弱。相反，在社会主义计划经济体制下，强大而高效的中央政府可统一规划和配置全部资源，优先发展重工业，以迅速建立独立完整的现代工业体系。

近代以来，从洋务运动到第一个五年计划，中国工业化的外部环境并没有根本改变。在核武器时代，由于资本主义世界体系的围困，中华民族整体生存的危机甚至更为严峻了。中国工业化的这种持续存在的外部环境也正是它的动因。由于现代军事技术主要依托于现代工业体系，而现代工业体系则主要依赖于为其提供装备的重工业。因此，"重点是工业，工业中的重点是重工业"。[①]中国当时的首要目标是在复杂多变的国际环境中独立生存和发展，是应对大规模现代战争的威胁。由于这种目标不是纯经济的，因此中国在其发展过程中，就必须下决心超越并扭曲常规状态下经济发展的某些自然过程和规律。[②]实际上，如果当时中国不是在计划经济体制下统合全社会资源，在最短时间内奇迹般地建立起独立的现代工业体系，那么，中国的工业化进程就将推迟许多年，中国经济乃至政治就将长期垂直依附于苏联，从而不可能在50年代后期顶住苏联的压力。换句话说，中国就有可能出现"东欧化"的局面。

中华人民共和国建立后，经过3年经济恢复，到1953年第一个五年计划即正式启动。由于中苏友好同盟互助条约的签订（1950），特别是由于抗美援朝战争（1950－1953）的持续进行，对于苏联来说，帮助社会主义中国完成适度的工业化目标，在当时不失为一种在远东地区牵制美国的战略选择。

中国"一五"计划的基本任务是"一化三改"，即初步完成工业化以及初步完成对农业、手工业和资本主义工商业的社会主义改造。其中的工业化目标，

---

① 毛泽东在1953年夏季全国财经工作会议上的讲话，《毛泽东选集》第5卷，第92页。
② 这一目标和决心在新时期受到朝野一致的抨击："50年代初，搞国有化不是依据中国国情，主要是源于领导人特别是毛泽东的空想社会主义理论以及苏联计划经济体制模式的影响。尽管当时搞国有化有种种理由，但是从总体分析，它不符合中国国情，脱离和超越中国经济社会发展阶段。"（《从国有化到非国有化》，见《胡鞍钢集》，黑龙江教育出版社1995年版，第415页）在作者看来，似乎存在着脱离国际环境（冷战结构和苏联的压力）的孤立的"中国国情"。

就是集中主要力量进行以苏联援建的156个项目为中心的、由限额以上的694个建设单位组成的工业建设，建立中国社会主义工业化的初步基础。①

在1949年，农业占社会总产值的比重达58.6%，工业仅为25.1%，到第一个五年计划末期，工业比重就远远超过了农业，1957年二者的比重分别为33.5%和43.8%。在快速实现工业化的过程中，重工业在整个工业总产值中的比重则由1952年的35.5%，上升到1957年的45%，1978年的56.9%。到第二个五年计划期间，中国的机器设备自给率已达到80%。在优先发展重工业的思想指导下，中国以世界史上最快的速度完成了工业化，从而不仅使中国在短时间内建立了独立完整的国民经济体系，而且为中国取得一系列国防技术的重大突破提供了基础，根本性地解决了民族生存这一近代史课题。

3. 1949年以后，中共并未因获得执政党地位和掌握国家机器而放弃原有的反传统主义立场。相反，从50年代初期批判电影《武训传》到70年代中叶评法批儒，反对传统上下尊卑的儒教思想体系的立场一再得到重申和强调。在毛泽东时代，正是由于在意识形态领域和对内政策方面始终坚持了这一立场，才能使广大劳动阶级在新的国家体制建立之后，不仅避免了重新沦为单纯的"统治的对象"的命运，而且像在革命战争时代一样，能够继续调动他们的潜力，参与大规模新的社会主义经济建设。

由于长期处于世界体系的底层和内外战争的破坏，中国的现代工业基础极为薄弱。1952年，中国现代大工业在社会总产值当中的比重只有26.7%，而苏联在其第一个五年计划开始前的1928年，该比重已达到45.2%，波兰在其第一个五年计划开始前的1949年已达到65.5%，捷克斯洛伐克在1948年更高达75%。不仅如此，中国的工业化更面临严重的资金匮乏的困境。要实现工业化，特别是优先发展重工业这种资本密集型产业，中国只能采取"自我剥削"的方式，依靠社会内部完成积累。这意味着中国必须长期实行高积累、低消费，先生产、后生活的发展战略。

---

① 杨坚白等：《当代中国经济》，中国社会科学出版社1987年版，第307—308页。

优先发展重工业的战略使中国以惊人速度完成了工业化，但与此同时，也使广大人民的基本生活付出了巨大代价。例如，1949年，中国社会总产值按可比价格为557亿元，1957年为1606亿元，到1978年达6846亿元，增长迅速。但是，从1958年到1978年，人均粮食消费量始终未超过1957年的水平；各种布匹的年人均消费量，1952年是17.12尺，1957年是20.47尺，1978年为24.11尺；在城镇居民住房方面，1952年人均居住面积4.5平方米，但由于人口增长等原因，1978年反降为4.2平方米。人民物质生活水平提升缓慢，与同期国民经济和工业的高速增长相比，反差强烈。为实现工业革命，中国人民年复一年地付出着牺牲。

需要指出的是，这种牺牲主要出于一种全新的生活－工作伦理，这就是"艰苦奋斗"。为区别于马克斯·韦伯论述的资本主义创业时代的新教伦理，我们可以将这种生活－工作伦理称为"革命伦理"。值得注意的是，导致这种革命伦理形成并持续发挥作用的前提之一，正是以奴隶史观（阶级理论）为思想基础的反传统主义的意识形态。在颠覆了传统秩序的思想空间内，被颠倒的历史重新颠倒过来，在尊与卑、贵与贱、高雅与通俗、心智与身体等一系列相互对立的价值范畴中，普通劳动者身上所固有的特质受到高度评价，甚至获得了前所未有的优越性。在社会主义中国，劳动者阶级的确曾扬眉吐气，空前绝后般地获得了他们的价值和尊严。正是在这样的前提下，他们不仅在工作中尽力奉献，而且在生活中也大多仅仅维持着和平年代里最基本的生存。在中国，由于快速实现工业化所需要的资源，特别是资金和技术严重不足，革命伦理便成为对这种资源匮乏状态的必不可少的补充，甚至成为中国实现工业化的基本资源之一。

**（二）反传统主义的新内涵**

1. 但是，值得注意的是，自从中国开始大规模工业建设之后，反传统主义便愈来愈呈现出新的内涵。由于反传统主义的实质是颠覆上智下愚的、精英主义的正统尊卑秩序，因此，它的矛头所向是不固定的，不可避免地随时代的政治经济结构及其意识形态内容的变化而发生调整。具体地说，是随着"上智"或"精英"内涵的变化而变化。自1952年全国范围的土地改革运动基本完成，3亿农民分得约7亿亩土地之后，广大农村地区便已消灭了传统的封建剥削制度，确立了贫雇农在农村的优势地位。与此同时，中国共产党的工作重心也转向城市和工业建设。以此为契机，中国20世纪反传统主义思潮的演变发展也出现了新的情况，其主要矛头开始从反封建主义方面转向其他方面。

从50年代初期开始，伴随对全国范围内生产资料的社会主义改造，一场分别针对国家公务人员和城市资产阶级的"三反"（反贪污、反浪费、反官僚主义）、"五反"（反对行贿、反对偷税漏税、反对盗骗国家财产、反对偷工减料和反对盗窃经济情报）运动全面展开。与此相呼应的，是意识形态领域的思想改造运动，以及包括对知识阶层西化派代表胡适的政治学术思想全面清算和批判在内的一系列思想文化运动。也就是说，从生产资料的社会主义改造到思想改造，从"三反"、"五反"到反右派，从政治经济领域到意识形态领域，中国开展了一场全面的反对资产阶级的历史运动。

中国通过自下而上的民族革命彻底摆脱了不平等的国际经贸体系，与此同时，也作为亚洲社会主义和民族解放运动的旗帜而遭受资本主义世界的封锁和遏制。应当从这一广阔的历史背景去理解中国50年代以来持续不断的反资运动以及在这一运动中形成的一系列价值观念、行为准则和是非标准。与此同时，更为重要的是，工业革命浪潮的发源地是西欧市民－资产阶级社会，在地理大发现之后，西欧社会通过东西方贸易和大西洋贸易积累了巨额财富，并通过对外扩张开辟了大片海外殖民地和市场。西欧工业革命正是以这些海外殖民地及其超额利润为前提而启动和完成的。然而，刚刚摆脱不平等的国际经贸体系的中国，无论从主观意志还是客观条件来看，它的工业革命，包括资金积累和产业结构升级都不可能走西方资本主义的老路。中国要走出自己的工业化新路，不可避免地要在政治、经济和社会文化诸领域反对并超越西方资产阶级业已形成的各种传统，特别是资产阶级社会的根本原则——所谓"经济人"的利益驱动原则。因此，也可以说，就在中国大规模实施现代化的同时，在思想文化领域，相反相成地经历了一个"非西方化"的过程。

2．超越资本主义的工业化道路，在20世纪中叶唯一可以效仿的范例就是苏联计划体制。苏联体制是一条快速实施赶超战略的有效途径。与英国工业革命从棉纺织业到运输业再到机器制造业不同，苏联体制恰好颠倒了这一过程，优先发展重工业和国防工业，相对忽视生活资料的生产。这是有其深刻历史原因的。由于苏联是在"一国建成社会主义",因此,面对资本主义世界体系的围困,即使仅仅为了生存,也必须在最短时间内建立起独立完整的国民经济体系,特别是独立完整的现代工业体系。

苏联以国家统合从资金、技术到思想舆论等全部资源,优先发展重工业,它在取得成功的同时,也造成了一系列负面后果,包括国民经济结构失调和政治高压导致的社会创伤。因此从50年代后期,中国便开始摸索超越苏联计划体制的道路。如果说毛泽东的《论十大关系》(1956)和《关于正确处理人民内部矛盾》(1957)是理论和政策领域的探索,那么50年代后期的鸣放运动、双百方针和大跃进则分别是政治生活、学术文艺和经济建设领域的社会实验。

由于党内党外的因素,这些实验不同程度地受到了挫折。但是,中国探索自身发展道路的尝试并未止步,相反,这种探索在更深的层次上展开了。这就是50年代末期开始的反修正主义思潮。

3. 从理论上说,社会主义是全体人民共同占有生产资料。也就是说,在社会主义体制内,政治权力和经济剩余必须由全体成员共享。这是前述社会主义的生活－工作伦理得以形成并持续存在的前提。假如党群关系疏离,特别是出现少数人实际垄断政治权力和经济剩余的倾向,社会主义的本质就会逐渐被侵蚀和扭曲。与此同时,自上而下的计划经济体制,如果不能与劳动群众自下而上的首创精神形成辩证统一的话,计划体制也会逐渐压抑和取消群众的主动性和积极性。上述两个因素结合在一起,将导致劳动群众的主人翁意识日益衰萎,革命的生活－工作伦理日趋瓦解。于是小至一个企业大到整个社会必然缺乏活力,由此导致企业效益下滑,社会经济趋于停滞。实际上,这正是许多社会主义国家社会经济面临困境的基本原因之一。而这时出台的改革措施为重新激发企业和个人的工作热情,往往采取将工作业绩与小团体及个人利益相捆绑的方式,长期的结果必然使主人翁意识及革命伦理彻底让位于利益驱动原则。公有制企业由于失去了原有的生活－工作伦理的支撑,效益将进一步恶化。改革一旦陷入这一怪圈,就可能以全面私有化,即生产资料社会主义占有方式的彻底解体而告结束。

毋庸讳言,毛泽东晚年思想的核心正是探索社会主义社会的发展、变迁和可能发生异化的规律。而这一探索恰好是以反思苏联体制的经验教训为起点的。

在中共八大第二次会议上,毛泽东向全党提出:我们不提"技术决定一切"和"干部决定一切"。毛泽东说:"前两个口号是斯大林的提法,有片面性,'技术决定一切'——政治呢?'干部决定一切'——群众呢?这里缺乏辩证法。"①

技术的对象是物质世界,它所要解决的是人与自然的关系;而政治则以人与人的关系为对象,因此毛泽东说:"政治家是搞人与人的相互关系的,是搞群众路线的。"②由于任何人与自然关系的解决不可避免地要在人与人的关系框架中进行和展开,并对人与人之间关系发生重大影响,因此,任何一种技术都隐含有相应的政治含义。如果有人不承认"技术即政治"的命题,那么,这并不表明存在着纯粹的、与政治无关的技术,而只说明人们正在不自觉地被一种盲目的政治所左右。更进一步说,在社会主义国家,当工业化达到一定水准,国民经济的技术密度大幅度提高的情况下,片面强调技术因素必然忽视人的因素,特别占人口大多数的劳动群众的因素,从而可能导致党群关系的疏离。"专家路线"从来是"一长制"的共生现象。由此,也必然从第一个口号过渡到第二个口号,即"干部决定一切"。于是群众重新沦为群氓,社会主义便成了少数人的事业。

在鸣放运动、双百方针和大跃进遭受不同程度挫折之后,50年代末60年代初,毛泽东专门阅读了苏联《政治经济学教科书》,并做了大量批注和谈话。③教科书第23章讲到1936年苏联宪法时,论述了苏联劳动者享有的各种权利。毛泽东在相关文字旁批注道:"最大的权利是管理国家",并发表议论说:"这里讲

---

① 《在中国共产党八大二次会议上的讲话摘要》(1958年5月),第二次讲话。值得注意的是,毛泽东晚年始终推崇列宁,而对斯大林则经常有切中要害的批评。
② 《在中国共产党八大二次会议上的讲话摘要》(1958年5月),第三次讲话。这里当然是说毛泽东心目中的"革命的政治家"。
③ 《毛泽东读社会主义政治经济学批注和谈话》,中华人民共和国国史学会,清样本,1998年。

到苏联劳动者享受的各种权利时,没有讲到劳动者管理国家、管理军队、管理各种企业、管理文化教育的权利。实际上,这是社会主义制度下劳动者最大的权利,最根本的权利。没有这种权利,劳动者的工作权、休息权、受教育权等等权利,就没有保证。……总之,人民自己必须管理上层建筑,不管理上层建筑是不行的。我们不能够把人民的权利问题,了解为国家只由一部分人管理,人民在这些人的管理下享受劳动、教育、社会保险等等权利。"[1]由于社会主义是全体人民的共同事业,因此,劳动者管理国家甚至已经不仅仅是一个民主权利的问题,而是社会主义制度是否能够存在下去的根本保证。

不仅如此,毛泽东甚至对社会主义的经济学理论家奉为圭臬的计划体制提出深刻质疑。苏联《政治经济学教科书》认为:"群众积极参加完成和超额完成国民经济发展计划的斗争,这是加快共产主义社会建设速度的最重要的条件之一。"毛泽东在这段话的旁边写下了"不对头"三个字,并指出:"这里把群众的斗争只看作重要条件之一的说法,违背了'人民群众是历史创造者'这个马克思主义的原理。无论如何,不能认为历史是计划工作人员创造的,而不是人民群众创造的。"[2]在阅读了另一段有关论述后,他又批评说:"用行政命令办法搞建设,搞革命,例如依靠行政命令进行土改、合作化,会造成减产的损失。这是因为不发动群众的缘故,不是因为突击的缘故。"[3]

如前所述,毛泽东思想的真正内核与灵魂是奴隶史观,具体化为方针政策就是群众路线:相信群众、依靠群众、发动群众。这不是什么危难时刻的权宜之计,而是20世纪中国革命事业,乃至全部社会主义事业的本质所在。奴隶史观和群众路线不仅是中国革命进程中反传统主义的基础,而且也是毛泽东晚年思想探索的理论基础。它们对于未来探索中国和社会主义的命运依然具有深刻

---

[1]《毛泽东读社会主义政治经济学批注和谈话》,中华人民共和国国史学会,清样本,1998年上卷,第275—276页。

[2] 同上,第402页。

[3] 同上,第467页。

的启示意义。

4. 总之，反传统主义思潮贯穿于整个中国革命史。与此同时，从反封建（五四运动）到反资产阶级（建国后）再到反修正主义（60年代以后），反传统主义的内涵和重点又在不断发生变化，主要矛头所向顺序从中国皇权－官僚传统到欧美模式，再到苏联体制，其间历经辉煌与曲折，形态激烈而又焦灼。纵观20世纪，中国反传统主义思潮所经历的反对封、资、修三个阶段，其实质正是奋力走出一条属于现代中国自身的思想文化之路和现代化之路。

中国20世纪是革命的世纪。革命意味着是打破和超越现状，打破和超越常规的历史渐进模式，使传统的延续中断。革命与反传统主义互为表里。一万年太久，只争朝夕。在中国革命的进程中，时间被浓缩了，每一时刻转折和质变都在发生，一天等于20年。

回顾历史，在1750－1800年，中国占世界制造业总量的份额在30%以上，这是与中国长期作为古代社会中心国家的地位相适应的。到1860年第二次鸦片战争结束时，这一份额跌至19.7%，到1900年为6.2%，到建国初期第一个五年计划启动之际，则仅为2.3%，降到衰落的谷底。与此同时，作为古代世界外围地区的西欧社会，则由于地理大发现和海外贸易而逐步进入工业革命时代，成为新文明的中心。如果以1760年为英国工业革命的起点（恩格斯），那么到中国"一五"计划时期，西方工业化已经历了近200年的历史。作为现代文明的外围地区，中国要想迅速赶超西方，即使仅从理论上讲，也必须另辟蹊径，走出一条适合自身特点的多快好省的发展道路。这种发展道路反映在思想文化领域就是反省、质疑和挑战一切完成的、既定的、作为"他者"的传统。

（以上各章发表于新加坡《新世纪学刊》第二、三、四、五、六期，2002-2006年）

# 三个中国　两次转型

## 一

1901年，梁启超在《清议报》上发表了《中国史叙论》，这是他原本打算撰写的中国通史的导言部分。在这篇"叙论"中，他把整个中国历史划分为"中国之中国"、"亚洲之中国"和"世界之中国"三大阶段。兹不避繁冗，将其要点转录如下：

> 第一上世史。自黄帝以迄秦之统一，是为中国之中国，即中国民族自发达自竞争自团结之时代也。其最主要者，在战胜土著之蛮族，而有力者及其功臣子弟分据各要地，由酋长而变为封建。复次第兼并，力征无已时，卒乃由夏禹涂山之万国，变为周初孟津之八百诸侯，又变而为春秋初年之五十余国，又变而为战国时代之七雄，卒至于一统。此实汉族自经营其内部之事，当时所涉者，唯苗种诸族而已。
>
> 第二中世史。自秦一统至清代乾隆之末年，是为亚洲之中国，即中国民族与亚洲各民族交涉繁颐竞争最烈之时代也。又中央集权制度，日就完整，君主专制政体全盛之时代也。其内部之主要者，由豪族之帝政变为崛起之帝政。其外部之主要者，则匈奴种西藏种蒙古种通古斯种次第错杂，与汉种竞争。而自形质上观之，汉种常失败，自精神上观之，汉种常制胜。及此时代之末年，亚洲各种族渐向于合一之势，为全体一致之运动，以对于外部大别之种族。
>
> 第三近世史。自乾隆末年以至于今日，是为世界之中国，即中国民族

合同全亚洲民族，与西人交涉竞争之时代也。又君主专制政体渐就烟灭，而数千年未经发达之国民立宪政体，将嬗代兴起之时代也。此时代今初萌芽，虽阅时甚短，而其内外之变动，实皆二千年所未有，故不得不自别为一时代。①

梁启超从大处着眼，以中国地缘环境的逐次变迁作为其历史分期的主要标识，同时，按照当代学者许倬云的归纳，"也隐隐以封建、帝制及立宪三种政体，作为三个时代主要政治形态"。②也就是说，既着眼于中国外部的地缘处境，同时也兼顾内部的制度建设。需要指出的是，这里的中国地缘环境的变迁与各个时期不同政体的嬗替之间，并不是简单的并存关系，而是彼此高度互动和呼应的，甚至可以说，不同政体是对于变化了的地缘处境的应对方式。例如，在中国民族内部融合及认同尚未完成的时代（"中国之中国"），也许只能采取各地方高度自治，即封土建藩的政体（封建）；在中国民族与亚洲各民族交往冲突的时代（"亚洲之中国"），实际上只有巨型帝国才能抵御北方游牧民族频繁的南下攻势（帝制）；而在资本主义世界体系的时代（"世界之中国"），只有全民参与的政治，才能实现全社会力量的充分整合与动员（立宪）。

梁启超的历史分期方式长期受到冷遇，一百余年来被排斥在主流学界的视野之外。实际上，他的优点恰恰在于建立了一种"统一的中国史叙述"，即将从古到今的中国历史概括为逐次放大的"三个中国"，将它们贯串为一个整体。特别重要的是，这种"统一的中国史叙述"使我们能够从宏观的历史视野重新理解中国的"近代"。以所谓"半封建半殖民地"界定的中国"近代"常常游离于"中国通史"的整体叙述之外，因此，哪怕是煌煌十卷本的《中国通史》，居然也没有中国近代以来历史的篇幅；另一方面，即使把中国近代史"写进"了中

---

① 梁启超：《中国史叙论》，《饮冰室合集·文集之六》，中华书局1989年版。
② 许倬云：《历史分光镜》，上海文艺出版社1998年版，第239页。许倬云是为数很少的对梁氏的分期给予重视的历史学家之一。

国通史，也似乎只是一种外在的拼接，在那里，中国近代以来的问题、线索和逻辑都迥然异于以往的中国史。在这个意义上，中国的"近代"就仿佛是从一个伟大的整体之上脱落下来的残缺部分。这种断裂的历史叙述当然有其客观基础，这就是1840年鸦片战争以来西方入侵所造成的中国文明史的创伤和断裂，以及五四以来中国知识分子对"传统"的拒斥和批判。但是，由于1949年中华人民共和国的建立，中国文明从"崩溃"到"重建"的根本性转折终于发生了。创伤渐渐愈合，断裂正在修复，从而使我们能够将近代以来"残缺的"中国历史同整体的中国历史重新整合起来。在中国的综合国力迅速成长的21世纪初叶，这种"统一的中国史叙述"的深远历史意义正日益凸显。

在梁启超写作《中国史叙论》的时候，中国的近代尚未充分展开，中国的现代化道路更远未成型。因此，梁启超当年所身处的与其说已是"世界之中国"确立的时代，毋宁说仍是"亚洲之中国"解体的时代——更不要说梁启超所谓的"乾隆末年"了。实际上，从宏观的历史脉络看，"世界之中国"的确立乃是发生在上述中国文明从崩溃到重建的转折点上，即1949年中华人民共和国的建立。

今天，在梁氏历史分期的基础上，综合后来的历史经验，我们可以尝试做出新的历史分期。如果删繁就简，把远古仅仅作为"前史"，而以早期国家的建立即"文明史"的开端作为历史叙述的正式起点，那么，我们似乎也可以把夏禹（前21世纪初）、秦始皇（前221）和毛泽东（1949）分别设定为"中国之中国"、"亚洲之中国"和"世界之中国"的三个起点。有趣的是，这"三个中国"都以一个"巨型工程"作为它们各自历史的奠基礼式的开端：夏禹治水初步奠定了古代中原地区农业文明的基础，并由此形成了早期国家政体；秦始皇的万里长城确立了古代中华帝国的北方疆界，把农业文明同游牧民族区隔开来；而毛泽东时代构造的以重工业为中心的现代工业体系，则不仅为中国赢得了国家安全，取得了在资本主义世界体系中立身的物质基础，而且也构成了其未来发展的前提。

## 二

从"中国之中国"到"亚洲之中国",以及从"亚洲之中国"到"世界之中国",中国历史经历了两次断裂,或者说,两次转型,这就是春秋战国时期(前770—前221)和近代时期(1840—1949)。[①]应当说,构成这两次转型主要内容的并不仅仅是长期的战乱和割据,因为长期战乱和割据几乎也是中国历史上每一次王朝周期末尾时的常见现象。实际上,正是政治制度和意识形态的激烈变迁才标识了这两次转型的根本特征。例如,众所周知,第一次转型就是以血缘宗法为基础的西周封建制土崩瓦解,而转为皇权—官僚集团的中央集权制,同时伴以思想领域内的诸子百家争鸣。第二次则是君主专制政体宣告结束,而让位于迄今仍未定型的共和、民主或宪政制度,同时,自晚清以来思想界风云激荡,直至上世纪90年代以来仍论争不休。正如直到汉武帝时期,中国历史的第一次转型在政治经济制度和意识形态领域才真正完成,而今天,尽管"世界之中国"的时代已经确立,而我们所经历的第二次转型却仍未彻底结束。

那么,中国历史上的这两次转型是孤立和偶然的吗?换句话说,它们与更为广阔的世界史是否相关?或者说,中国史与世界史是什么关系?中国史能否被整合进世界史?

德国哲学家卡尔·雅斯贝斯(Karl Jaspers)在前人基础上曾提出著名的"轴

---

[①] 梁启超发表《中国史叙论》稍后,夏曾佑于1902年完成了《中国历史教科书》(1933年改名《中国古代史》,由商务印书馆列入大学丛书出版)。其中,关于中国历史分期问题,他认为:"中国之史,可分为三期。自草昧以至周末,为上古之世;自秦至唐,为中古之世;自宋至今,为近古之世。"(《中国古代史》,河北教育出版社2003年版,第9页)似乎不过是沿袭了当时日本学者流行的观点。但在具体论述中,夏曾佑一方面指出"中国五千年之历史,以战国为古今之大界"(第164页),另一方面又指出"道光以后,与天下相见,数十年来,乃骎骎有战国之势"(第10页)。以战国和晚清为中国历史的分期界线,颇有见地。

心时代"(Axial period)概念,认为在公元前500年左右或公元前800年至前200年的时期内——最不平常的事件集中在这一时期。在中国,孔子和老子非常活跃,中国所有的哲学流派,包括墨子、庄子、列子和诸子百家,都出现了。像中国一样,印度出现了《奥义书》和佛陀,探究了一直到怀疑主义、唯物主义、诡辩派和虚无主义的全部范围的哲学可能性。伊朗的琐罗亚斯德传授一种挑战性的观点,认为人世生活就是一场善与恶的斗争。在巴勒斯坦,从以利亚经由以赛亚和耶利米到以赛亚二世,先知们纷纷涌现。希腊贤哲如云,其中有荷马,哲学家巴门尼德、赫拉克利特和柏拉图,许多悲剧作者,以及修昔底德和阿基米德。①

就是说,从中国到印度到西方,这三个互不知晓的地区,在精神上的觉悟、突破和飞跃发生在同一时期。与此同时,在现实政治领域,则是战乱、扩张和征伐,是一座座城邦和一个个地方小国被消灭和兼并。这种精神的和政治的急剧变迁构成了人类文明史的第一次大转折。结果,"在中国(秦始皇帝)、印度(孔雀王朝)和西方(希腊帝国和罗马帝国),几乎同时兴起了主要靠征服起家的强大帝国。"②

在不同文明区的意识形态领域和政治军事领域,几乎同时出现了相似的精神事件和政治事件。这说明,即使是在各文明区彼此隔绝的古代,也存在着某种整体的世界史,其不同部分彼此之间有着深层的关联。那么,这种"同时性"的根源究竟是什么?或者说,这种"深层关联"的内涵和基础究竟是什么?雅斯贝斯没有给出解答。

但是,如果我们仔细观察古代世界,就会发现,在雅斯贝斯所说的"轴心时代"稍前或同时,还有一种构成各文明之基础的事件被各种版本的历史书籍所不断记载,这就是"铁器"的传播:大约公元前1200年,位于中东的赫梯帝

---

① [德]卡尔·雅斯贝斯:《历史的起源与目标》,魏楚雄、俞新天译,华夏出版社1989年版,第8页。该书德文原版问世于1949年。

② 同上,第12页。

国灭亡后，冶铁技术从那里向四周渐渐传播开来。铁器传播到印度大约是公元前800年，到中欧是公元前750年，到中国是公元前600年。铁器在各地几乎立刻便用于军事目的，从而极大地加剧了当时战争的规模和烈度。而且，铁器应用于生产，也迅速提高了劳动生产率。"当锄、斧、犁等农具同武器一样，也能用铁来制造时，立即产生了深远的经济、社会和政治影响。"①那么，我们是否可以说，正是铁器的传播和使用构成了世界史上的"轴心时代"和中国历史上第一次转型的物质基础呢？也许，无论是精神上的突破，还是统一帝国的建立，都是各文明区在意识形态和政治制度领域对于"铁器时代"的回应方式？

中国历史的第一次转型，即春秋战国时期对应于世界史上的"轴心时代"，这个"轴心时代"只发生在古代文明的几个核心地区，如西方、印度和中国，其他部分地区则接受了上述核心地区的文明成果，否则，便被甩出了世界史的主流进程之外，如美洲、澳洲和非洲。②与此相对照，中国历史的第二次转型对应于资本主义世界体系的时代，这个体系无远弗届，任何国家和民族只要尚未灭绝，均被"拖进"了这个体系。这正如马克思、恩格斯所说的：

> 资产阶级，由于一切生产工具的迅速改进，由于交通的极其便利，把一切民族甚至最野蛮的民族都卷到文明中来了。它的商品的低廉价格，是它用来摧毁一切万里长城、征服野蛮人最顽强的仇外心理的重炮。它迫使它们在自己那里推行所谓文明制度，即变成资产者。一句话，它按照自己的面貌为自己创造出一个世界。③

---

① L.S.斯塔夫里阿诺斯：《全球通史——1500年以前的世界》，吴象婴、梁赤民译，上海社会科学院出版社1992年版，第170页。中国使用铁器的时间应更早，春秋（前770—前475）时大多数诸侯国已有小中型冶铁工场。到战国（前475—前221）中期，冶铁业已成为最重要的手工业部门之一，齐国临淄的冶铁遗址面积竟达40多万平方米。

② 雅斯贝斯："生活在轴心期三个地区以外的人们，要么和这三个精神辐射中心保持隔绝，要么与其中一个开始接触；在后一种情况下，他们被拖进历史。"（《历史的起源与目标》，第14页）

③ 《马克思恩格斯选集》第1卷，人民出版社1972年版，第254页。当然，军事征服仍然是这一切的前提条件。

自1500年地理大发现以来，欧洲主要通过工业革命取得了世界霸权，逐步建立了一个囊括全球的资本主义世界体系，也使中国结束了"亚洲之中国"即作为古代东亚朝贡体系之中心的时代，而向"世界之中国"的时代过渡。如果说，世界史上第一个"轴心时代"或第一次大转折的物质基础是铁器的传播和使用，那么，我们现在则面临第二个"轴心时代"或第二次大转折，其物质基础正是现代工业体系的建立。

## 三

从"亚洲之中国"过渡到"世界之中国"，应当在这个意义上理解中国近代以来的一切政治、军事、经济、社会、心理和文化现象。以这种新的眼光反观历史，甚至两千多年前的战国时代也常常呈现出"近代"的面貌。例如，在我们所关注的意识形态领域，从晚清到五四，再到中国革命时期，出现了以进化论和阶级学说为理论基础的反传统主义思潮。作为历史转型期的思想，无独有偶，在战国时代，同样可以见到这种反传统主义的"前身"。例如以法家为代表，所谓"圣人苟可以强国，不法其故；苟可以利民，不循其礼。""前世不同教，何古之法！帝王不相复，何礼之循！""当时而立法，因事而制礼。礼法以时而定，制令各顺其宜。"（《商君书·更法篇》）这种厚今薄古的思想出现在战国时代，至秦始皇时期，甚至发展到"以古非今者族"（《史记·秦始皇本纪》），即以暴政强力推行"历史进步观"的地步，从而根本区别于以"尚古"为特征的、在后世长期占据主流的儒学保守主义。与此相联系，甚至历史分期的观念也在战国时代首次出现了。像"上古"、"中古"、"近古"、"上世"、"中世"等历史分期概念，便屡见于《商君书》、《韩非子》、《周易·系辞》等战国文献，并被梁启超时代的中国和日本学者广泛采用，以转译西方历史学的相关范畴。这当然不是偶然的。只有历史发生断裂，或者说，发生急剧变迁的时代，才会有"历史"，才会产生同以往时代在观念上区隔开来的需要，历史分期的概念范畴才会应运而生。

我们把1949年确定为近代以来中国文明从崩溃到重建的转折点。但实际上，如上所述，从"亚洲之中国"到"世界之中国"的过渡并未彻底完成，我们目前仍处在转型过程中。这种转型体现在各个方面、各个领域，并且依据各个方面和领域的特殊情况，又可以分解为不同的演变阶段。本书将选择一系列主题作为特定的观察角度，对这一巨大历史转型过程的各个侧面进行描述和分析，这些主题包括：第一，"反传统话语的根源"，将探究20世纪中国反传统主义思想在政治、军事和经济领域的深层原因，并为理解中国近代历史转型的各个侧面提供一个分析的基础；第二，"知识分子与革命"，讨论现代知识分子阶层的身份变迁和激进化过程，分析这个阶层的不同价值取向对于中国革命的正反两方面作用，以及革命的真实含义；第三，"家的解体与恢复"，以家庭为中心，透视中国传统文化在近代的崩溃、潜隐和重建，讨论公共空间与私人空间的关系，特别是家庭对于中国社会及其转型的社会保障和心理保障作用；第四，"毛泽东时代的'身体'"，将集中于个人，论述在近代转型过程中身体、性别、欲望和美感的演变，并对正在展开的消费社会进行理论和历史的反思；第五，"九十年代的思想"，在分别讨论了阶层、家庭和个人之后，以全球化和市场经济的建立为中心，评论90年代中国思想界的分野和变迁，并对中国转型期的未来趋向做一展望。

（原载台湾《批判与再造》2004年第10期）

# 生态文明与意识形态创新

## 一、引言

未来二三十年,中国将面临两个大变局。一是中国与美国在全球的相对实力和地位继续彼此消长,将导致500年来形成的西方霸权的彻底终结,结果必将引发全球政治经济格局的剧烈动荡和改组。由于中国经济严重依赖海外的能源、原材料、市场和交通线,例如2007年外贸依存度曾达到64%,因此,中国必须在这个大变局到来之前,在国家发展战略层面做好各种应对预案,包括完成社会经济结构的根本调整,立足于国内,并对必要的海外能源、原材料、市场和交通线具备足够的控制能力。

另一个大变局,就是在生态系统严重透支的时代,以发展模式、增长模式和消费模式的全面转型为基础,着手构建一种新型的生态文明。

## 二、生态形势与发展模式调整

2010年11月15日,世界自然基金会(WWF)和中国环境与发展国际合作委员会(国合会)[①]联合发布了《中国生态足迹报告2010》。这是自2008年发布首份中国生态足迹报告后,世界自然基金会与国合会发布的第二份中国生态足迹报告。报告指出,2007年全球人均生态足迹是2.7全球公顷,而同期的全球人均生态

---

① 中国环境与发展国际合作委员会成立于1992年。

承载力为1.8全球公顷,全球人均对生态承载力的需求超过当年供给的50%。这意味着,地球生态系统需要一年半时间,或者说,需要一个半地球,才能生产人类在2007年度所消费的可再生资源并吸收其所产生的二氧化碳。报告指出,2007年,中国的人均生态足迹为2.2地球公顷。尽管低于同期全球平均水平,但中国是世界上人均生态资源最稀缺的国家之一,其人均生态足迹已达到生态承载力的2倍,生态赤字正逐年增长。其中,城镇居民人均生态足迹是农村居民的1.4—2.5倍,并且差距仍在不断拉大。[1]

中国的生态足迹与本国生态承载力的平衡是在1970年代中期被打破的。[2]也正是在这个时期,中国环保工作受到极大重视。1973年第一次全国环保会议召开,第二年成立了国务院环保领导小组。[3]此后,1978年,宪法第一次对环境保护做出了明确规定。1979年,则颁布了《中华人民共和国环境保护法(试行)》。1984年,国务院成立环保委员会和国家环保局。到2007年,中共十七大报告提出"建设资源节约型、环境友好型社会",在执政党的核心文件中首次采用了"生态文明"的提法。与此同时,环保投入逐年加大。根据国家统计局的数字,1980年代初,全国环保治理投资每年为25—30亿元,约占同期国内生产总值的0.51%;"九五"期末,投资总额达到1010.3亿元,占同期国内生产总值的1.02%,首次突破1%;到2008年,全国环境污染治理投资总额达4490.3亿元,占国内生产总值的比重为1.49%。

调整发展模式,主导力量当然是国家(公权力),不可能是企业(资本)。两者的关系是,国家通过法律、制度和产业政策节制、约束、引导企业。在政府

---

[1] 《中国生态足迹报告2010》,第4—5页。生态足迹(ecological footprint)是一种计量单位,用以衡量人类对地球生态系统和自然资源的消耗。

[2] 《中国生态足迹报告2010》,第9页。全球生态足迹与其生态承载力的平衡被打破的时间也恰好是在1970年代中期,这一点中国与全球同步。

[3] 从建国初到1970年代,中国政府在环保方面做了长期的大量工作,这一事实往往被忽视。详见张连辉:《新中国环境保护事业的早期探索》,《中国当代史研究》2010年第4期。实际上,包括环保工作中著名的"三同时"原则,也是1972年正式提出的。

方面，又以中央政府为主体。这是因为，第一，生态环境作为公共品，体现全社会的整体利益和长远利益；第二，生态环境所涉及的问题常常具有跨区域、跨国界的性质；第三，生态环境的保护具有强制性，需要立法和制度建设作为依据。

在生态文明建设中，在制度建设和资金投入之外，一个更基本的任务是，扭转社会主流价值观，这就是意识形态的彻底调整。

## 三、中国传统思想与社会经济史

传统中国是古代农业文明的发达国家。许多人曾指出，中国传统思想包含有非常丰富的生态文明观念，这里无需详论。这种主张"人与自然协调"的思想传统，与西方"人与自然二分"的思想传统，的确形成了明显区别。需要指出的是，对于中国传统思想而言，世界或自然——其本质和本源不论被看作"道"、"气"，还是被看作"无极"、"太一"等等，都是把自然视为人类不可超越的绝对的母体。相反，在西方思想传统中，人与自然之间不仅带有二分和对立的性质，而且，在其宇宙观、世界观体系中，"自然"都是由一个更本质的本源所派生出来的被创造之物。例如在柏拉图，"自然"是"理式"的影子或摹本；在基督教神学，"自然"是"上帝"的造物；在笛卡尔，"自然"是由"我思"建构起来的；在黑格尔，"自然"是"绝对精神"的对象化。总之，在西方哲学传统中，"自然"常常是由那个更本质的本源所创生，或是从那个更本质的本源所推演出来的派生的产物。因此，在这些哲学看来，自然是可控制、可再造的被动的客体。

如果把农业比作工业，把自然比作一个由土壤、阳光、空气、水分等"零部件"组成的巨大的"机器系统"，那么，农业生产就是将"原料"（种子）投入到这个"机器系统"中，并在"机器系统"的终端获得"产品"（收成）。反过来，也可以把工业体系比作另一个自然，实际上，工业化就是在原始的自然之外，再造"第二自然"，再造"另一个世界"。因此，那种认为"自然是可控制、可再造的被动客体"的西方思想传统，便恰好构成欧洲工业化的哲学基础。

生态文明是人类继农业文明、工业文明之后的新的文明形态，它作为对两三百年来工业文明的超越和纠正，必然在某种程度上向传统农业文明汲取思想资源，特别是中国主张"人与自然协调"的思想传统，包括其中有关生态保护的具体认识，例如《管子》、《孟子》、《荀子》、《淮南子》等文献中的论述。但是，需要指出的是，一般思想史学界往往过分夸大中国传统思想的实际影响和作用。有鉴于此，我们必须把思想史、观念史与社会经济史对照起来阅读，以便将中国传统思想还原到其历史环境中实事求是予以估价。

历史地理学家谭其骧曾经考察过黄河流域的生态变迁。黄河从殷商时期到秦以前，决溢改道的记载很少。而从汉文帝到王莽建国的180年，黄河决溢10次，其中5次改道。但是，东汉以后，与西汉截然不同，黄河又出现了长期安流的局面。谭其骧指出，对黄河下游决徙具有关键影响的山陕峡谷流域和泾渭北洛上游地区在战国以前仍以畜牧射猎为主，原始植被未经大量破坏，水土流失轻微。此后，秦与西汉都采取"实关中"和"戍边郡"的政策，在传统牧区大肆开垦，上述地区改以农耕为主，生齿日繁。结果，西汉特别是汉武帝以后，黄河下游的决徙之患日趋严重。但是，王莽时代边衅重开，东汉初年被迫放弃北部边地，匈奴则大批转居塞内。这些地区也由农返牧，耕地缩减，植被恢复，下游洪水量和泥沙量大幅减少，因而出现了东汉以后黄河长期安流无事的局面。隋唐两朝，农耕线恢复北移，又重现了西汉时代的局面，黄河下游也就再度决溢频繁。①这一经济史、生态史的事实颇具讽刺意味：倡导"天人合一"的农耕民族似乎远不如游牧民族更能维系与自然生态的和谐关系。这意味着，古代中国尽管的确拥有深厚的"人与自然协调"的思想传统，但是，在现实的生存压力面前，抽象的观念、思想和价值系统并不能有效约束人们的行为。

实际上，从长时段的历史看，大规模的农业垦殖作为一个重要因素，也造成了中华文明中心的转移，即从黄土高原转到华北平原，再转到长江流域。②

---

① 谭其骧：《何以黄河在东汉以后会出现一个长期安流的局面》，《学术月刊》1962年第2期。也正是在唐代中叶，由于含沙量不断增多，"黄河"成为专名，见惠富平：《中国古代西部农牧业开发与生态变迁》，载"国学网——中国经济史论坛"。

② 王建革、陆建飞：《从人口负载量的变迁看黄土高原农业和社会发展的生态制约》，《中国农史》1996年第3期。

与此同时，在漫长的历史中，中国资源与人口的矛盾日趋严峻。到明清时期，尤其是清代，由于美洲高产作物玉米、番薯、马铃薯的引进，人口激增，农户平均耕地明显缩小，小农经济的规模进一步细碎化。为缓解人口压力，除垦荒以及推广高产作物外，只能大力采取多熟种植，土地利用率和精耕细作水平都达到了传统农业的最高峰。由于劳动力严重过剩，人力代替畜力，同时由于放牧和饲养成本提高，以至于唐宋时代早已普及的耕牛大量退出农业生产，这种现象在中国经济最发达的江南地区尤为突出。[①]彼此相关联，一方面是"牛"的退出，另一方面是"虎"的出场。日本学者上田信以"虎"为视点考察了中国，特别是东南山地的环境变迁史。虎在中国的食物链中处于顶端，当森林，特别是在虎的栖息地与人们活动区域之间地带的杂木林减少时，野猪、豪猪、羚羊、鹿等草食动物便逐渐消失，于是虎被迫进入村庄觅食。虎伤及人畜的记载在18世纪激增，反映了过剩人口对山林的过度开发，导致自然生态的破坏。[②]可以说，到鸦片战争前，美洲引进的高产作物使中国的人口规模与资源环境的矛盾全面恶化，以至于在原有的社会经济框架内难以解决。毋庸讳言，中国传统农耕文明在其晚期已经陷于结构性的困境。这是需要思想史学者予以关注的基本事实。

## 四、透支生态系统的最活跃因素

按照前述世界自然基金会和国合会的报告，全球生态足迹与生态承载力的平衡于1970年代中期被打破。大约在同一时期，环境问题开始受到国际社会的

---

① 见李根蟠：《中国精耕细作的两种类型和牛耕使用的变化》（《史苑》第8期）、曾雄生：《跛足农业的形成——从牛的放牧方式看中国农区畜牧业的萎缩》（《中国农史》1999年第4期）、程念祺：《中国古代经济史中的牛耕》（《史林》2005年第6期）。

② 见上田信：《生态环境的变化与驱虎文——十八世纪的东南山地》（载"国学网——中国经济史论坛"）以及原宗子：《在日本的中国环境史研究》（见李根蟠等编：《中国经济史上的天人关系》，中国农业出版社2002年版，第134—135页）统计显示，两千年来中国自然灾害频度直线增长，清代与西汉相比增幅接近15倍。垦殖所造成的生态破坏是重要原因。见郑正、王兴平：《古代中国人寿命与人均粮食占有量》，《江苏社会科学》2000年第1期。

高度关注。1972年，联合国在斯德哥尔摩召开第一次"人类与环境会议"，讨论并通过了著名的《人类环境宣言》①。同一年，罗马俱乐部发布了第一份研究报告《增长的极限》。但是，那时的世界史正转入另一个周期。到70年代末80年代初，新自由主义政策开始主导世界经济，第一次世界大战以来的"战争与革命的周期"宣告终止，"市场与资本的周期"正式启动。②

90年代初，冷战结束，"市场与资本的周期"进入黄金时代。资本在全球扩张，按照利润最大化原则，在世界范围内配置各生产要素（资金、土地、技术、劳动等），包括将大批高污染企业从发达国家转移到第三世界。这是全球资本主义的时代。那么，什么是"资本主义"呢？所谓"资本主义"，就是以"资本增值"为原则、为中心而组织、建构起来的社会体制。它包括三个方面：第一，为利润而生产；第二，各企业独立生产，因而从整个社会看是无计划的；第三，作为第一、二点的前提，生产资料由私人占有。与此相对照，"社会主义"也包含三个方面：第一，生产资料由全社会成员共同占有；第二，为使用而生产；第三，有计划地生产。社会主义的这种特性，将使它成为人类代替资本主义，摆脱生态危机的唯一合理的社会制度。

在资本逻辑主导的时代，资本（企业）与劳动（工人）不对等，因此生产与消费不对等，生产趋于不断扩张，消费趋于不断缩减。为避免生产过剩，必须相应地鼓励、诱导、迫使人们超出实际物质需求的大量消费、过度消费。这种超越实际物质层面的需求，当然是一种社会需求，是一个人对于某种社会关系、社会评价的需求，例如个人的成就、身份、地位，等等，它们常常以"物质"的方式，即以资源占有量、能源消耗量来满足和标志，例如名车、名牌服装，等等。因此，这种社会需求主要不受一般生理原则的约束，而是社会意识

---

① 当时中国派出了由国家计委、燃化部、卫生部和外交部共同组成的代表团参会。此次联合国会议对中国的环保工作有重要的促进作用。见张连辉：《新中国环境保护事业的早期探索》，《中国当代史研究》2010年第4期。

② 参看祝东力：《60年的国际环境与世界史周期》，《绿叶》2009年第9期。

形态属性的，服从于社会意识形态的调整和支配。

从一般社会原理看，一个社会总是由多种社会力量，例如政府、资本、宗教、伦理、公民社会等的相互作用而组成，不同的社会力量遵循各自不同的原则运行，例如政府追求秩序，资本追求利润，宗教追求内心安宁，等等。假如一个社会完全由资本主导，而不存在其他社会力量（如政府、宗教、伦理、公民社会等）的有效制衡，那么，为压缩成本，资本追求利润的趋势将不断降低劳动报酬，从而破坏社会生态（贫富分化和阶级冲突）；同时，也必将压缩环保成本，而日益损害自然生态（环境污染和资源枯竭）。当然，在各种社会力量中，政府也可能片面追求经济增长，这是国家的资本化；企业也可能热心于社会公益，这是企业的伦理化。这种情况都是由于采取了其他社会力量的准则，而偏离或校正了自身原有的运行原理。

目前，世界史的"市场与资本周期"尚未结束，高能耗的生产方式和高消费的生活方式仍居于主流。如上所述，这背后，是资本追求利润的强势逻辑。因此，转变发展模式、构建生态文明，我们必须认清透支生态系统的那个最活跃的因素。

## 五、回到全球均衡

《增长的极限》指出，如果世界人口、工业化、污染、粮食生产和资源消耗按当前（即1972年）的趋势继续下去，那么，地球在一个世纪内将达到"增长的极限"，其结果是人口和工业生产的崩溃式衰退。为避免这一后果，实现人类的可持续发展，作者们建议，通过自觉地抑制增长，达到"均衡状态"，即人口和资本维持稳定，出生率=死亡率，投资率=折旧率。[①]这种状况类似于在历史上长期占主导地位的简单再生产模式。

---

① 《增长的极限》，丹尼尔·米都斯等著，李宝恒译，吉林人民出版社1997年版，第五章"全球均衡状态"。

在历史上，中国从春秋战国到秦汉之际、欧洲从希腊城邦到罗马帝国，都曾经历过人口和生产的扩张期，其时段大体相当于德国哲学家卡尔·雅斯贝斯所谓的"轴心时代"（Axial period），即公元前800年到公元前200年的时期。这个时期，人类在哲学上取得突破，而在现实政治领域，则充满了战争和扩张。"在中国（秦始皇帝）、印度（孔雀王朝）和西方（希腊帝国和罗马帝国），几乎同时兴起了主要靠征服起家的强大帝国。"①而与此同时，也正是铁器在世界范围内传播的时期。铁器传播到印度大约是公元前800年，到中欧是公元前750年，到中国是公元前600年。铁器立刻应用于军事，极大地加剧了当时战争的规模和烈度。同时，铁器也应用于生产，迅速提高了劳动生产率。"当锄、斧、犁等农具同武器一样，也能用铁来制造时，立即产生了深远的经济、社会和政治影响。"②铁器构成了人类第一次扩张期的物质技术的基础。在此之后，扩张期结束，世界回归于"均衡状态"，长期停滞，即大体维持简单再生产的方式，这种状况在东西方都持续了一两千年。这期间，中国的儒家、欧洲的基督教作为一种社会意识形态曾长期占据支配地位。

目前，我们正处于另一轮扩张期。这轮扩张期起始于地理大发现时代，特别是18世纪，首先是商业革命（大西洋贸易和东西方贸易），然后是工业革命（从纺织业到机器制造业）。持续几百年、几乎不曾间断的资本增值和扩张，作为最关键最重要的因素，形成了一个"新时代"，即所谓"现代"。③在这个"新时代"，人们拥有一种"未来将更美好"的社会时间观，信奉诸如进步、发展、

---

① [德]卡尔·雅斯贝斯：《历史的起源与目标》（1949年），魏楚雄、俞新天译，华夏出版社1989年版，第12页。

② [美]L.S.斯塔夫里阿诺斯：《全球通史——1500年以前的世界》，吴象婴、梁赤民译，上海社会科学院出版社1992年版，第170页。

③ 德国哲学家于尔根·哈贝马斯指出："在黑格尔看来，'新的时代'（neue Zeit）就是'现代'（moderne Zeit）。黑格尔的这种观念与同期英语'modern times'以及法语'temps modernes'这两个词的意思是一致的，所指的都是大约1800年之前的那三个世纪。1500年前后发生的三件大事，即新大陆的发现、文艺复兴和宗教改革，则构成了现代与中世纪之间的时代分水岭。"见《现代性的哲学话语》，曹卫东等译，译林出版社2004年版，第5—6页。

解放、革新等社会进化论及其相关概念。在过去、现在、未来当中,"未来"具有绝对优先的价值和地位。这就是"现代性"(modernity)的本质。所谓"现代性",即指"现代是依赖未来而存在的,并向未来的新的时代敞开"。[①]

如果说,上一轮扩张期的结束是由于技术停滞,那么,这一轮扩张期将终止于生态和资源的约束。实际上,如果目前回到"均衡状态",从财富总量看,绝大多数人类并不会降低生活水平。因为到2009年,全球人均GDP已接近9000美元,足以使每个人都享有丰衣足食的生活。

因此,关键在于摆脱资本逻辑,回到为使用而生产、按计划而生产的模式。为此,必须根本调整目前全球的政治经济格局和制度安排。为此,首先要形成一种新的主流意识形态。

## 六、意识形态创新

美国学者利昂·巴拉达特归纳了意识形态的五个特征:第一,一个政治性的概念。第二,提供对现状的看法和对未来的憧憬。第三,指导行动。第四,面向群众。第五,言辞简单明快。[②]实际上,意识形态、文化、价值观是三个彼此相近、部分重叠的概念。意识形态是一种文化,也是一种价值观,反之亦然。三者都属于上层建筑中的观念部分,可以互用,其区别在于:意识形态作为广大人群的观念体系更偏于政治,着眼于社会整体和全局;文化更侧重表达形式,强调丰富的形态和细节;价值观则涉及大是大非的标准,是意识形态和文化的内核。

从内部结构看,意识形态由三个层面组成:最表层是经验层面,包括感觉、信息、知识。中间是理论层面,是对经验层面的解释。最后是价值观层

---

① 《现代性的哲学话语》,第6页。
② [美]利昂·巴拉达特:《意识形态:起源和影响》,张慧芝、张露璐译,世界图书出版公司2010年版,第9页。

面，是关于大是大非的判断，是意识形态的内核。意识形态的这种结构决定了它的演变过程：现实世界瞬息万变，经验层面反应最为迅捷，感觉、信息、知识每天都在更新。理论层面则倾向于将新的感觉、信息、知识纳入到、整合到既有的理论框架中，因此变化相对缓慢。最后，只有在新的感觉、信息、知识迫使理论层面发生全局性调整之后，变化才会传导到价值观层面，人们才会改变他们关于孰是孰非的判断。

从意识形态的三个层面看，意识形态创新一般发生在理论与价值观之间的环节，即在现实形势发生根本变化，旧的理论解释已经不能框范新的感觉、信息、知识的时候，及时全面更新理论体系，并推动价值观的根本转换。在生态系统全面透支的时代，从生产方面看，就是要节制资本，逐步扭转为利润而生产的资本逻辑，回到为使用而生产，在目前阶段，就是从单纯强调的"发展"回到"民生"。从消费方面看，则必须压制满足社会性需求的过度消费、攀比式消费、炫耀型消费，改变以资源消耗量衡量人的社会价值和地位的评价体系，通过全面的舆论调控，在社会主流人群中逐步形成视过度消费为耻辱、愚昧和无教养的新的伦理。

总之，中国需要在生态文明建设上进行制度和意识形态的准备。当然，要彻底解决生态问题，必须回到全球均衡。为此，则需要两个前提：一是本文开头所说的美国军事—金融资本主义的全面衰落，这包含了全球资本主义，包括其金融、经济、社会、政治、环境和价值观的总危机。二是建立真正代表全球共同利益的世界政府，实行一种新的全球社会主义体制，按照计划（非市场导向）、为了使用（而不是利润）而生产。届时，世界史上的"市场与资本的周期"将宣告结束，而代之以一个新的周期，即"生态社会主义周期"。

（本文为修远基金会主持的"绿色新政——中国发展大转型"课题的子课题成果，原载《天涯》2014年第1期）

# 社会结构与话语权之争

## 一、话语权是对民意的掌控

我们的社会，其正常秩序能否维持，能否免于动荡和瓦解，一般依靠三层"防线"。第一层，是民意认同。所谓"得民心者得天下"，如果民意（社会）出于某些原因高度认同政权（国家），那么，即使暂时出现重大的政策失误、事故、灾变，但由于民众内心的支持，也仍可保持社会基本稳定。1959—1961年的三年困难时期，是有代表性的例子。

第二层，是经济状况。民心散失，认同瓦解，但宏观经济依旧运行，甚至保持增长；日常生计尚能维系，乃至小有改善。于是导致这样的情形："端起碗吃肉，放下筷骂娘"。尽管社会心理已经动摇，人心浮动，但由于现实经济利益的制约，人们在行动上仍依循旧例，所以社会秩序还在表面运转。这种情况，我们并不陌生。

第三层，是武力控制。人心失尽后，如果继之以经济动荡，失业、通胀、破产，等等，经济危机便升级为社会危机，社会秩序将接近崩溃的临界点。既然内心（第一层防线）的、利益（第二层防线）的约束已经失效，那么，就只有依靠最后一层防线，由国家的本质（暴力），由国家机器的坚硬内核（军队），直接出面维持秩序了。"政权就是镇压之权"，国家的暴力本质，在危机时期最为显著。这种局面，在20世纪的中国屡见不鲜。

维护社会秩序的这三道防线，从柔到刚，从精神到物质，从软实力到硬道理，逐层递进。前一层失守，社会秩序便转而依托后一层，并企图重新恢复前一层。反过来，后一层则总是为前一层提供其存在的必要前提：武装力量是保障国家政权稳定的根基,只有稳定的政权才能提供经济发展所需的社会环境;同时,一个政权,也只有在经济领域,特别是民生方面做出实绩,才能取得民意的高度认同。

就第一层而言,民意体现为舆论,舆论表达于媒体。在常规历史时期,控制媒体,就能主导舆论,掌握话语权。话语权的角逐,是对民意、人心的争夺,是围绕社会秩序第一道防线的攻防战。

## 二、资本控制媒体

《天下》杂志给出的选题:"媒体、资本与话语权",其间的逻辑关系似乎一目了然:资本控制媒体,从而掌握话语权。应该说,这是较普遍的情形。

以美国为例,传媒业主要被五大财团,即时代华纳集团、沃特·迪士尼集团、通用电器集团、新闻集团和维亚康集团所垄断。五大财团还同时控制美国的娱乐业。另外,美国报纸约有1500份,日销售量数以千万计,其中只有不到20%为独立报人所有,且发行量很小,绝大多数报纸由大财团掌控。同时,特别值得注意的,是犹太财团对美国传媒业和舆论的控制。在上述五大财团中,时代华纳、沃特·迪士尼、维亚康的老板都是犹太人,其下属公司的重要领导人,也大多是犹太人。包括CNN、HBO、ABC、迪士尼(动画台)、《纽约时报》、《华盛顿邮报》、《华尔街日报》、《时代周刊》、《新闻》周刊、《大西洋月刊》和《财富》杂志等具有世界性影响的美国主流媒体,都在犹太财团旗下。

犹太系媒体引导舆论的情况,可以中东问题的报道为例。在阿以争端中,犹太系媒体一贯采取双重标准,例如,同样的强硬姿态,表现在以色列一方,被称为"鹰派",表现在巴勒斯坦一方,被说成"极端主义"、"恐怖主义"。《华盛顿邮报》曾以头版图片报道巴以冲突的受害者:左图是一位失去5名子女的巴勒斯坦母亲,右图是一位痛苦流泪的哀伤的以色列妇女。尽管受害程度天差地别,该报却用同样篇幅和规格貌似公正地予以报道,实际将受害方与加害方等量齐观,借此淡化、掩盖、颠覆了巴以冲突的实质。犹太资本刻意偏袒以色列,成功地主导了美国的社会舆论,为美国长期扶持以色列,执行其中东战略,提供了民意基础。美国中东战略的目标之一,是控制石油,确保国际石油交易以美元计价和结算,借此维持美元作为世界货币的特殊地位,保障美国的全球金融霸权。并非巧合的是,美国金融业同传媒业一样,也主要由犹太财团控制。这样,"资本"便实现了从媒体到政治、军事,到经济、金融,再到媒体的完整的自我循环。一旦这个循环发生断裂,"资本"的统治就岌岌可危了。

上述美国资本的循环的另一种表现形态,就是美国霸权的三要素,即高科技—军事霸权、美元—金融霸权、政治—意识形态霸权。这三个要素各具功能,彼此支持,三位一体,媒体和话语权同样在其中扮演着重要角色。

## 三、话语权就是文化领导权

人类社会,一般讲,存在两个起支配作用的力量中心,一是"权力",一是"资本"。两者遵循不同的统治原则,"权力"偏于强制,"资本"侧重诱导。不同社会的统治,有的以"权力"为重,有的以"资本"为主。媒体的控制,也是如此,在有些社会,媒体主要不是隶属于"资本",而是隶属于"权力"。但是,无论是谁,控制媒体,并不意味掌握话语权,尤其是在历史的非常规时期、转型时期或危机时期。这里,首先需要理解话语权的内涵和层次。

关于话语权,没有统一的定义。抽象笼统地说,它是一种掌握、控制、支配"话语"的软性权力。这个定义,需进一步阐释。其中"话语"概念,包含两个层次:第一,话语是某种被传达和接收的信息,例如某个新闻、图片、微博、歌曲、电视剧、学术论文,等等。第二,作为话语的信息不是"标量",而是"矢量"——既有大小又有方向的量,就是说,话语不是"中性"的,而是表达、包含或潜藏着某种或显明或隐晦的是非判断、价值取向和意识形态,包括一整套价值观、历史观、世界观,等等。

因此,所谓话语权,就是对"话语流"的方向进行调控的能力/权力,即对话语背后的是非判断、价值取向和意识形态进行引导和塑造的软性权力——它不是采用强制命令的方式,而是通过议题设置、叙述策略等多种手段,暗示、诱导、感染、说服,以支配舆论,使人们自愿地按照某种规定的方式去思想和行动。

因此,话语权就是葛兰西所谓的"文化领导权"。葛兰西认为,在一个国家,政权只是其"前沿阵地",文化领导权才是其坚固的"堡垒",从而使国家能承受经济、政治的打击。葛兰西反对所谓"国家即警察"这类简单化的观点,他认为,如果没有公民的同意,一个国家将难以维持,而文化领导权,就是借强力之外的力量来对公民进行教育,使之自愿接受国家的统治。因此,国家的职能在总体上发生了改变,已经变成"教育者"。这里需要再澄清两点。

第一,避免直接的强制,而采用柔性手段间接进行统治,是资本主义时代的显著特点。这是因为,在市场体制下,人与人之间是彼此交易的契约关系,至少要在表面维持一种"自愿"的原则。上文提到,这是"资本"、"市场"的统治区别于"权力"、"国家"的统治的一个基本特征。

第二,话语权或文化领导权的取得和维系,主要不取决于话语和文化层面,因为话语是现实的反映,文化折射的是经济、政治、社会。前者只是技术面,后者才是基本面。话语权或文化领导权的获取或丧失,取决于人心向背,而人心之向背,则最终取决于各种现实因素的综合,取决于现实的利益格局和力量格局。因此,控制媒体,对于话语权的掌握,并不具有决定的意义。

## 四、舆论的载体

当前,舆论的主要载体,也是媒体的主要受众,即城市主流人群,所谓白领、小资、中产。这三个概念可以互换,白领强调职业特征,中产侧重经济地位,小资偏于文化政治。他们处于社会结构的中间位置,上有权力和资本,下有庞大的工人、农民工和农民。根据人力资源和社会保障部2011年度《统计公报》的数据,2011年末,全国就业人员76420万,其中第一产业就业人员占34.8%;第二产业占29.5%;第三产业占35.7%。无需说,白领阶层全部在第三产业。

中国社会科学院曾综合参考各城市物价水平、居住成本、交通成本和城市现代化等因素,公布了《2007年全国主要城市白领工资标准》:各主要城市白领的月收入标准为，上海：5350.00元，深圳：5280.00元，温州：5020.00元，北京：5000.00元，杭州：4980.00元，广州：4750.00元，等等。另据2011年7月1日《新京报》，财政部税政司官员称，该年9月1日，个税起征点由2000元提高到3500元，工薪收入者的纳税面，将由之前的约28%下降到约7.7%，纳税人数从约8400万人减至约2400万人。由于在3500元以上收入者当中，还有部分蓝领高级技工等从业者，因此真正的白领人数还将更少，不会超过全部就业人口的3%。

这个为数很少的白领阶层，主要是专业技术人员，即公司职员、律师、记者、医生、教师等——在我们的语境中，白领并不包括公务员。他们有较强职业能力、较好工作环境和较高经济收入，一般受过良好教育，知性、雅趣、时尚，有一定独立思考能力。白领、小资、中产，数量有限，但是，无论在概念上怎样界定，这个阶层的"主观人口"一定多于其"客观人口"，就是说，在身份认同上愿意归属于这个阶层的人，要远超过其实际数量。这种身份认同，包括分享其趣味、观念和生活方式。因此，白领、小资、中产的核心群体尽管占总人口比例很小，但在舆论导向上的放大效应却极为惊人。

2012年4月26日，人民网官方微博的一条博文引致数千次转发：某著名党报的一年轻编辑，在社内培训时举出某微博女王的粉丝量达1955万的事例，指出她每次发言的受众，比该报发行量多出近7倍。该微博女王被认为具有"公知"（即自由主义）倾向，截至本文写作时间，她的粉丝量已增加到2400多万，而同一时间，该报官方微博的粉丝量仅185万。本文一再强调，现实的利益格局和力量格局所决定的民意指向，才具有本质的意义，它决定舆论的导向，而话语层面的各种策略和技巧，毕竟只具有派生、辅助的作用。应该说，当前，这个"民意"的核心群体，正是白领、中产、小资。

## 五、经济原则与政治原则不匹配

白领阶层大多在市场经济体制内谋生，习惯于所谓"自愿"原则下的契约式的人际关系。基于这种特定的生存方式，这个群体对自身权利有更为自觉和理性的意识，对社会政治的参与诉求也更高、更强烈，反过来，对自上而下的传统管制方式和教化宣传式的官僚体话语,本能地排斥。他们天然地倾向于自由、平等、民主、宪政等启蒙主义的价值,偏向自由主义的政治立场。

但是,启蒙主义和自由主义的局限是,只反权力,不反资本,仅仅抗议国家的强制,而忽略市场的压迫。因此,18世纪欧洲启蒙运动的历史作用,是为后来接踵而至的资产阶级社会准备舆论的和价值观的基础。同样,今天的白领、小资、中产们,由于具备良好的教育背景和较强的职业能力,能够在市场竞争中,赢得一定的社会经济地位,因此,他们的"民意"倾向,便仍然遵循市场经济的原则,在归根结底的意义上,仍然是服从资本的逻辑。这样,他们在"权力"与"资本"两者之间,有意或无意,站在"资本"一边。

在媒体和话语权研究方面,不能用全球问题、西方问题或一般资本主义的问题,代替我们的问题,否则,就将偏离自己真正的"特色"。因为,与一般资本主义社会不同,我们的特色是,"权力"主导并联手"资本",同时,也主要由"权力"控制"媒体",但悖谬的是,并不能主导舆论,没有掌握"话语权"。比较而言,"资本"则较为暧昧,一方面,要依傍"权力",实现循环和增值,另一方面,又觊觎"权力",意图取而代之。这种意图,得到白领、小资、中产所代表的"民意"的支持,实在意味深长。

之所以出现这种"悖谬",是因为我们处于一个非常规的历史转型时期,经济原则与政治原则不匹配,就是说,市场体制下契约式的"自愿"原则,不支持自上而下的传统管制型的治理方式。按照市场规则,政治的治理方与被治理方无疑也需要订立某种"契约",这就是白领、小资、中产们支持的政改方向——普选。

## 六、人民怎样掌握话语权

上文说过,白领、小资、中产的数量占就业人口比例很低。但是,由于他们的教育背景、知识水平和职业特点,在舆论界的声音和影响与其数量不成比例。李陀先生在最近的《"新小资"和文化领导权的转移》一文中认为,由于文化生产的所有环节都在小资精英的控制之下,"不管国家和资本情愿不情愿,承认不承认,在今天,文化领导权在很大程度上已经转移到新兴小资产阶级的手中。"

上文已指出,白领、小资、中产的观点立场实际上仍然服从于市场原则、资本逻辑,并不具有独立的价值取向。因此,他们的所谓"文化领导权",即使有,也不过是不自觉地、间接地为人作嫁而已。

更值得重视的,是就业人口中真正的绝大多数。他们被市场竞争挤压到主流人群之外,奔波于生计,沉默在边缘。这个庞大的底层,在价值立场上不同于白领、小资、中产,更不能认同于市场原则和资本逻辑,只是由于各种原因,他们中的绝大多数,还没有形成"自觉"。其价值立场,被小资话语所掩盖、所代表。由于所占资源的极度不均衡,这种状况,短期内还无法改变。

尽管如此,放眼未来,我们仍可做这样的畅想:随着电子数码媒介的进一步普及,"自媒体"(We Media)将真正成为群众手中的话语武器,自主发布、自主传播,在亿万群众参与的互动中,揭示真相,评说功罪,由人民自己掌握话语权,最终实现"群众自己教育自己,群众自己解放自己"。那些试图垄断话语权的任何机构,无论是权力,还是资本,都将淹没在舆论的人民战争的汪洋大海中。

(原载《天下》2012年第4期)

## 应该怎样理解日本？
### ——文化、民族性与战略问题

近代以来，在列强当中，日本对中国的残害最重。创巨痛深的历史记忆，至今没有平复，时机一到便会爆发，转为激烈的言论和行动。但是，另一方面，对于日本，我们又缺少真正深入的理解。这个古代的藩属、近代的强敌、当前的对手兼伙伴，未来的角色将如何确定？下一个历史阶段，中国的发展能否再上一个台阶，怎样面对和解决日本问题，是一个重要的考验。下面，略谈几点不成熟的看法。

一

戴季陶曾说过，关于日本文明，日本学者有许多附会和粉饰之词，但是，如果把日本所接受的中国、印度、欧美的文化通通拿掉，只留下一个赤裸裸的所谓"日本固有的本质"，那么会和"南洋土番"差不多（《日本论》第6章）。古代日本学者向称中国为"中华"，称日本为"东夷"。幕府末期，日本国学家开始纠正这种观点，鼓吹"清除汉意，坚固和魂"，即否定、摆脱、蔑视中国文化，振兴日本固有之精神，这成为后来日本至上主义，乃至日本军国主义的思想根源。本居宣长是日本国学的集大成者，他说："世界有许多国，但由祖神直接生出的，只有我日本。"戴季陶说得不错，这种所谓"日本固有本质"，所谓"和魂"，所谓"万世一系，天壤无穷"，其实质是一种原始、褊狭的部族信仰的内容和对象。另一方面，与中国晚清的"中体西用"论相类似，近代日本也宣扬"和魂洋才"，原始褊狭的部族信仰与西方科技文明相结合，迸发出蓬勃、野蛮的力量，席卷东亚大陆和西太平洋。顺便说明，尽管"国学"一词出自《礼记》，但中国近代意义上的"国学"概念出现于19世纪末，借用自日本学界，不必讳言，也同样包含了狭隘盲目的成分。

另外，需要指出，早在周秦时期，中国就已形成了普世的天下伦理，而幕府时代的日本盛行武士伦理，明治维新后转为战国伦理：仅效忠于一国一姓，不顾及更普泛的正义和是非。这种伦理的形成，第一，是由于岛国环境相对封闭，日本缺少像中国那样在广袤大陆上、在漫长岁月中，应对、管理、消化、融合多民族群体的丰富历史经验。第二，中国自秦汉以后，便一直采取"君主制+郡县制"，各阶层频繁流动，身份从不固定；而日本则长期实行封建制，各阶层身份世袭，各安其分，各司其守，身份伦理超越、压抑了社会伦理，例如武士道，作为一种典型的主奴伦理，正像戴季陶所说，"是封建制度下面的食禄报恩主义"。（《日本论》第3章）因此，儒家的大同理想、佛教的平等观念、欧美的启蒙精神，在古代和近代日本，都不能成为主流价值。而战国伦理的深层，仍是部族信仰。

作为一种广阔、持久、厚重的大陆文明，中国传统的基本精神，的确如80年代的理论界所说，是一种"实用理性"，它既不像超自然的一神教信仰那样强劲、高亢，也不像彻底的虚无主义那样绝望和颓唐。中国人总是倾向于在情与理、刚与柔、进与退等一系列对立范畴之间，保持一种大体的平衡，所谓中庸、中道，所谓"怨而不怒，哀而不伤"。相反，作为孤悬海外、环境脆弱的岛国文明，日本则往往趋于两个极端，或怨而怒，或哀而伤，菊与刀、细腻精致与刚烈粗犷，以分裂的方式集于一身。哀而伤，因"物哀"而沉浸在凄绝、哀艳的情感中，一悲到底；怨而怒，则表现为不加节制的血气之勇。这后一方面，在近代日本有突出的表现。

二

近代日本主要的对外战争，都带有不加节制的盲动主义性质，从甲午战争（1894—1905）到日俄战争（1905—1906），到九一八事变（1931）、七七事变（1937），直到太平洋战争（1941—1945），均如此。例如在甲午战争中，日本倾其所有海陆军力量孤注一掷。所以，当时的日本外相陆奥宗光说："国内军备殆已空虚"。假如中国的统治集团有决心、意志打一场持久战，日本以当时薄弱的国力，是无法取得最后胜利的。但由于种种机缘，日本的盲动屡屡得手，直到陷入中国的战争泥沼，最后被钢产量超过日本10倍的美国彻底打败。

这种盲动主义的一个特殊表现，是战争过程中的"下克上"现象。从九一八事变，到七七事变，到进攻南京，包括战争末期的一号作战，日军一再发生下级或前线部队无视上级或军部的权威及军纪的现象，机断专行，先斩后奏，迫使上级甚至军部接受既成事实并被迫投入更多资源支持其行动。例如，上海沦陷后，日本参谋本部原来向前线的上海派遣军和第10军规定的追击范围，是苏州、嘉兴线以东。但志在必得的两支部队，却擅自向南京进击，参谋本部的中下层少壮派军官也一同鼓噪，使得大本营最后不得不批准占领南京的计划。这是军史爱好者都应熟悉的一段史实。

这种"下克上"现象，是由于高涨而盲目的士气，究其根源在于日本近代社会的动员。幕末时代，日本内忧外患，一方面，日本分别同美、荷、俄、英、法签订不平等条约，总称"安政五国条约"，沦为半殖民地。另一方面，农民起义和市民暴动接连发生，社会秩序动荡，幕府统治动摇。作为近代危机的反应，日本的社会动员，以中下层武士为主体，各阶层广泛参与，形成所谓"草莽志士"。日本历史学家依田熹家说过，日本的近代化并非像通常理解的那样，是由明治政府自上而下推动的，很大程度上，"应当说是民众更多地推进了近代化。"他说，在日本，人才并不为政府所垄断，而更多地散布在民间，甚至在乡村也有许多有识之士。而中国的近代化，"几乎完全是自上而下的或者是仅有少数杰出人物推进的"（《日本的近代化——与中国的比较》前言）。缺少民众的广泛动员与参与，这是中国的洋务运动、戊戌变法、辛亥革命归于失败的主要原因。反过来，则是日本近代化成功的关键。

三

日本的社会动员采取了特殊的方向。由于国土狭小、资源匮乏，日本无法独立自主地完成近代工业化，因此，只能一方面"脱亚入欧"，从欧美国家引进技术、制度、文明，另一方面"征台"、"征韩"，向亚洲国家和地区寻求原料、劳力和市场。国际形势、地缘环境和封建制的岛国传统，从各方面决定了日本社会的整体右翼化。日本右翼的基本立场，是在拥戴天皇制的前提下，在内安分止争，对外索取资源。日本右翼涵盖朝野，动员相当广泛，形成所谓"举国一致"的黩武精神。例如九一八事变，民情激涌，有日本青年因未能从军而激愤自杀。到太平洋战争爆发时，日本右翼的全国性组织有47个，各支部2633个，地方独立团体430个（步平、王希亮：《日本右翼问题研究》上编之三）。之所以能实现这样的动员，很大程度上，是由于日本右翼吸收、整合了左翼的某些立场，例如关注民众、经济平等、反对财阀等。这种吸收整合，也表现在日常情感层面，例如，著名的皇道派军官大岸赖好说过："不要光听军人们自己说对革新的态度，要看他们在与农民的粪车相遇时的表情"（同上书，上编之三）。

高昂的士气、细腻的感知，形成了日本军队精湛的战术。这方面的例子很多，比较著名的是抗日战争中1940年10月的关家垴战斗。在百团大战第三段的战斗中，八路军129师约一万人围攻冈崎大队500余人，之所以久攻不下，被迫撤围，除了地形和援军等因素以外，主要是由于日军士兵高超的战技术水平。中下层的动员程度，与士兵普遍的战技术水平成正比。

但是，这只是一方面。另一方面，日本战略上的低能，与其战术上的高超反差之强烈，也被世人所公认。中日战争中，日本的战略基本是打乱仗，初期更是如此，无论是华北方向还是在淞沪方向。毛泽东当年在战争过程中，就对日本的战略失误有透彻的分析，比如逐渐增加兵力、没有主攻方向、没有战略协同、失去战略时机等，并且，还指出了其根源在于"对中国估计不足"，以为可以"速决"（《论持久战·乘敌之隙的可能性》）。这些分析被日本学者后来的研究所印证。实际上，日本当年对中共这个重要敌手的力量估计，也极为离谱。例如陆军省当年认为："共产军组成内容虽有诸多变化，但直至今日，其大部分仍是从国民党军队叛离而来……不论好坏当然也与一般支那军队无大变化。……共产军还不是能够完全控制并有彻底的信念的军队，莫如倒也可以看作是利用共产主义的一种军阀。"(引自江口奎一:《日本帝国主义史研究》第九章)这些战略误判,是战争初期日本朝野流行的所谓"一击论"的前提。

日本作为东亚文明的边缘国家,很早便觊觎大陆,公元4世纪末就曾登陆朝鲜。以后在初唐、晚明,又两次入侵朝鲜,均被中朝联军击败。20世纪上半期,是中国有史以来最为衰落的谷底,因而也是日本唯一一次有希望成功登陆东亚大陆,但是,由于各方面的致命缺陷,特别是战略上的低能,被彻底打回原形,使其永远失去了机会。

## 四

战后,日本被美国纳入其冷战结构,成为仆从国。日本以经贸立国,一路赶超,1968年经济总量超过西德,成为仅次于美国的第二大经济体。1973年第一次石油危机后,日本经济增长减速;80年代,由于大量货币供给的刺激,房地产和证券市场价格猛涨,形成"平成景气";到90年代,经济泡沫破碎,陷入20多年的低迷、停滞。日本经济低迷停滞的一般原因在于,日本已经完成了以工业化、城市化、基础设施建设和国土整治等为内容的现代化任务,在现有技术条件下,已经不存在能够形成经济增量的大规模建设项目。特殊原因在于,日本战后60多年仍未摆脱美国的军事占领,作为一个半主权国家,政治不独立,其综合国力,包括基础性的经济实力,归根结底受美国的控制。

就美国对日本的管理而言,日本对华关系是其重要的方面。美国的基本原则,正如处理大陆与台湾的关系那样——既不能让中日两国结盟联手,也不能让中日两国大打出手。两个东亚大国联手,美国将失去在日韩驻军的正当理由。另一方面,如果中日发生战争,由于《日美安保条约》第五条"共同防卫"条款的规定,美国将面临或者参战,或者违约的两难选择。因此,美国总是把中日冲突控制在一定程度内。例如,2010年9月8日凌晨,日本海上保安厅在钓鱼岛海域扣押了中国船长詹其雄。事件发生后,日本政府一直保持强硬立场,但在24日下午,却在毫无先兆的情况下,释放了詹其雄。据日本《产经新闻》当时报道,23日,美国国务卿希拉里曾在纽约会见日本外相前原诚司,向日本施压。报道引述希拉里身边人士的话说，美方希望日方在24日前解决问题。国际政治中的某些操作，短期内很难证实。但是，日本释放中国船长后，美国国务院发言人克劳里对此表示欢迎，称"这是正确的决定"，有助于缓解地区紧张局势——反过来印证了美国政府的立场。顺便提及，由于日本的大政方针由美国掌控，是否与别国发生大规模冲突，更需服从美国的意志。这样，《日美安保条约》纯粹是美国单方面利用日本的工具。

实际上，由于极为有限的战略纵深和孤悬海上的岛国环境，在核导弹时代，日本已经不具备与中国这样的核大国进行大规模战争的资格和条件；同时，日本经济自1990年以来低迷停滞，同期中国则持续高增长，到2010年经济总量赶超日本，位居世界第二；2011年3月，日本地震引发海啸及核危机，经济负增长，该年经济总量与中国相差近一万亿美元（日本6.53万亿，中国7.49万亿），两国的力量对比正在发生不可逆转的变化，近代以来的中日关系，进入了一个新的阶段。

未来，中国必将经历重大的社会结构的调整。尽管如此，1949年以后整体国力扩张的总趋势，仍不可改变。新世纪以来，大陆经济持续增长，已使台湾明显边缘化；未来几年，中国经济与朝韩、东盟、中亚的整合及发展，将使日本边缘化；设想更远的未来，亚欧大陆的整合及协调，则将产生更为重大深远的全球影响，其中最重要的，是美国的边缘化。美国的衰落无疑将是一个长期的趋势，最终将被迫实行战略收缩，退出东亚。因此，就日本而言，是怎样和平地回归亚洲的问题；对于中国来说，日本以其严重缩水的实力回归亚洲，成为未来东亚共同体的一名和平成员，这就是日本问题的最终解决。也只有这样，日本残害中国的民族记忆也可能平复。解决日本问题，需要两个前提，第一，美国完全退出东亚，退至第二岛链；第二，中日两国实力对比持续变化，达到一个临界点。

当然，这将是一个持续几十年的漫长过程。

（原载《文化纵横》2012年第4期）

# 两个周期内的中国
## ——90年代初以来经济社会与思想简评

## 一、两个周期描述

上世纪90年代初是中国改革和社会转型的又一个重要起点。从那时以来的经济社会乃至思想状况,构成了一个相对独立的整体,也构成了本文的论述框架。

从1991年迄今的二十多年,中国的改革和社会转型,可以说是由两个经济周期作为基础的。1991年的经济增长率达9.2%,对比1989年的4.1%、1990年的3.8%,呈现了明显的复苏势头。1992年初邓小平南方谈话后,10月召开的中共十四大明确提出以建立社会主义市场经济作为改革目标。主要由于投资拉动,1992年经济增长率跃升至14.2%,达到本轮周期的最高点。之后缓慢下滑,到1998年以后陷入所谓"七上八下"的局面(1998年7.8%,1999年7.6%,2000年8.4%,2001年8.3%)。经济全面紧缩,1997年7月爆发的亚洲金融危机稍后波及中国,加剧了这一进程。与最高点14.2%相比,这种落差是明显的。但客观地讲,"七上八下"仍是相当高的增长率,所以有人怀疑这些数据,要求和同期的发电量进行比对,因为一般认为,发电量与经济总量高度正相关。但是,与历年不同,在1998年以后,国家统计局连续几年发布的《国民经济和社会发展统计公报》中恰好缺少发电量的数据。

与本轮经济周期重叠的是国有企业的大规模改造。1993年11月,中共中央做出《关于建立社会主义市场经济体制若干问题的决定》,明确提出国企改革的方向是建立现代企业制度,是使国企成为市场竞争主体。随着本轮经济周期进入衰退期，大批国企陷于困境，1997年底，全国国有及国有控股大中型工业企业的亏损面达39.1%。在国企改革中，大批中小企业关停并转，造成数千万职工下岗，仅1997年，全国下岗人员总数即超过1000万，占全部职工的近8%。

到2002年，宏观经济结束"七上八下"的局面，增长9.1%，之后持续上升，随着国企恢复活力并扩张成长，2007年经济增长率达到本轮周期的最高点14.2%（恰好与上一周期的最高点相同）。这一年美国次贷危机引发全球金融风暴，造成世界经济衰退，2008年后中国经济连续下滑，2013年下降到7.7%，迄未结束。在本轮周期内，中国经济总量连续超越法、英、德、日等国家，按汇率计算制造业规模于2010年超过美国，中国崛起已成为当代世界史的新趋势。

作为重要的观察点，两个经济周期交汇的时段，尤其需要关注。

## 二、世纪之交是划时代的转折点

这两个经济周期交汇的时段，也就是世纪之交，有几个重要的经济社会和文化现象值得注意。首先，伴随国有企业的彻底改造，工人群体的身份完成了转型。在计划经济时代和公有制体系内，工人享有就业、医疗、住房、教育、养老等社会经济权利，因此成为政权主要的依靠对象。在"文革"和80年代末的政治动荡中，工人群体都是一支稳定性的力量。但是，经过急剧的国企改革和下岗潮，到90年代末，体制内的传统工人阶级已转型为资本逻辑支配下的雇佣劳动者。

第二，由于90年代后期经济衰退的加剧，包括国企职工大规模下岗，农村剩余劳力进入城市第二、三产业的通道被阻塞；同时，乡镇企业陷于困境，继而进行产权制度改革，集体所有制大多改为私营企业，农村贫富分化；另外，1996年粮食生产过剩，一方面生产成本连续增长，另一方面粮价低落，谷贱伤农。世纪之交，这些因素叠加在一起，导致"三农"问题爆发，成为公共议题。1999年12月，温铁军发表《三农问题：世纪末的反思》一文，影响颇巨，此后"三农"研究成为社科界和政策研究界的显学。

第三，短短几年内，经济社会关系逆转，为建国以来所罕见，它对城乡社会秩序、心理秩序的冲击造成了严重的失序失范，更是建国以来没有先例的。被甩出改革和发展进程的大量弱势人群本能地寻求各种精神安慰，寻找各种信仰，特别是那些为这个时代的民众心理量身打造的所谓"邪教"。1999年4月25日，法轮功信众包围中南海，下层社会以畸形的信仰对抗日益空心化的国家，这是精神领域的标志性事件。

第四，1994年人民币大幅贬值后，中国逐步形成了出口导向型经济。1993年出口仅增长8%，汇率调整后，1994年即达31.9%，以后连年大幅扩张，成为拉动中国经济的三要素之一。2001年，中国加入世贸组织，实质是全面参与全球产业分工，承担中低端制造业的产品生产，从而与美国的金融、高科技，欧洲的高端制造业，中东、拉美、俄罗斯的能源和原材料输出，共同构成全球产业体系。至此，中国的对外开放到达了一个里程碑式的节点。

第五，经济关系、社会关系根本调整，使"两阶级一阶层"（工人、农民和知识分子）的传统社会宣告解体。作为这种变局的反映，2002年初陆学艺主编的《当代中国社会阶层研究报告》一书问世，反响强烈。该著以组织资源（权力）、经济资源（资本）、文化资源（知识）占有状况作为划分社会阶层的标准，把当代中国社会分为十个阶层（class）：从国家及社会管理者、经理阶层、私营企业主、专业技术人员到产业工人、农业劳动者和城乡无业失业半失业者。这意味着，当代中国的社会形态和社会性质都发生了重要变化。同时，社会治理模式也随之调整：1998年3月中央维稳工作领导小组成立，2000年5月组建其办事机构中央维稳工作领导小组办公室。以往主要针对刑事犯罪的"严打"往往采取运动式、间歇性的方式，与"严打"不同，"维稳"实现了制度化、网格化、日常化。

第六，经济社会关系的丕变在执政党的纲领和核心文件中得到了及时概括和反映。2000年2月，江泽民提出"三个代表"重要思想，在世纪之交重新表述了党的宗旨。之后，2001年庆祝建党80周年的"七一讲话"又明确提出，私营企业主等"新的社会阶层"，同样"也是有中国特色社会主义事业的建设者"。2002年中共召开十六大，浙江台州飞跃集团董事长邱继宝等民营企业家当选党代表，而这种现象的首例，则是半年前中共广东省第九次代表大会，18名新阶层的代表高调亮相，被称为"历史性突破"。对照十六大修改的新党章，其总纲表述为"中国共产党是中国工人阶级的先锋队，同时是中国人民和中华民族的先锋队"，后半句是十五大及之前党章所不具备的新内容。另外，十六大党章还将党员发展对象中的"其他革命分子"一项修改为"其他社会阶层的先进分子"。这意味着执政党完成了深刻的转型。

总之，随着国企改造完成和中国加入世贸组织，世纪之交，改革与开放两个方面同时抵达划时代的转折点。经济转型、社会转型、执政党转型同步进行，它们的重要性尚未得到充分认识。

## 三、思想文化界的征候

90年代以来，第一轮经济周期，或者说，经济社会急剧转型，给同期的思想文化领域以强烈震动，其结果，在理论界出现了新左派，在创作界则产生了底层文学。关于新左派和底层文学，已经有许多论述，这里仅略做评议。

新左派不是一个边界清晰的理论流派，它产生于90年代中后期，是对当时中国的市场化、私有化和全球化进程的一种理论化的反应。一般地说，它侧重批判资本和市场，相对淡化对国家和权力的反省。这其实微妙地表达了一种立场。所以，它更多关注中国与全球资本主义共同的问题，这种特点决定了它较多地借用西方左翼的理论资源，同时也影响了其文风。所以，行文风格和西学色彩其实都只是表象，基本立场才是实质和根本。在第二轮周期内，新左派的立场还将进一步演变，另见后文。

大约在90年代的经济周期中，特别是在经济下滑阶段，形成了一个从主流社会脱落的庞大底层，并进入公众的视野。底层文学出现在新世纪初，曹征路的中篇小说《那儿》（2004）是较早的一篇。底层文学主要以同情的笔调去审视、刻画上述十大阶层中的最后三个阶层——产业工人、农业劳动者和城乡无业失业半失业者，或者说，以农民、农民工和城市贫民为描写对象。但是，由于1985年以后文学"向内转"，纯文学观念占支配地位，对于表现社会现实，当代作家们普遍缺乏思想和艺术的积累。这极大地限制了底层文学的成就,结果,其作品的影响基本上仅限于文学界,难以进入公共话题。例如,底层文学中的农村题材作品,与同期曹锦清的《黄河边的中国》(2000)或李昌平的《我向总理说实话》(2002)等社会学著作相比,就影响力而言,没有一部能望其项背。考虑到中国文学,包括五四以来新文学的伟大传统,底层文学的这种状况的确是文学界失职的表现,准确地说,文学其实已经失去了承担社会公共话题的能力。

因此,无论是新左派理论还是底层文学,与其说它们是对现实的剖析和呈现,不如说是那个时代的某种症候。

## 四、东亚模式的延续和强化

2002年,中国经济恢复增长。同时,国有企业经过改造,特别是经过1998—2000年的三年脱困,已成市场主体,尽管数量明显下降,但实力向大型企业集中,总资产不断扩大,收入明显增长。举一个近年的例子:2011年,在中国企业500强中,国有企业包揽前10名;该年500强中有184家民企,总利润却不及国企十巨头一半。因此,"国进民退"的议论在新世纪初10年里一直不绝于耳。

在新世纪初开始的经济周期内,中国经济总量连续赶超发达国家。2010年国内生产总值超过日本,居世界第二,同时制造业超过美国,居世界第一。世界500强企业中的中国企业不断增多,2013年有95家中国企业榜上有名,中石化、中石油、国家电网分别位居第四、五、七名。中国"土豪"全球采购,已成为世界性的风景。

此外,1994年实行分税制改革,按税种划分中央与地方税收来源后,国家财政收入快速增长。一般认为,财政收入在国内生产总值中的比重和中央财政收入在财政总收入中的比重,是衡量"国家能力"的一个显著标志。1979年第一个比重为28.4%,1993年下降到12.6%;第二个比重由1979年的46.8%下降为1993年的31.6%。但是到2012年,第一个比重恢复到22.6%,第二个比重为

47.9%。

在这种宏观经济的大背景下，2008年北京奥运会具有划时代的标志性意义。尤其是其开幕式，富丽堂皇的恢宏场面以及美俄等国首脑的莅临，使其成为一次名副其实的全球性盛典，也仪式化地呈现了"中国崛起"这一世界性的主题。

值得注意的是，开幕式以2008人击缶吟诵的场面开篇，充斥着古典中国的各种符号，连篇累牍，不厌其烦。这种情况在八九十年代是无法想象的。事实上，经过两个周期，中国经济自90年代初以来高速增长，经济总量大幅提升，自"文革"结束以来严重流失的民族自信心开始恢复。因此，从新世纪以来，文化保守主义就日益成为一种强劲的思潮席卷左右翼思想界，双方都在向传统示好，向传统寻求资源和力量，例如左翼提出"儒家社会主义"，自由派提出"儒家宪政主义"。民间的思潮呼应了执政党的核心理念，即"中华民族伟大复兴"。这个理念自1997年中共十五大初步提出，以后逐步完善、定型，近年则被界定为"中国梦"的主要内涵。

自信心恢复的另一种表现，是"中国模式"的提出。2008年恰逢改革开放三十周年，"中国模式"作为泛左翼理论界的一个重要命题引人瞩目，被广泛议论。这个命题的"弱形式"还有"中国道路"、"中国经验"等表述，它是后来官方总结的"道路自信、理论自信、制度自信"的学术版。以"中国模式"的提出和讨论为标志，泛左翼——包括90年代中后期出现的新左派，完成了国家主义的转向。对于新左派来说，这是其原先的基本立场在"中国崛起"背景下的进一步延伸。

国家主义转向也表现在民间舆论界，其标志性事件同样发生在2008年。这年4月，奥运火炬在海外传递期间，由于受到反华力量阻挠，激发了海内外华人，特别是80后一代的大规模抗议。这些80后，时称"四月青年"。之后，许多人以网络为平台发言维护国家利益，被称为"五毛"，与反体制的"公知"相对抗，构成本时期思想文化领域的一个极重要的现象。

另一个群体同样以80后为主体，这就是"蚁族"。这个名词出自青年学者廉思的一本社会学调研报告，用来称呼"大学毕业生低收入聚居群体"，因为这个群体和蚂蚁有许多相似的特点：高智、弱小、群居。他们聚集在北、上、广等大型城市的边缘，被视为是继农民、农民工和下岗职工之后的第四大弱势群体。"蚁族"的出现，一方面意味着当代社会的底层化趋势在向上方蔓延，另一方面，它与几乎同时期出现的"富二代"、"官二代"等称谓相对应，也表明了阶层固化，富贵与贫贱都在向下一代传递。

2008年，也是本文所说的90年代以来中国经济第二个周期由盛而衰、从上升转向下行的拐点。许多事件密集地发生在2008年或其稍后时段，例如拉萨314事件、512汶川地震、628瓮安事件、杨佳袭警案、安元鼎黑监狱、邓玉娇杀人案、乌鲁木齐75事件等等。一方面中国崛起，另一方面社会撕裂；一方面经济技术取得跨越式发展，另一方面国家在很多领域仍采取传统社会的治理方式。这种情形，这种特色，也将长期存在。

2012年十八大以后，一方面高调反腐，整顿吏治，加强意识形态管制，成立国安委，全面树立中央的政治权威；另一方面进一步市场化，例如撤销铁道部，设立上海试验自贸区，混合所有制改革，以及把市场的基础性作用调高为决定性作用，等等。实际上，这仍是东亚模式，即市场经济+威权政治的某种延续和强化。

（原载《文化纵横》2014年第四期）